패킷트레이서를
이용한
네트워크
입문

KB203084

이 도서는 우석대학교 교내학술연구비 지원에 의하여 저술됨

패킷트레이서를 이용한 네트워크 입문

조태남 · 이성원 공저

Computer Network
with
Packet Tracer

INFINITYBOOKS
인피니티북스

국립중앙도서관 출판시도서목록(CIP)

이 도서의 국립중앙도서관 출판예정도서목록(CIP)은 서지정보유통지원
시스템 홈페이지(http://seoji.nl.go.kr)와 국가자료종합목록 구축
시스템(http://kolis-net.nl.go.kr)에서 이용하실 수 있습니다.

(CIP제어번호 : CIP2020007820)

머리말

Computer Network with Packet Tracer

네트워크 장비는 비싸고 실제로 구성하려면 너무 복잡해서, 대학 강의에서 실습하면서 배우기 어려운 과목 중 하나이다. 하지만 실습을 한다고 해도 이론적 바탕이 없으면 이해하기도 어렵고 고급 기술을 얻을 수도 없다. 네트워크는 가장 변화가 빠른 분야 중의 하나이기 때문에 개념이나 기술이 다양하고 용어도 많고 복잡하다. 그래서 한 권의 책으로 '네트워크'라는 거대한 바다를 정복할 수는 없다. 서점에는 저마다의 목표를 가지고 저술된 수많은 책들이 있으므로, 독자들이 생각하고 있는 목표점에 가장 근사한 책을 선택해야만 한다. 이 책은 우선 대학 교재로서 1학기에 강의할 수 있는 내용을 담고 있으며, 4개의 목표를 가지고 있다. 첫째, 네트워크의 기본 개념과 용어들을 통해 이론적 배경을 습득할 수 있도록 함으로써, 세부 내용이나 깊이 있는 기술을 습득할 수 있는 바탕적 지식을 얻을 수 있도록 한다. 둘째, 뜬구름 같은 네트워크 개념들을 실장비를 가지고 실습하는 것과 유사하게 패킷트레이서라고 하는 무료 시뮬레이터를 통해 눈으로 보고 손으로 설정하면서 체득하도록 한다. 셋째, 우리나라 네트워크 자격증인 네트워크 관리사 시험과 연계시켜서 향후 계획하고 있는 자격증 준비와의 연결고리를 만들도록 한다. 넷째, 최근 관심이 집중되고 있는 무선 네트워크, IoT와 보안에 대한 부분을 이해하고 기존의 네트워크에 접목시킬 수 있도록 한다. 따라서 이 책은 이론을 총망라하는 이론서도 아니고, 패킷트레이서 사용설명서도 아니며 자격증 수험도서도 아니다. 현시대에 필요한 이론과 실습 그리고 자격증에 필요한 지식들의 연결고리가 될 수 있도록 이해하기 쉬운 기본 개념들과 유용한 지식들을 전달하는 길라잡이입니다. 망망대해 같은 네트워크에 첫걸음을 내딛는 독자들에게 유용한 안내서가 되기를 바란다.

2020년 2월
저자 일동

목차

Computer   Network   with   **Packet   Tracer**

Computer **Network** with **Packet Tracer**

패킷트레이서와
네트워크 기초

학습 목차

학습 목표

01. 패킷트레이서의 용도를 이해하고 설치할 수 있다.
02. 패킷트레이서의 개괄적인 기능을 이해하고 사용할 수 있다.
03. 네트워크의 개념과 구성 요소를 용어 중심으로 이해할 수 있다.
04. 랜 토폴로지의 종류와 장단점을 이해하고 패킷트레이서로 구성할 수 있다.

우리는 이 책에서 패킷트레이서라는 소프트웨어를 이용하여 네트워크 망을 구축하고 시뮬레이션하게 될 것이다. 이 장에서는 기본 툴로 사용할 패킷트레이서의 기본적인 사용법과 앞으로 배우게 될 네트워크에 대한 기본적인 용어와 개념을 학습한다.

C o m p u t e r   N e t w o r k   w i t h   **P a c k e t   T r a c e r**

전세계적으로 네트워크에는 시스코(Cisco)라는 회사의 제품들이 절대적인 점유율을 보이고 있다. 패킷트레이서는 시스코사에서 무료로 제공하는 교육용 네트워크 시뮬레이터로서, 자사의 제품들을 이용하여 네트워크를 가상으로 설계하고 설정하며 운용해볼 수 있도록 지원한다. 물론 실제 네트워크와 완전히 동일하지는 않지만, 고가의 그리고 큰 규모의 네트워크를 실제로 구축하기 어려운 상황에서는 매우 도움이 되는 소프트웨어이다.

패킷트레이서는 각종 장치들을 물리적으로 연결하는 것뿐만 아니라 실제 통신을 위한 설정과 프로토콜 선택 그리고 실제 데이터의 송수신을 실습하면서 데이터 패킷도 분석해볼 수 있는 잘 만들어진 소프트웨어이다.

패킷트레이서 다운로드

우선 시스코 사이트에서 패킷트레이서를 다운로드 한다. 그런데 계정 등록이 필요하고 사이트를 찾아 들어가는 과정이 조금 번거롭다. 물론 다른 경로를 통해서 누군가 받아놓은 파일을 다운로드 하면 이러한 과정을 생략할 수 있지만, 패킷트레이서를 사용할 때마다 계정이 필요하기 때문에 등록해놓으면 편리하다. 여기서는 시스코에 접속해서 다운로드 하는 방법부터 알아보자. 웹브라우저를 이용하여 검색 사이트에서 "packet tracer download"를 검색하거나 직접 "https://www.netacad.com/courses/packet-tracer"에 접속하면 된다. 단, Internet Explorer 브라우저를 사용할 경우 제대로 동작하지 않을 수 있으니 Chrome 브라우저 사용을 권장한다.

그림 1-1과 같이 패킷트레이서 다운로드를 위한 안내 화면이 나오면 [Enroll to download Packet Tracer] 버튼을 누른다.

그림 1-1 패킷트레이서 다운로드 방법 안내 화면

그림 1-2와 같은 시스코 아카데미 접속 화면의 [Sign up today!] 버튼 위에서 [English]를 선택한다.

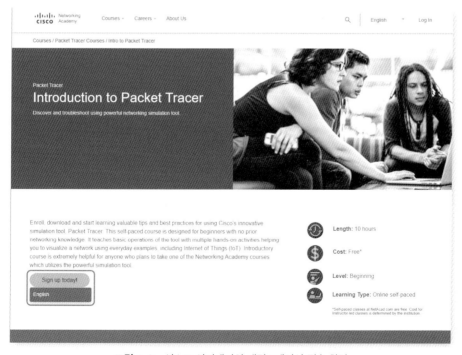

그림 1-2 시스코 아카데미의 패킷트레이서 접속 화면

그림 1-3에서와 같이 계정을 등록하는 화면에서 ❶ 이름과 이메일 주소를 입력하고 ❷ 알림 수신, 나이 제한 확인, 봇 확인 후 ❸ [Submit] 버튼을 누르면 확인 화면이 출력된다.

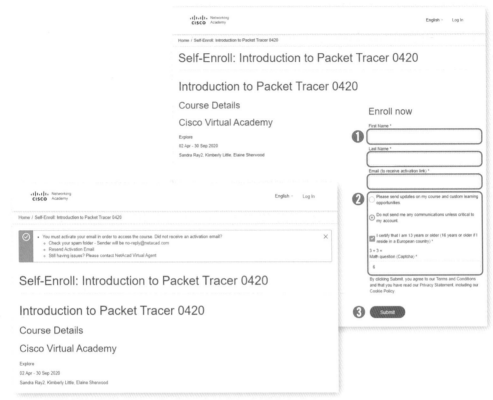

그림 1-3 패킷트레이서 교육 등록을 위한 가입

그림 1-3에서 입력한 이메일을 확인해보면, 계정 등록을 위한 링크가 포함된 시스코 이메일이 도착해 있을 것이다. 이 링크를 클릭하면 그림 1-4와 같은 계정 생성 화면이 나타난다. 이메일을 받은 후 일정 시간이 지나면 전송된 이메일의 효력이 무효가 되므로 바로 확인하는 것이 좋다. 그림 1-4에서 이름과 패스워드 등을 입력하고 [Register]를 누르면 계정 등록이 완료된다. 이 이메일 주소와 패스워드는 패킷트레이서를 사용할 때 필요한 로그인 정보이므로 반드시 기억해두어야 한다.

그림 1-4 패스워드 설정 및 로그인 화면

생성한 계정으로 로그인하면 그림 1-5와 같이 선택 메뉴가 2개가 나온다. 왼쪽에 있는 "In Progress" 제목 아래에 마우스를 가져가면 [Launch Course]라는 버튼이 나타난다.

그림 1-5 교육 시작 화면

그 버튼을 클릭하면 그림 1-6처럼 [Launch Course]와 [Student Resources] 버튼이 배치되어 있는 화면이 나오는데, 우리는 강의를 들을 것이 아니라 다운로드가 목적이므로 [Student Resources]를 선택한다.

그림 1-6 패킷트레이서 교육 과정 및 리소스 선택 화면

이제 그림 1-7과 같이 다운로드 할 수 있는 패킷트레이서에 관련된 리소스 목록이 나온다. 마지막에 있는 [Download and Install the latest version of Packet Tracer(Student Version)]를 선택하자.

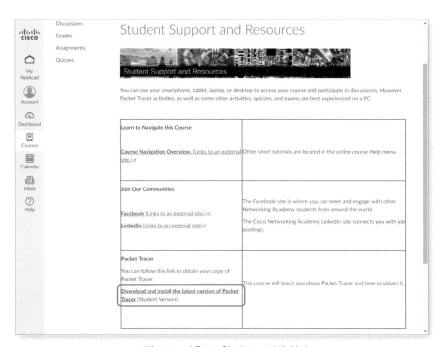

그림 1-7 다운로드할 리소스 선택 화면

그러면 그림 1-8과 같이 다운로드 받을 수 있는 패킷트레이서 버전 목록이 나온다. 이 책에서는 윈도우10 환경에서 패킷트레이서 버전 7.3.0을 사용할 것이다. 그러므로 [Packet Tracer Resources] → [PT Desktop] → [v7.3.0] → [PacketTracer-7.3.0-win64-setup.exe]를 선택하자. 만약 컴퓨터 환경이 다르다면, 사용자의 환경에 맞는 파일을 선택하면 된다.

그림 1-8 다운로드할 패킷트레이서 버전 선택 과정

패킷트레이서 설치

다운로드한 PacketTracer-7.3.0-win64-setup.exe를 실행시키면 그림 1-9와 같이 라이선스 동의를 구하는 화면이 출력된다. "I accept the agreement"를 선택하고 [next] 버튼을 누른다.

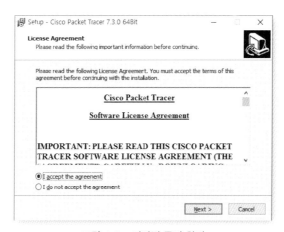

그림 1-9 저작권 동의 화면

그림 1-10처럼 소프트웨어를 설치할 경로를 묻는 화면이 나오는데, 디폴트로 "C:\Program Files\ Cisco Packet Trace 7.3.0"이라는 폴더에 설치된다. 사용자는 원하는 폴더로 변경할 수도 있다.

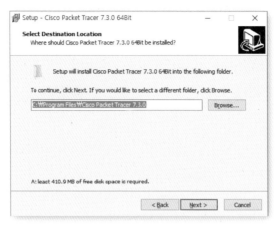

그림 1-10 패킷트레이서 설치 폴더 경로 설정 화면

그림 1-11과 같이 소프트웨어가 설치되고 나서 시작 메뉴에 패킷트레이서에 대한 바로가기가 들어갈 폴더 이름을 설정한다.

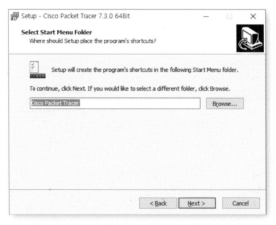

그림 1-11 시작 메뉴에 표시될 폴더 이름 설정 화면

그림 1-12와 같은 화면에서 바탕화면의 단축 아이콘과 빠른 실행 아이콘을 만들 것인지 여부를 선택한다.

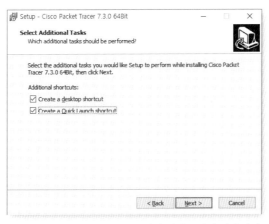

그림 1-12 패킷트레이서 바로가기 아이콘 생성 설정 화면

그림 1-13과 같은 화면이 나타나면 사용자가 선택한 설정 값을 확인하고 [Install]을 누른다.

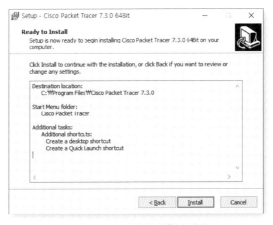

그림 1-13 설치 준비 확인 화면

그림 1-14는 사용자가 선택한 폴더에 소프트웨어가 설치되는 진행상황을 보여 준다.

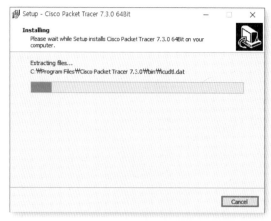

그림 1-14 설치 중 화면

그림 1-15는 패킷트레이서 사용을 위해 모든 웹브라우저를 종료하거나 컴퓨터를 재시작하도록 안내하는 메시지이다.

그림 1-15 브라우저 종료 및 컴퓨터 재시작 안내 화면

소프트웨어 설치가 완료되었다. 그림 1-16에서 "Launch Cisco Packet Tracer"를 체크하고 [Finish]를 누르면 패킷트레이서가 실행된다.

그림 1-16 설치 완료 후 소프트웨어 실행 준비 화면

패킷트레이서 실행 및 화면 구성

처음 패킷트레이서를 실행시키면 그림 1-17처럼 사용자가 생성한 파일들이 저장될 폴더를 안내하고, 이 폴더는 사용자가 "Options->Preferences" 메뉴를 통해 변경할 수 있음을 안내한다. 그림에서는 "C:/Users/tncho/Cisco Packet Tracer 7.3.0"으로 설정되어 있다.

그림 1-17 사용자 파일 저장 폴더 안내 화면

패킷트레이서가 구동되는 동안 그림 1-18과 같은 화면이 잠시 출력된다.

그림 1-18 패킷트레이서 실행 첫 화면

패킷트레이서가 구동되면 그림 1-19와 같은 로그인 화면이 나온다. 우측 상단에서 언어를 한국어로 선택할 수 있다. 패킷트레이서를 다운로드 받을 때 시스코에 등록했던 이메일과 비밀번호를 입력하면 로그인이 된다.

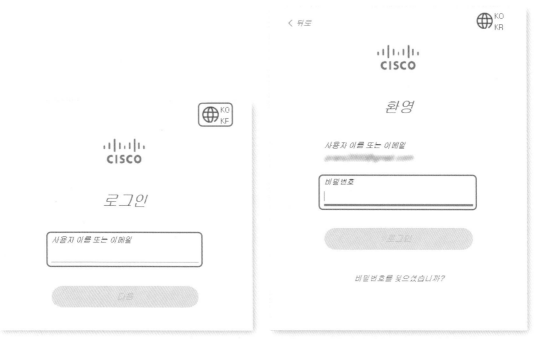

그림 1-19 패킷트레이서 로그인 화면

사용자 환경에 따라 그림 1-20과 같은 화면이 나타나는 것을 볼 수 있는데, 악성 프로그램이 아닌지 사용자에게 확인하기 위해 실행 여부를 묻는 화면이다. 이것 역시 처음 실행할 때만 나타난다. 물론 [엑세스 허용(A)]을 눌러야 한다.

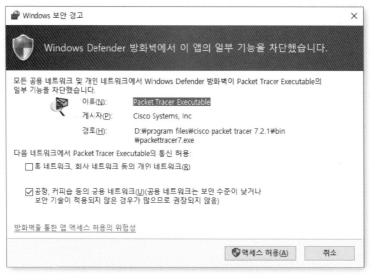

그림 1-20 패킷트레이서의 실행 허용을 확인하는 화면

그림 1-21과 같은 화면이 나온다면 사용할 준비가 다 된 것이다. 우선 화면의 각 영역에 대한 개략적인 기능을 살펴보자. 우선 ❶~❸은 대부분의 소프트웨어의 구성과 같은 메뉴 모음이다. ❺는 독자들이 네트워크를 구성하게 될 작업공간이고, ❼~❾는 작업공간에서 네트워크를 구성하는 데 사용할 네트워크 구성 요소들이다. 이 영역에서 원하는 장치나 케이블을 마우스로 선택하여 작업공간으로 드래그 앤 드롭(drag&drop)으로 가져다 놓으면 된다. 나머지는 필요할 때 다시 설명하도록 하고, 우선 각 영역의 이름을 기억해두자. 또한 화면의 각 버튼에 마우스를 올려놓으면 설명 말풍선이 출력되므로 필요할 때 참고할 수 있으며, 메인바의 [Help]를 이용하면 비록 영어로 되어 있긴 하지만 다양하고 자세한 도움말을 얻을 수 있다. 다음 표 1-1에 각 영역의 핵심 기능을 요약하였다.

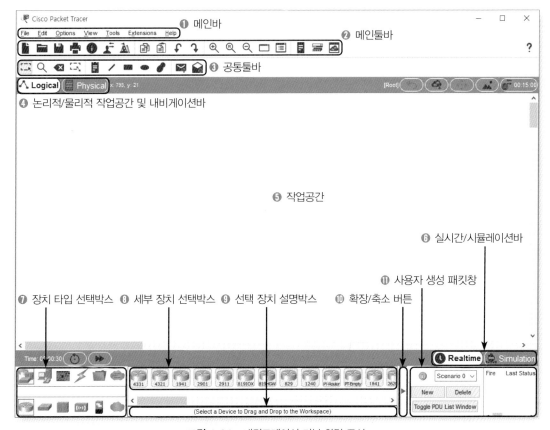

그림 1-21 패킷트레이서 기본 화면 구성

표 1-1 패킷트레이서 기본 기능

번호	구성 요소	기능 설명
❶	메인바	파일, 편집, 보기, 도구, 환경설정, 도움말 등
❷	메인툴바	자주 사용되는 명령에 대한 바로가기 아이콘
❸	공통툴바	선택, 검사, 삭제, 크기 조절 등 작업공간에서 공통적으로 사용되는 툴들
❹	논리적/물리적 작업공간 및 내비게이션바	논리적 작업공간과 물리적 작업공간을 토글 선택
❺	작업공간	네트워크를 생성하고 시뮬레이션과 정보를 볼 수 있는 영역
❻	실시간/시뮬레이션바	실시간 모드와 시뮬레이션 모드 선택
❼	장치 타입 선택박스	패킷트레이서에서 선택할 수 있는 장치의 종류와 연결 케이블
❽	세부 장치 선택박스	'장치 타입 선택박스'에서 선택한 종류에 속한 세부 장치와 연결 케이블이 나열됨 작업공간으로 넣을 장치나 케이블 선택
❾	선택 장치 설명박스	작업공간에 넣기 위해 선택한 장치와 연결 케이블 표시
❿	확장/축소 버튼	사용자 생성 패킷창의 보이기/감추기 버튼
⓫	사용자 생성 패킷 창	시뮬레이션 동안 사용자가 생성한 패킷 관리

네트워크 개념

네트워크란

네트워크를 포함하여 컴퓨터의 발전 단계는 그리 단순하지 않다. 서버와 PC의 경계도 모호할 뿐만 아니라 스마트폰이나 태블릿도 사실상 작은 컴퓨터라고 볼 수 있기 때문이다. 우선은 네트워크에 대하여 쉽게 이해할 수 있도록 정확한 표현보다는 개념 위주로 설명을 할 것이다.

네트워크라는 개념이 생기기 전에는 한 대의 컴퓨터에 한 개의 콘솔 모니터와 키보드를 연결해서 사용했다. 그러다가 한 대의 '서버'를 전산실에 설치해 두고 다른 층의 각 사무실에서 여러 대의 모니터와 키보드 단말기를 붙여서 로컬 네트워크(랜, LAN: Local Area Network)를 구성하고, 서버에 접속하여 사용하게 되었다. 이제는 이러한 랜들이 서로 연결되어 인터넷(Internet)이라고 하는 전 세계를 잇는 거대한 망을 이루게 되었다.

그림 1-22를 보면서 다음의 예를 통해 네트워크 구성을 이해해보자. 한 가족이 사는 집을 한 대의 컴퓨터라고 가정해보자. 여러 가구가 모여 하나의 마을을 이룰 것이므로 이 마을을 랜이라고 할 수 있다. 한 마을 안에서 각 집에서 집으로 서로 오가고 더불어 살려면 도로가 있어야 하고 교통수단(자전거나 자동차 등)과 교통규약도 있어야 하며, 마을 내 사람들이 소통할 언어도 있어야 한다. 만약 강 건너편에 조금 떨어진 가구가 있다면 그 곳에 가기 위해서는 다리가 필요하다. 도로는 컴퓨터를 연결하는 케이블이라고 생각할 수 있고, 다리는 케이블을 멀리까지 연결하기 위한 리피터(repeater)나 브리지(bridge)라고 하는 장치라고 생각할 수 있다. 만약 갈림길이 있다면 허브(hub)나 스위치(switch)라고 하는 장치에 비유할 수 있으며, 갈림길에는 각 방향으로 난 길에 대한 간단한 표지판도 있을 수 있다. 이러한 길로 이동하기 위해서는 도보, 마차, 자전거 등을 이용할 것이고 이들이 길에서 충돌 없이 통행하려면 나름의 규칙이 필요하게 된다. 이러한 규칙을 이더넷(Ethernet)과 같은 통신 프로토콜(protocol)이라고 생각할 수 있다.

이제 언어, 습관, 규칙이 모두 다른 멀리 떨어져 있는 나라의 마을들이 서로 교류하는 경우를 생각해보자. 이것이 바로 우리에게 익숙한 인터넷(Internet)이다. 다른 마을과 교류하기 위해서는 멀리 갈 수 있는 기차, 자동차, 비행기나 선박과 같은 교통수단, 마을을 잇는 더 넓고 다양한 도로, 규칙과 안내표지판, 그리고 공통 언어와 표준시간이 필요하다. 또한 내외국인의 출입을 통제하기 위한 출입국 심사도 하게 된다. 현재 대륙 간 인터넷 연결을 위해 해저에 고속으로 대용량의 데이터를 전송할 수 있는 광케이블이 설치되어 있다. 또한 랜을 서로 연결하기 위해 라우터(router)라는 장비를 사용하며, 서로 다른 방식으로 통신하던 랜 간의 통신을 위해서 공통의 규칙인 프로토콜(TCP/IP)을 사용하고 있다.

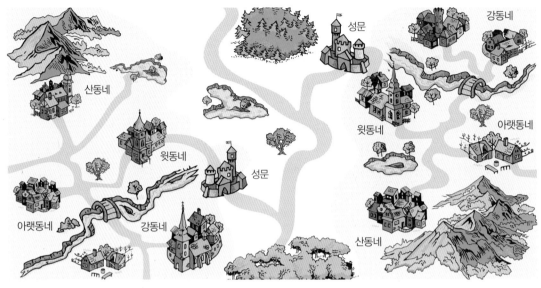

그림 1-22 네트워크 구성의 개념도

여기서는 이 정도로만 개념을 이해하고 넘어가자. 이 책에서 네트워크에 대한 전부를 설명할 수는 없지만 학습이 필요한 부분에 대해서는 이후의 장에서 좀 더 자세하고 정확하게 설명할 것이다.

MAC 주소(Media Access Control Address)

네트워크 통신을 위해서는 랜카드(LAN card)가 필요한데, 요즘 컴퓨터에는 기본적으로 장착되어 있다. 이 랜카드에는 MAC이라고 하는 6바이트(48비트)의 고유한 식별번호가 지정되어 있으며, 윈도우의 명령어 창에서 "ipconfig /all"을 입력하여 확인할 수 있다. 그림 1-23에서 '물리적 주소'라고 표시된 부분이 MAC 주소이며 nn-nn-nn-nn-nn-nn 형태로 각 바이트가 2자리 16진수로 표시된다. 이 식별번호는 제조사 고유번호 3바이트와 제조사가 할당한 식별번호 3바이트로 구성되어 모든 랜카드를 구분할 수 있으며, 이를 '물리적 주소(Physical Address)'라고 부른다.

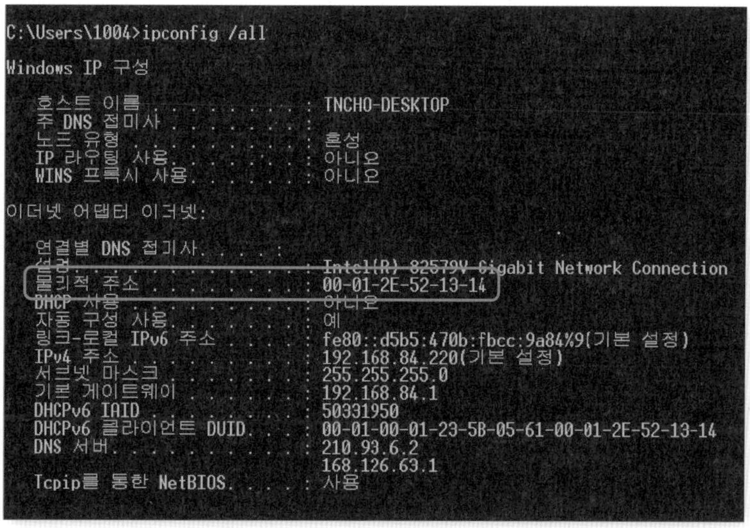

그림 1-23 윈도우에서 MAC 주소 확인

IP 주소(Internet Protocol Address)

전 세계에 있는 컴퓨터들이 인터넷을 통해 서로 통신하기 위해서는 각 컴퓨터를 식별할 수 있는 방법이 필요한데 그것이 IP 주소이다. 주소 할당 방법에 따라 IPv4와 IPv6가 있는데, 가정마다 가지고 있는 유선 전화번호나 스마트폰 전화번호 같은 것이라고 이해하면 된다. 우리나라 유선 전화번호 체계를 보면, ***-@@@-$$$$와 같은 형식을 갖는다. 맨 앞의 ***는 043, 063 등과 같이 지역(시/도)을 나타내고, @@@은 그 지역 내 세부 지역(시/군/구)을 나타내며, $$$$는 일련번호를 나타낸다. 인터넷상에서 컴퓨터의 주소인 IP 주소는 nnn.nnn.nnn.nnn과 같이 표기한다. 예를 들어 192.168.84.9와 같이 nnn은 0~255 사이 값을 가지며 네 개의 3자리 숫자를 '.'으로 연결하여 표시한다.

IP 주소 체계에는 IPv4와 IPv6가 있으며, 보통 IP 주소라고 부르는 것은 IPv4를 지칭한다. IP 주소는 4바이트(32비트)로 구성되는데, 이를 8비트씩 십진수로 표시한 것이다. 음수를 사용하지 않을 경우 8비트로 나타낼 수 있는 값의 범위는 0부터 255까지이다. 그림 1-24의 왼쪽 그림과 같이 윈도우의 명령어창에서 'ipconfig'를 입력하여 'IPv4 주소'를 확인하거나, 오른쪽 그림처럼 윈도우의[1] [제어판] → [네트워크 상태 및 작업 보기] → [이더넷] → 이더넷 상태 창 → [인터넷 프로토콜 버전4(TCP/IP4)/속성]을 선택하여 확인할 수 있다.

IP 주소는 MAC 주소와 달리 변경할 수 있으며, 이를 '논리적 주소(Logical Address)'라고 부른다.

---

[1] 윈도우10을 기반으로 기술되었다. 제어판의 보기 기준을 '범주'로 설정한 상태에서 실행되었다.

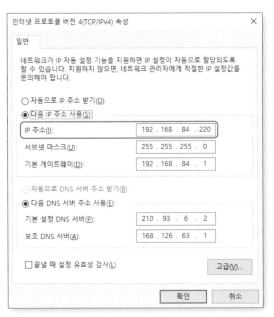

그림 1-24 윈도우에서 IP 주소 확인

포트(Port)

네트워크 통신을 하는 응용 프로그램에는 우리가 익숙한 월드 와이드 웹, 채팅 프로그램, 이메일 등 여러 가지가 있다. 이들이 모두 하나의 케이블을 통해 송수신되기 때문에, 수신한 데이터를 어느 응용 프로그램으로 전달할 것인지 알 수 있어야 한다. 이를 위해 각 응용 프로그램이 사용하는 네트워크 전송 프로토콜마다 고유의 포트 번호를 가진다. MAC 주소와 IP 주소가 네트워크상에서 컴퓨터를 식별하는 주소라면, 포트는 컴퓨터에서 수행되고 있는 프로토콜이 네트워크로 출입하는 창구 번호라고 할 수 있다. 표 1-2는 대표적인 프로토콜들의 포트 번호를 나열한 것이다.

표 1-2 대표적인 프로토콜

포트 번호	프로토콜	기능
20	FTP(File Transfer Protocol) - data	파일 전송 - 데이터 전송
21	FTP(File Transfer Protocol) - control	파일 전송 - 제어
22	SSH(Secure SHell)	원격 로그인
23	TELNET(TELecommunication NETwork)	원격 접속
25	SMTP(Simple Mail Transport Protocol)	메일 전송
80	HTTP(Hyper Text Transfer Protocol)	월드 와이드 웹
110	POP3(Post Office Protocol v3)	메일 수신

03   네트워크 프로토콜

Computer Network with Packet Tracer

OSI 7계층

네트워크를 통해 사용자 간의 실제 통신이 이루어지기까지 필요한 기술들은 매우 다양하고 복잡하다. 그래서 네트워크를 접하는 사용자들에게는 너무 어렵게 느껴질 수 있으므로 한꺼번에 파악하려 하지 말고 개념부터 익히는 것이 나중에 지식을 확장할 때 유리하다. 국제 표준화 기구인 ISO(International Standard Organization)에서 네트워킹에 필요한 복잡한 기술을 7단계의 계층으로 나누어 처리하도록 규정하는 OSI 참조 모델(Open Systems Interconnection Reference Model)을 제정하였다. 각 계층에서 담당하는 주요 역할에 대해 표 1-3에 요약하였으므로 각 계층에서 하는 일을 살펴보면서 네트워크 통신에 필요한 작업들을 살짝 확인해보자.

표 1-3   OSI 7계층

계층 번호	계층 이름	주요 역할	대표 프로토콜
7	응용 계층 (Application Layer)	사용자 인터페이스를 포함한 응용 프로그램	HTTP, FTP, TELNET, DNS, SMTP, NTP
6	표현 계층 (Presentation Layer)	데이터 형식상의 차이를 다루는 코드 간의 번역 제공 인코딩/디코딩, 압축, 암호화	JPG, MPEG, MIME, XDR
5	세션 (Session Layer)	양 끝단의 프로세스가 통신을 관리하는 방법 제공 사용자 동기화, 오류 복구, 세션 확립/유지/중단	NetBIOS, SSH
4	전송 계층 (Transport Layer)	양 끝단의 사용자에게 신뢰성 있는 통신 제공 오류 검출, 흐름 제어, 중복 검사	TCP, UDP, RTP, SCTP
3	네트워크 계층 (Network Layer)	여러 개의 노드를 경유하여 통신할 때 경로를 찾아 주는 라우팅(routing) 서비스 품질(QoS: Quality of Service) 제공 오류 제어, 흐름 제어, 노드의 논리 주소(IP address) 처리	IP, ICMP, IPSec, ARP, RIP, BGP
2	데이터링크 계층 (Data-Link Layer)	두 노드 간(point to point)의 신뢰성 있는 전송 보장. CRC기반의 오류 제어와 흐름 제어, 노드의 물리 주소(MAC: Machine Access Code) 처리	Ethernet, PPP
1	물리 계층 (Physical Layer)	케이블을 통해 데이터를 실제 전송	RS-232, RS-449

그림 1-25와 같이 송신자 측의 각 계층에서는 데이터의 앞뒤에 헤더(header)와 트레일러(trailer)를 덧붙인다. 여기에는 해당 계층에서 처리한 내용에 대한 정보와 다음 계층에서 필요한 정

보가 담겨있다. 수신자 측에서는 수신한 헤더와 테일러 정보를 차례로(추가한 순서와 반대로) 참조하여 처리한 다음 최종적으로 사용자에게 데이터를 전달한다. 따라서 수신자 측에서는 송신자가 처리한 방식과 절차에 따라 처리해야 한다. 이러한 약속된 규약을 프로토콜(protocol)이라고 한다. 각 계층의 기능을 담당하는 대표적인 프로토콜들이 표 1-3에 나타나 있다.

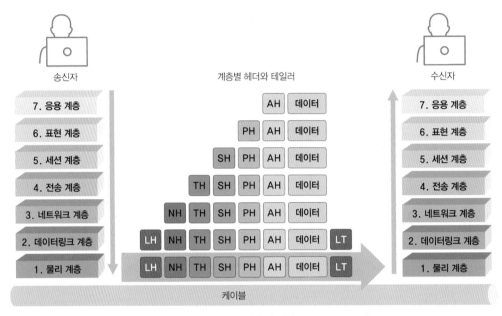

그림 1-25 계층별 헤더 구조

그런데 사실상 모든 프로토콜이 7계층 구조를 준수하지는 않는다. 인터넷 통신을 하려면 TCP와 IP(TCP/IP)를 이용한다. 즉, 인터넷 익스플로러나 크롬과 같은 웹브라우저들은 HTTP-TCP-IP 프로토콜을 이용하고, 메일 전송 프로그램들은 SMTP-TCP-IP를 이용한다. TCP/IP의 계층 모델은 그림 1-26과 같다.

그림 1-26 TCP/IP 계층 모델

네트워크 구성 요소

송수신하는 컴퓨터를 네트워크로 연결하기 위해서는 여러 가지 장비들이 필요하다. 네트워크를 구성하는 요소들을 통칭 노드(node)라고 한다. 그림 1-27은 OSI 7계층에 대응되는 네트워크 노드들을 표시한다. 즉, PC는 7계층 노드이고, 라우터는 3계층, 스위치는 2계층 노드이다. 이들을 포함한 각 구성 요소들에 대하여 알아보자.

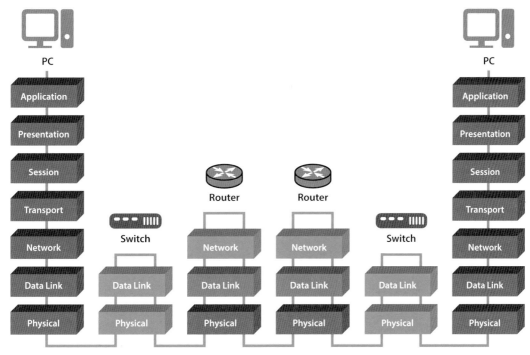

그림 1-27 OSI 7계층과 네트워크 노드

단말 노드(terminal node 혹은 end node)

사용자가 사용하는 노드로서 컴퓨터, 스마트폰, IoT 장비들이 여기에 해당된다.

케이블(cable)

사용자가 송수신하는 데이터는 케이블이라는 통로를 통해 전달된다. 대표적인 통신 회선의 규격은 표 1-4와 같다. 표에 나타난 속성 외에도 회선에 따라 최대 세그먼트(segment) 길이, 전체 네트워크의 최대 길이, 노드 간의 최소 거리, 연결 가능한 최대 세그먼트 수, 세그먼트 당 최대의 노드 수, 네트워크 당 최대의 노드 수 등의 속성이 있으며 케이블 종류마다 그 속성이 각각 다르다.

표 1-4 통신 회선 규격

10 Base T

예:
- ❸ 최대 전송 거리 케이블(T:Twisted pair, F:Fiber optic, C:shielded balanced Copper)
- ❷ Baseband용 케이블(디지털)
- ❶ 통신 속도(10, 100, 1000)

케이블 종류	통신 속도	최대 전송 거리	케이블
10 Base T	10 Mbps	100m	UTP CAT-3, -4, -5, STP
10 Base FL	10 Mbps		광케이블
10 Base 2	10 Mbps	200m	Thin 케이블
10 Base 5	10 Mbps	500m	Thick 케이블
100 Base TX	100 Mbps	100m	UTP CAT-5
100 Base T2	100 Mbps	100m	UTP CAT-3, -4, -5
100 Base T4	100 Mbps	100m	UTP CAT-3
100 Base FX	100 Mbps	2Km ~ 10Km	광케이블
1000 Base CX	1,000 Mbps (1 Giga Bit)	270m ~ 550m	동선 케이블
1000 Base SX	1,000 Mbps (1 Giga Bit)	270m ~ 550m	광케이블
1000 Base T	1,000 Mbps (1 Giga Bit)	100m	UTP CAT-5, -5e, -6, -7

이더넷 케이블 종류에는 UTP(Unshielded Twisted Pair, 비차폐연선), FTP(Foil-screened Twisted Pair, 금박연선), STP(Shielded Twisted Pair, 차폐연선) 등이 있는데, 우리가 랜선으로 사용하는 것은 UTP 케이블로서 단자에 꽂을 수 있는 RJ45 커넥터(그림 1-28)가 양 끝에 연결되어 있다.

8 7 6 5 4 3 2 1

그림 1-28 RJ45 커넥터

UTP 케이블은 색으로 구분되는 8개의 꼬임선(Twisted Pair)으로 구성된다. 양쪽 모두 RJ45 커넥터에 같은 순서로 연결하면 다이렉트(Direct 혹은 Straight-Through) 케이블이라고 하는데, 흰색/녹색 – 녹색 – 흰색/주황색 – 파랑색 – 흰색/파랑색 – 주황색 – 흰색/갈색 – 갈색 순으로 연결하면 타입 A이고, 흰색/주황색 – 주황색 – 흰색/녹색 – 파랑색 – 흰색/파랑색 – 녹색 –흰색/갈색 – 갈색 순서로 연결하면 타입 B이다(그림 1-29 참조).

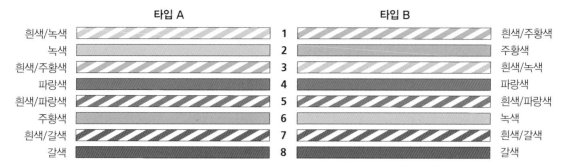

그림 1-29 UTP 케이블의 타입 A와 타입 B

우리가 사용하는 케이블은 보통 타입 B이다. 케이블에 "UDP", "CAT. 5e"와 "568B"라는 글자들이 표시되어 있는 것을 볼 수 있는데, 이것은 1Mbps 전송 속도를 지원하는 보강된(Enhanced) 카테고리(Category) 5에 속하고 타입 B인 UTP 케이블이라는 것을 의미한다. 양쪽 커넥터에 꼬임선을 동일한 순서로 연결하지 않고 1 ↔ 3, 2 ↔ 6번 선을 서로 꼬아서 연결하면 크로스(Cross-Over) 케이블이라고 한다(그림 1-30 참조).

그림 1-30 크로스 케이블

다이렉트 케이블과 크로스 케이블은 어느 노드와 연결하느냐에 따라 달리 선택해야 한다. 연결할 노드를 허브, 스위치, 라우터, PC(서버 포함)로 구분한다면 그림 1-31과 같다. 그 이유는 한 쪽의 전송 핀이 다른 쪽의 수신 핀에 언결되어야하기 때문인데, 자세한 것은 생략하고 암기하자. 모든 경우를 일일이 암기하기보다는 규칙을 만들어 암기하면 편리하다. 2계층 이하의 허브와 스위치는 MDI-X(Medium Dependent Interface crossover) 인터페이스를 사용하고, 3계층 이상의 라우터와 PC(서버 등 포함)는 MDI(Medium Dependent Interface) 인터페이스를 사용한다. 동일한 부류끼리 연결할 때는 크로스오버 케이블을 사용하고 다른 부류끼리 연결할 때는 다이렉트 케이블을 사용한다.[2] 그림 1-31에서와 같이 패킷트레이서를 이용하여 각 노드

---

[2] 자동(auto) MDI-X(Medium Dependent Interface crossover)를 지원하는 최근 네트워크 인터페이스에서는 상대 인터페이스에 따라 자동으로 설정하기 때문에 사용자는 케이블 구분 없이 사용할 수 있다.

들을 배치한 후, 번개 모양의 케이블을 선택해서 노드들을 연결하면 자동으로 적절한 케이블로 연결해준다. 점선으로 표시되는 케이블은 크로스오버 케이블이고, 실선으로 표시되는 케이블은 다이렉트 케이블이다. 예외적으로, 라우터끼리는 serial 케이블로 연결한다.

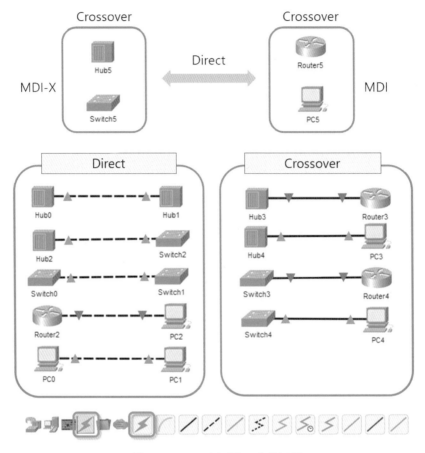

그림 1-31 크로스/다이렉트 케이블 사용

리피터(repeater)와 허브(hub)

케이블을 통해 신호를 보내면 멀어질수록 신호가 약해진다. 케이블마다 전송 가능한 길이가 다르다. 따라서 먼 거리의 두 노드를 케이블로 연결하려면 신호를 증폭시켜주는 장비가 필요한데 이것이 리피터이다. 허브도 리피터와 동일하나, 리피터는 케이블을 1:1로 연결하는 반면 허브는 여러 케이블을 연결한다는 점만 다르다. 즉, 허브는 멀티포트(multi-port) 리피터라고 할 수 있다. 물리적 신호를 중계(증폭/재생)하기 위한 장비이기 때문에 1계층 장비라고 부른다. 그림 1-32에서 볼 수 있듯이, 허브는 신호를 받으면 신호에 들어 있는 수신자 주소를 인식하지 못하기 때문에 나머지 모든 포트로 신호를 전달한다.

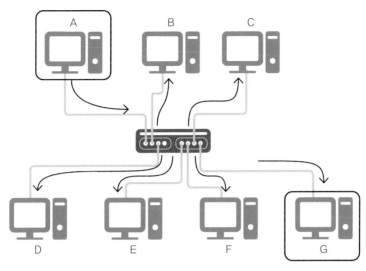

그림 1-32 허브의 신호 전달

브리지(bridge)와 스위치(switch)

브리지는 리피터와 비슷하지만 MAC 주소를 인식할 수 있는 장비이다. 스위치는 멀티포트 브리지이다. 그림 1-33과 같이 신호가 한 포트로 들어오면 신호에 포함된 수신자의 MAC 주소를 파악하여 해당 MAC 주소를 가진 노드가 연결된 포트로만 신호를 전달한다. 2계층 주소인 MAC 주소를 인식할 수 있기 때문에 2계층 장비라고 부른다.

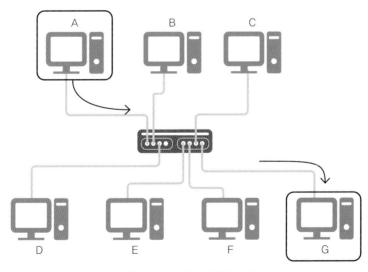

그림 1-33 스위치의 신호 전달

라우터(router)

인터넷과 같이 원격의 랜과 연결하기 위해서는 그림 1-34와 같이 IP 주소를 인식하고 처리할 수 있는 장비인 라우터를 사용해야 한다. 라우터의 각 포트는 IP 주소를 가지고 있다. 일반적으로 라우터의 경우에는 포트보다는 인터페이스(interface)라고 부른다.

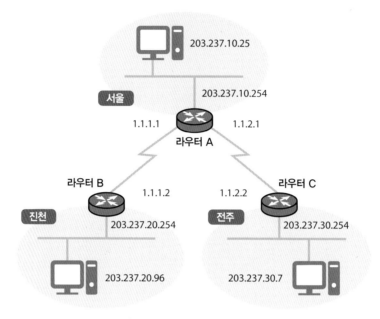

그림 1-34 라우터를 이용한 망 구성

04

랜 토폴로지

우선 랜을 구성하는 방법부터 알아보자. 랜을 구성하는 컴퓨터(node, 노드)의 연결(link, 링크) 방식을 토폴로지(topology)라고 하며, 대표적으로 버스형(bus), 링형(ring), 성형(star), 그물형 (mesh), 트리형(tree) 그리고 이들을 복합적으로 이용한 하이브리드형(hybrid) 등이 있다. 각 토폴로지의 구성 방법, 특징 및 장단점을 간략히 살펴보고 패킷트레이서를 이용하여 구성해 봄으로써 토폴로지를 이해하고 패킷트레이서의 기본 사용법도 익혀 보자.

버스형

버스형은 가장 간단한 구성 방법으로서, 그림 1-35와 같이 하나의 백본 케이블(backbone cable)에 여러 개의 노드(컴퓨터)들이 연결된 구조이다. 하나의 노드가 보내는 데이터 패킷 (packet)은 모든 노드로 브로드캐스트(broadcast)되며, 데이터 패킷에 포함된 목적지 주소를 보고 수신 노드가 수용할 것인지 결정한다. 이더넷(Ethernet)이 대표적인 버스형이다.

그림 1-35 버스형 토폴로지

표 1-5 버스형 토폴로지의 장단점

장점	단점
• 구조가 간단하고 신뢰성이 높다. • 노드 추가/삭제가 손쉽다. • 비용이 적게 든다.	• 문제가 발생한 노드를 식별하기 어렵다. • 전송량이 많을 경우 병목현상(bottleneck)이 발생한다. • 안전성이 낮다. • 백본 케이블이 고장나면 네트워크 전체에 영향을 미친다.

이제 패킷트레이서로 버스형 토폴로지를 가지는 랜을 구성해보면서 패킷트레이서의 기본적인 사용법을 익혀보자. 랜을 구성할 컴퓨터로 PC 와 노트북(laptop)을 이용하고자 한다. ❶ 우선 [장치 타입 선택박스]의 상단에서 두 번째 아이콘인 [End Devices]를 선택하고 ❷ 하단의 첫 번째 아이콘인 [End Devices]를 선택하자. 그러면 그림 1-36과 같이 [세부 장치 선택박스]에 다양한 단말기들이 나타난다. ❸ 첫 번째 [PC] 아이콘을 드래그하여 작업공간에 가져다 놓고, ❹ 두 번째 아이콘인 [Laptop]도 드래그하여 작업공간에 가져다 놓는다. 같은 방법으로 [Laptop]과 [PC]를 하나씩 더 옮긴다. 그러면 그림에서와 같이 자동으로 PC0, Laptop0, Laptop1, PC1과 같이 일련번호가 붙는다.

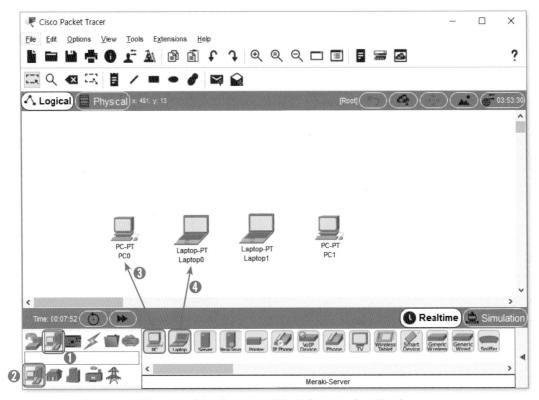

그림 1-36 패킷트레이서로 구성한 버스형 토폴로지 – 컴퓨터

그림 1-35에서는 개념적으로 컴퓨터들이 네트워크 케이블에 직접 연결되는 것처럼 표시했지만 실제로는 연결 장비가 필요하다. 이 연결 장비로 스위치(switch)를 이용할 것이다. 그림 1-37에서와 같이 [장치 타입 선택박스]에서 ❶ [Network Devices]와 ❷ [Switches]를 선택한 후 [세부 장치 선택박스]에서 ❸ [2960]을 드래그하여 각 컴퓨터 위에 하나씩 가져다 놓는다.

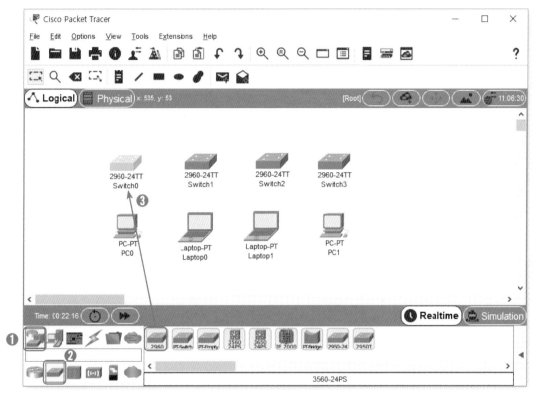

그림 1-37 패킷트레이서로 구성한 버스형 토폴로지 – 스위치

이제 각 스위치와 컴퓨터들을 연결한 후 스위치끼리 연결해야 한다. 각 장치들을 연결하기 위해서는 적절한 케이블과 인터페이스의 선택이 필요하게 된다. 그림 1-38과 같이 Switch0과 PC0을 연결하기 위해 [장치 타입 선택박스]에서 번개 모양의 ❶ [Connections]와 ❷ [Connections]를 선택한 후, ❸ [세부 장치 선택박스]에서 실선(╱)으로 표시된 세 번째 아이콘(Copper Straight-Through)을 선택한다. 선택된 아이콘은 🚫와 같이 표시된다. 케이블을 선택했으니 연결할 장치의 인터페이스를 선택해야 한다. 케이블을 선택한 상태에서 ❹ Switch0을 클릭하면 그림과 같은 메뉴가 나타나는데 [FastEthernet0/1]을 선택한 후, ❺ PC0을 클릭하여 나타나는 메뉴에서 [FastEthernet0]을 선택하면 연결이 완료된다. 동일한 방법으로 나머지 컴퓨터들과 대응되는 스위치들을 연결한다.

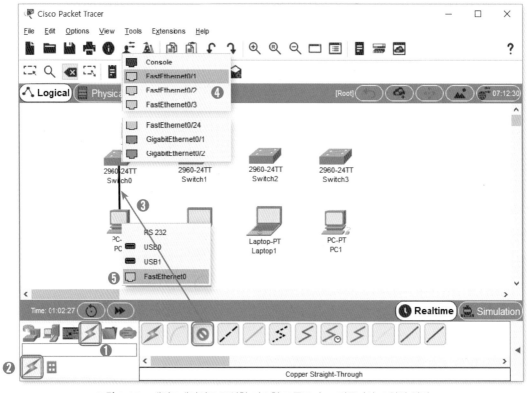

그림 1-38　패킷트레이서로 구성한 버스형 토폴로지 – 컴퓨터와 스위치 연결

이번에는 스위치들을 연결해보자. 점선으로 표시된 네 번째 아이콘인 [Copper Cross-Over]를 선택하여 그림 1-39와 같이 인접한 스위치끼리 연결한다. 두 스위치를 연결할 때의 인터페이스는 기억하기 쉽도록 일관성 있게 왼쪽 스위치의 [FastEhernet0/2]와 오른쪽 스위치의 [Fast Ethernet0/3]을 사용한다.

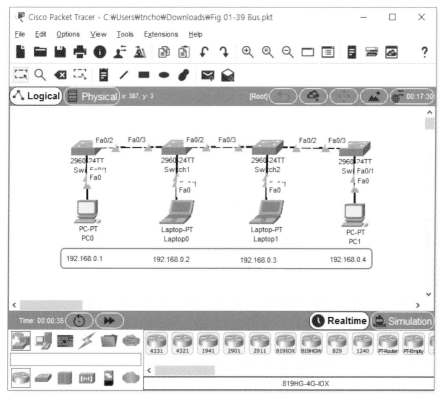

그림 1-39 패킷트레이서로 구성한 버스형 토폴로지 – 스위치 간 연결

이제 물리적인 연결은 완료되었다. 각 컴퓨터들이 통신하기 위해서는 각 컴퓨터를 유일하게 식별할 수 있는 IP 주소를 설정해야 한다. PC0을 더블클릭하여 팝업되는 메뉴에서 그림 1-40 과 같이 [Desktop]탭을 선택한 후 [IP Configuration]을 선택한다. 그리고 나타나는 화면에서 [IP Address]에 "192.168.0.1"을 입력하고 [Subnet Mask]에 "255.255.255.0"을 입력한다. Laptop0, Laptop1, PC1의 IP 주소는 각각 192.168.0.2, 192.168.0.3, 192.168.0.4로 설정하고 Subnet Mask는 모두 255.255.255.0으로 설정한다. 네트워크 IP 주소를 할당할 때는 일정한 규칙을 따르는 것이 좋다. 하지만 그렇게 하더라도 네트워크가 복잡해지면 각 노드의 IP 주소를 외우기 힘들어지므로 그림 1-39처럼 공통툴바에서 [Place Note]를 선택하여 각 노드 아래 IP 주소를 써놓으면 편리하다.

그림 1-40 패킷트레이서로 구성한 버스형 토폴로지 – 컴퓨터 IP

이제 메시지가 잘 전달되는지 테스트해보자. 새로 네트워크가 구성되면 네트워크 장비들끼리 서로에 대해 학습할 시간이 필요하다. 그림 1-39의 케이블에 표시된 삼각형이 주황색에서 녹색으로 변하면 학습이 끝나 통신할 준비가 되었다는 것을 의미한다. 준비가 다 되었으면 PC0에서 PC1로 메시지가 잘 전달되었는지 테스트해보자. PC0를 클릭하여 그림 1-41과 같은 화면이 나오면 [Desktop]에서 [Command Prompt]를 선택하여 명령어를 입력할 수 있는 창을 실행시킨다.

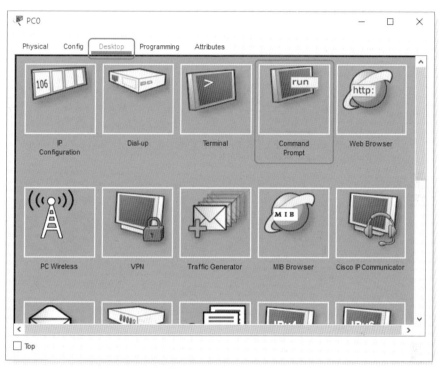

그림 1-41 패킷트레이서로 구성한 버스형 토폴로지 - 명령어 창

이 창에서 그림 1-42와 같이 PC1로 통신 패킷(메시지)을 보내는 "ping 192.168.0.4" 명령을 실행시킨다. 이 패킷이 PC1에 잘 전달되면 PC1은 응답 패킷을 PC0으로 보낸다. 이 과정을 4번 반복하여 실패 없이 응답이 왔다는 메시지가 창에 출력된 것을 볼 수 있다. 다른 컴퓨터들에서 대해서도 실행하여 잘 연결되었는지 확인해보기 바란다.

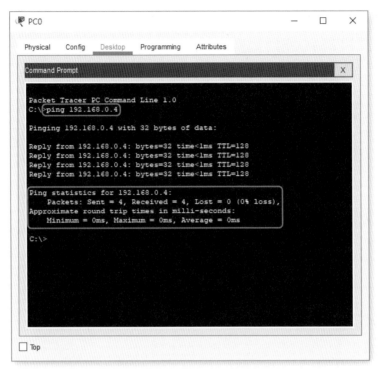

그림 1-42 패킷트레이서로 구성한 버스형 토폴로지 - ping

링형

링형 토폴로지는 그림 1-43과 같이 인접한 노드들이 연결되어 고리 형태를 이루는 구성 방식이다. 데이터 패킷은 시계 방향이나 반시계 방향의 한 방향으로만 전송되며, 목적지에 도달할 때까지 인접 노드들이 신호를 증폭하여 전달한다. 주로 토큰 링(Token Ring)에서 사용한다.

그림 1-43 링형 토폴로지

표 1-6 링형 토폴로지의 장단점

장점	단점
• 노드 추가가 쉽다. • 데이터 전송 시 충돌이 발생하지 않는다. • 비교적 비용이 저렴하다. • 노드 간 데이터 전송 속도가 빠르다. • 많은 양의 데이터를 전송할 수 있다. • 원격 통신에 좋다.	• 네트워크 구성 변경이 어렵다. • 회선에 장애가 발생하면 전체 네트워크에 영향을 미친다.

패킷트레이서에서 링 토폴로지는 앞에서 구성했던 버스 토폴로지 구성에서 양쪽 스위치만 서로 연결해주면 된다. 그러니 이번에는 패킷트레이서의 편리한 다른 기능을 조금 배워보자.

먼저 메뉴바에서 [Options] → [Preferences]를 선택하여 그림 1-44와 같은 화면이 나오면 [Interface]를 선택한 후 [Always Show Port Labels in Logical Workspace]를 체크한다. 이 기능은 각 장비들의 케이블이 어떤 인터페이스에 연결되었는지를 자동으로 출력해 주도록 하는 옵션이다. 각 케이블마다 연결된 인터페이스가 표시되므로 일일이 장비를 클릭해서 확인할 필요가 없기 때문에 나중에 다른 복잡한 기능을 설정할 때 편리하다. 그림 1-46에서 보는 것처럼 케이블 연결 후 PC0의 FastEthernet0과 Switch0의 FastEthernet0/1이 연결되었음이 표시될 것이다.

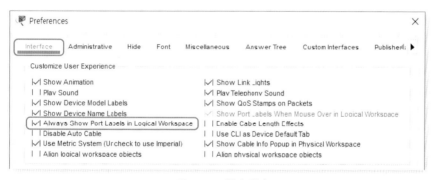

그림 1-44 환경 설정

각 장비들을 연결할 때 경우에 따라 사용하는 케이블이 다른데, 어떻게 다른지는 네트워크 계층과 장치 그리고 케이블에 대해 기술할 때 설명하였다. 여기서는 자동으로 적절한 케이블을 선택해 주는 기능을 사용해 보고자 한다. 그림 1-45에서처럼 케이블을 선택할 때 [세부 장치 선택박스]의 첫 번째 아이콘인 번개 모양의 아이콘을 선택하면 그 아래 "Automatically Choose Connection Type"이라고 안내가 나타난다. 그러면 연결하고자 하는 장치에 따라 적절한 인터페이스와 케이블을 자동으로 선택하여 사용한다. 그러나 경우에 따라 적절하게 자동으로 선택하지 못하는 경우도 있기 때문에 언제 어떤 케이블을 사용해야 하는지 기억하고 수동으로 선택하는 것이 좋다. 이 방법으로 연결해도 그림 1-46처럼 버스형 토폴로지를 만들 때와 같이 컴퓨터와 스위치는 "Copper Straight-Through"로 연결되고, 스위치끼리는 "Copper Cross-Over" 케이블로 연결된 것을 볼 수 있다. 나머지 토폴로지들은 연결 방법만 다를 뿐이므로 그림을 참고하여 직접 연습 삼아 시도해보길 바란다.

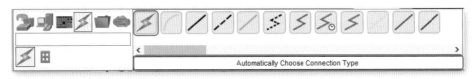

그림 1-45 케이블 자동 선택

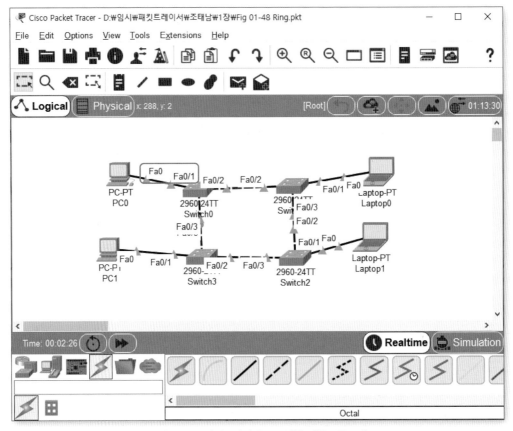

그림 1-46 패킷트레이서로 구성한 링형 토폴로지

성형

성형 토폴로지는 그림 1-47과 같이 허브(hub)라고 하는 중앙 노드에 나머지 모든 노드들이 p2p(point to point)로 연결된 구조이다. 모든 데이터 패킷은 허브를 통해 전달된다. 패스트이더넷(Fast Ethernet)이 대표적이다.

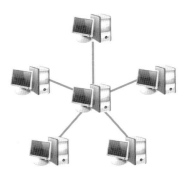

그림 1-47 성형 토폴로지

표 1-7 성형 토폴로지의 장단점

장점	단점
• 네트워크의 구성과 관리가 쉽다. • 고속의 대규모 네트워크 통신에 좋다. • 노드의 추가/삭제와 장애 노드 탐지가 쉽다. • 허브를 제외한 나머지 노드들에 장애가 발생해도 나머지 노드들은 통신이 가능하다.	• 허브 고장 시 전체 네트워크가 마비된다. • 설치 비용이 높다. • 회선수가 증가하면 제어가 복잡하다.

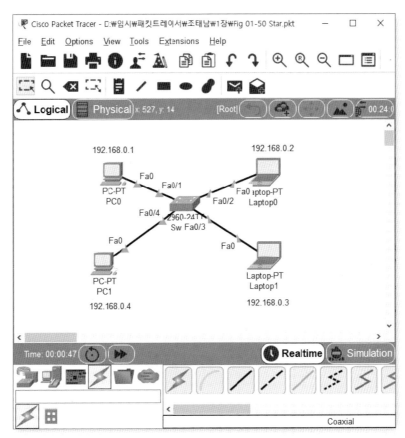

그림 1-48 패킷트레이서로 구성한 성형 토폴로지

그물형

그물형 토폴로지는 완전 그물형 토폴로지(full mesh topology)와 부분 그물형 토폴로지(partial mesh topology)가 있다. 완전 그물형 토폴로지는 그림 1-49와 같이 모든 노드들이 직접적으로 연결된 구조로서, 모든 데이터 패킷은 직접 목적하는 노드로 전달된다. 부분 그물형 토폴로지는 일부 노드들이 직접 연결되지 않은 구조이다.

그림 1-49 그물형 토폴로지

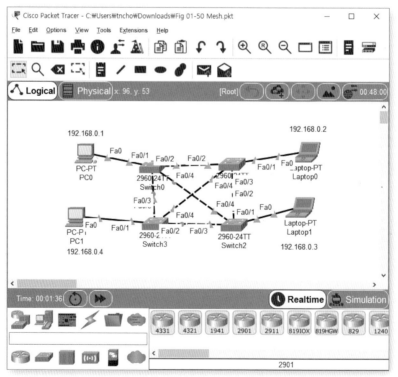

그림 1-50 패킷트레이서로 구성한 그물형 토폴로지

표 1-8 그물형 토폴로지의 장단점

장점	단점
• 모든 노드들이 연결되어 있어 장애 발생 시 다른 경로를 이용하여 통신이 가능하다. • 대량의 데이터 통신이 가능하다. • 노드 추가/삭제와 장애 노드 탐지가 쉽다.	• 설치 비용이 높다. • 초기 설정과 관리가 어렵다. • 장애 발생 시 위치 추적이 어렵다. • 중복성이 높다.

트리형

트리형 토폴로지는 성형 버스 토폴로지(star bus topology)라고도 불린다. 그림 1-51과 같이 성형으로 네트워크들이 구성되고, 각 성형 네트워크의 허브들이 버스형으로 백본 케이블에 연결되는 구조이다.

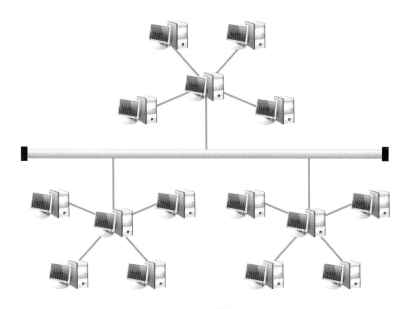

그림 1-51 트리형 토폴로지

표 1-9 트리형 토폴로지의 장단점

장점	단점
• 확장이 쉽다. • 부분적으로 나누어 관리하기가 쉽다. • 장애 노드 탐지가 쉽다.	• 메인 버스 케이블 장애 발생 시 전체 네트워크가 마비된다. • 네트워크 구성과 관리가 어렵다. • 구성 비용이 높다.

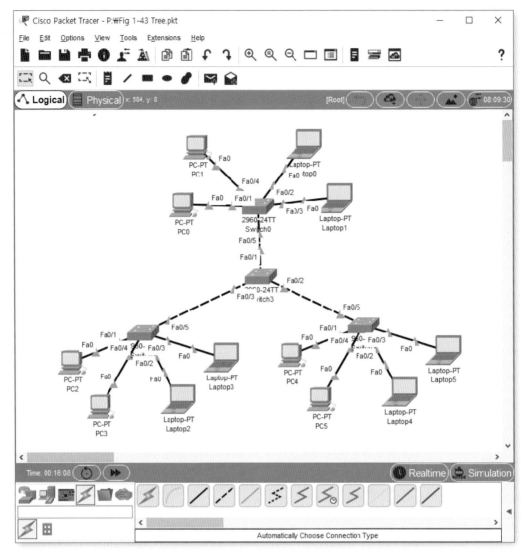

그림 1-52 패킷트레이서로 구성한 트리형 토폴로지

연/습/문/제

선택형 문제

01 다음 중 응용 프로그램이 사용하는 포트 번호가 잘못 짝지어진 것은?

    ❶ FTP – 20, 21   ❷ TELNET – 23   ❸ SSH – 24   ❹ HTTP - 80

02 다음 중 PC나 서버 등에 할당할 수 있는 IP 주소를 고르시오.

    ❶ 203.223.0.255   ❷ 1.255.300.255   ❸ 256.237.100.0   ❹ 192.168.0.512

03 다음 중 OSI 7계층별 주요 역할이 올바르게 짝지어진 것은?

    ❶ 응용 – 사용자 인터페이스   ❷ 표현 – 동기화

    ❸ 전송 – 라우팅   ❹ 물리 – 세션 확립

04 다음 중 OSI 7계층별 대표 프로토콜이 잘못 짝지어진 것은?

    ❶ 응용 – PING   ❷ 전송 – TCP   ❸ 네트워크 – MIME   ❹ 데이터링크 – 이더넷

05 다음 노드들을 연결하기 위해 필요한 UDP 케이블이 잘못 짝지어진 것은?

    ❶ (PC, 서버) – 크로스   ❷ (라우터, PC) – 다이렉트

    ❸ (PC, 스위치) – 다이렉트   ❹ (스위치, 스위치) – 크로스

06 MAC 주소를 가지고 목적지로 패킷을 전송하는 네트워크 장비는?

    ❶ 허브   ❷ 라우터   ❸ 게이트웨이   ❹ 스위치

07 다음 중 버스형 토폴로지의 특징이 아닌 것은?

    ❶ 구조가 간단하고 노드의 추가/삭제가 쉽다.

    ❷ 안전성이 낮다.

    ❸ 전송량이 많으면 병목현상이 발생한다.

    ❹ 백본이 고장나도 전체 네트워크에 영향을 미치지 않는다.

08 다음 중 링형 토폴로지의 특징이 아닌 것은?

   ❶ 노드 추가가 어렵다.

   ❷ 데이터 전송 시 충돌이 발생하지 않는다.

   ❸ 네트워크 구성 변경이 어렵다.

   ❹ 회선에 장애가 발생하면 전체 네트워크에 영향을 미친다.

09 다음 중 성형 토폴로지의 특징이 아닌 것은?

   ❶ 허브 고장 시 전체 네트워크가 마비된다.

   ❷ 어떤 노드라도 고장나면 나머지 노드들의 통신이 불가능하다.

   ❸ 회선수가 증가하면 제어가 복잡하다.

   ❹ 고속의 데이터 네트워크 통신에 좋다.

10 다음 중 그물형 토폴로지의 특징이 아닌 것은?

   ❶ 노드의 추가/삭제가 쉽다.

   ❷ 중복성이 낮아 비용이 저렴하다.

   ❸ 노드 장애 발생 시에도 다른 경로를 이용하여 통신이 가능하다.

   ❹ 장애 발생 시 위치 추적이 어렵다.

11 다음 중 트리형 토폴로지의 특징이 아닌 것은?

   ❶ 확장이 쉽다.

   ❷ 네트워크 구성과 관리가 어렵다.

   ❸ 장애 노드 탐지가 어렵다.

   ❹ 부분적으로 나누어 관리하기가 쉽다.

단답형 문제

※ 다음 빈칸에 알맞은 용어를 채우시오.

01 네트워크 노드들을 연결하기 위한 1계층 장비로는 (   ), (   )가 있고, 2계층 장비로는 (   ), (   )가 있으며 3계층 장비로는 (   )가 있다.

02 네트워크에서 충돌 없이 통신하기 위한 규칙을 (   )이라고 한다.

03 인터넷을 위한 통신 프로토콜은 (   )이다.

04 2계층 주소로서 컴퓨터의 물리적 주소를 (   )라고 하며 (   ) 비트로 구성되어 있다.

05 컴퓨터의 3계층 주소인 논리적 주소를 (   )라고 하며, 현재 사용하고 있는 버전 4의 길이는 32비트이고 버전 6의 길이는 (   )비트이다.

06 0~65535의 값을 가질 수 있으며 응용 프로그램마다 유일하게 사용하는 통신용 고유번호는 (   ) 이다.

07 OSI 7계층은 1계층부터 (   ), (   ), (   ), (   ), (   ), (   ), (   ) 계층이다.

08 UTP 케이블에는 양쪽 꼬임선이 동일한 순서로 연결된 (   ) 케이블과 (   )번 과 (   )번을 꼬아 연결한 (   ) 케이블이 있다.

09 UTP B타입 케이블의 꼬임선 색의 순서는 (   ), (   ), (   ), (   ), (   ), (   ), (   ), (   )색이다.

10 IP 주소를 인식하고 처리할 수 있는 네트워크 장비는 (   )이다.

11 대표적인 랜 토폴로지는 (   ), (   ), (   ), (   ), (   )과 하이브리드형
   등이 있다.

12 노드 간의 통신 상태를 테스트할 수 있는 명령어는 (   )이다.

실습 문제

01 본문에 있는 각 토폴로지를 패킷트레이서를 이용하여 구성하고, IP 주소를 적절히 할당한 다음 ping
   을 통해 통신이 되는지 확인하시오. [난이도 ★]

컴퓨터 네트워크 구성 요소

학습 목표

01. 네트워크를 이용하기 위한 PC 설정 요소가 무엇인지 이해할 수 있다.
02. PC, 스위치, 라우터와 인터넷 간의 관계를 이해하고 설정할 수 있다.
03. IP 주소 체계와 대역대의 개념을 이해할 수 있다.
04. 서브넷의 개념을 이해하고 서브넷 마스크를 이용하여 서브넷팅을 할 수 있다.
05. 게이트웨이의 개념을 이해하고 설정할 수 있다.
06. IP 주소와 도메인명의 관계를 이해하고 DNS를 설정할 수 있다.

1장에서 네트워크에 대한 기본 개념과 사용되는 용어 중심으로 살펴보았다. 1장에서 네트워크에 대한 큰 그림을 보았다면, 2장에서는 사용자 시각에서 조금 더 들여다보고 관리자의 시각으로 옮겨 그 원리와 의미를 배워볼 것이다.

Computer   Network   with   **Packet   Tracer**

사용자 입장에서 보면 네트워크란 인터넷 서핑을 하고 메신저를 통해 대화를 하거나 메일을 주고받게 해주는 매개체이다. 즉 나와 웹페이지/웹서버, 나와 메신저 대화 상대, 나와 메일 상대/메일 서버를 연결해주는 시스템이고 체계이다.

우선 이러한 네트워크 통신을 하기 위해 사용자가 이해하고 설정해야 하는 구성 요소가 무엇인지 알아보자.

그림 2-1의 왼쪽처럼 제어판을 연 다음 우측 상단의 [보기 기준]을 [범주]로 선택하고 [네트워크 상태 및 작업보기]를 선택하면 그림 2-1의 오른쪽과 같은 화면이 나온다. 만약 컴퓨터가 네트워크에 연결된 상태라면 [활성 네트워크 보기]에서 [이더넷]을 선택한다.

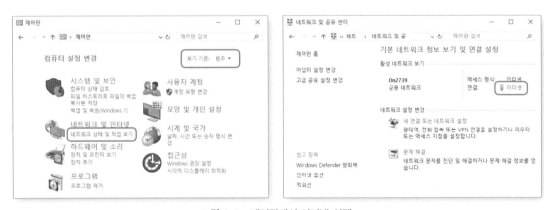

그림 2-1   제어판에서 이더넷 선택

그러면 그림 2-2의 왼쪽과 같은 창에서 현재 네트워크 통신 상태를 확인할 수 있다. 여기서 [속성]을 선택하면 오른쪽과 같은 창이 나오는데, 여러 항목 중 [인터넷 프로토콜 버전 4(TCP/IPV4)]를 선택하고 [속성]을 선택하자.

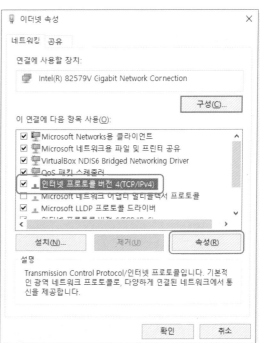

그림 2-2 TCP/IP 프로토콜 상태

그러면 그림 2-3과 같은 화면이 나오는데, 이 화면은 1장에서 보았던 IP 주소를 설정하는 화면이다. 학교나 기관에서 사용하는 PC의 경우에는 대부분 왼쪽과 같은 화면이 나올 것이고, 가정에서 사용하는 PC나 공유기에 연결되어 있는 PC라면 오른쪽과 같은 화면이 나타날 것이다. 왼쪽 창에는 [다음 IP 주소 사용]이 선택되어 있고 ❶ IP 주소 ❷ 서브넷 마스크 ❸ 기본 게이트웨이 ❹ 기본 설정 DNS 서버 필드에 입력이 가능하도록 활성화 되어 있다. 이 4가지 항목이 이 장에서 살펴보고자 하는 '컴퓨터 네트워크 4대 구성 요소'로서 사용자가 네트워크를 사용하기 위해서 설정해야만 하는 항목들이다. 한편 오른쪽 창에서는 [자동으로 IP 주소 받기]가 선택되어 나머지 필드들에 입력할 수 없도록 비활성화 되어 있다. 이 경우에는 ISP(Internet Service Provider, 인터넷 공급 회사)나 공유기에서 동적으로 이 값들을 할당해주기 때문에 사용자는 신경 쓰지 않아도 된다. 왼쪽 그림은 '고정 IP 주소'를 사용하는 경우이고 오른쪽 그림은 동적으로 할당되는(접속할 때마다 매번 바뀔 수 있는) '유동 IP 주소'를 사용하는 경우이다.

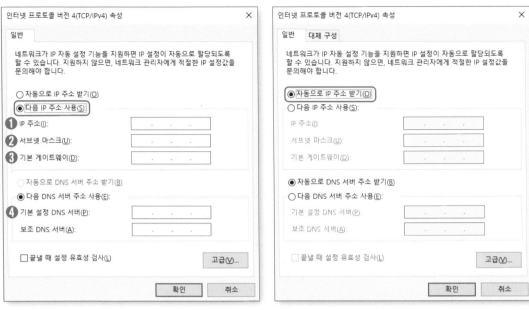

그림 2-3 TCP/IP 속성 화면

02 패킷트레이서에서의 네트워크 구성 요소

Computer Network with Packet Tracer

이제 패킷트레이서를 이용해서 이 값들을 설정하고 어떻게 동작하는지 살펴보자. 우선 패킷 레이서의 왼쪽 하단에 있는 [장치 타입 선택박스]에서 PC와 서버가 있는 [End Devices]를 클릭한 후, [세부 장치 선택박스]에서 PC를 클릭하여 작업영역에 가져다 놓는다. 가져다 놓은 PC0을 클릭해서 [Desktop] 탭을 선택한 후 [IP Configuration]을 선택하면 그림 2-4와 같은 화면이 나타난다. [Static]이 선택되어 있을 텐데 그림 2-3에서 [다음 IP 주소 사용]을 선택한 것과 같은 의미이다. 즉, 고정 IP 주소를 사용한다는 뜻이다. 입력해야 할 세부 필드들이 그림 2-3과 같다는 것을 알 수 있다. [DHCP]를 선택한다면 그림 2-3에서 [자동으로 IP 주소 받기] 와 같이 유동 IP 주소를 사용한다는 뜻이 된다.

그림 2-4 PC0의 IP 주소 설정 화면

컴퓨터가 인터넷을 이용하여 통신하려면 IP 주소가 필요하다는 것은 알고 있을 것이다. 그러므로 PC0의 [IP Address] 필드에 "203.237.10.1"을 입력하고 [Subnet Mask]에 "255.255.255.0"

을 입력하자. 나머지 필드도 입력이 필요한가? 1장에서 기본 토폴로지를 실습할 때, PC/Laptop과 스위치로 연결된 망에서 IP 주소와 서브넷 마스크만 설정하고도 통신이 가능했던 것을 기억할 것이다. 어느 범위로 통신할 것인가에 따라 불필요한 요소도 있다. 표 2-1은 각각의 네트워크 환경에 따라 필요한 값들을 정리한 것이다.

표 2-1 네트워크 환경에 따른 구성 요소의 적용 여부

네트워크 환경	IP	Subnet Mask	Default Gateway	DNS Server
PC	○	○		
PC + 스위치	○	○		
PC + 스위치 + 라우터	○	○	○	
PC + 스위치 + 라우터 + 인터넷	○	○	○	○

그 이유는 3장 라우터, 4장 스위치, 7장 IoT를 배우면서 알게 되겠지만, 여기서 잠깐 1장에서 배웠던 개념을 떠올리며 비유를 통해 이해해보자. IP 주소는 컴퓨터를 유일하게 식별할 수 있는 이름(full name)과 같은 주소이다. 사실 이 주소는 성(surname)에 해당하는 네트워크 ID와 이름(given name)에 해당하는 호스트 ID로 구성되어 있다. 서브넷 마스크(Subnet Mask)는 이름 중 어느 부분이 성(네트워크 ID)인지를 알아내기 위해 필요한 값이다. PC들만 있을 때는 한 마을에 사는 사람들과 같아서 이름(full name)만 알아도 서로 통신할 수 있다. 스위치는 한 마을의 이웃에 있는 PC들을 연결해 주는 다리와 같은 장치라서 역시 한 마을에 살고 있는 PC들은 이름만 알아도 서로 통신할 수 있다. 그런데 마을 밖으로 나가려면 성문을 통과해야 하는데 이 성문이 라우터라고 했다. PC가 다른 마을로 가기 위해서 통과해야 하는 첫 라우터가 바로 디폴트 게이트웨이이다. 마지막으로, 인터넷을 사용할 때 URL을 통해 접속하려는 서버의 주소를 입력하게 되는데 보통 IP 주소를 직접 입력하지 않고 기억하기 쉬운 도메인 네임(Domain Name)을 이용하게 된다. 이 도메인 네임을 실제 서버 주소인 IP 주소로 변환해주는 역할을 DNS(Domain Name Service/System) 서버가 한다. 따라서 디폴트 게이트웨이는 여러 개의 DNS 중 디폴트로 어느 서버를 사용할지를 지정해 주는 것이다. 표 2-1의 각 경우를 패킷 레이서를 통해 확인해보자.

우선 가장 간단한 구성으로서 PC만 있는 경우를 살펴보자. 그림 2-5와 같이 PC1을 한 대 더 추가해서 연결해보자. PC와 PC만을 연결하려면 네트워크 4가지 구성 요소 중 IP 주소와 서브넷 마스크만 있으면 된다고 했다.

그림 2-5 PC만을 연결한 경우

PC0은 203.237.10.1과 255.255.255.0으로 설정했는데 PC1은 어떠한 값으로 설정해야 PC0과 PC1이 서로 연결 가능하게 될까? IP 주소 할당에는 규칙이 있어서 아무 값이나 할당하면 안 된다. 정답부터 말하자면 IP 주소의 성(네트워크 ID)이 서로 같아야 한다. PC0의 IP 주소 중 네트워크 ID는 무엇일까? 다음에 설명할 서브넷 마스크를 배우면 더 확실하게 알겠지만, 우선 서브넷 마스크의 값이 255인 부분에 해당하는 IP 주소값이 네트워크 ID라고 알아두자. 즉, PC0의 경우에는 IP 주소의 앞 3자리인 203.237.10에 해당된다. 나머지 한 자리는 호스트 ID로서 PC0의 경우에는 1이다. 네트워크 ID가 같은 IP 주소들을 같은 '대역대(bandwidth)'에 있다고 말한다. 그렇다면 PC0과 같은 대역대의 IP 주소들인 203.237.10.2 ~ 203.237.10.254 중 하나를 PC1의 IP 주소로 설정하면 통신할 수 있고 그렇지 않은 경우에는 통신할 수 없다는 뜻이 된다. 직접 설정해보도록 하자.

같은 대역대의 IP 주소로 설정한 경우

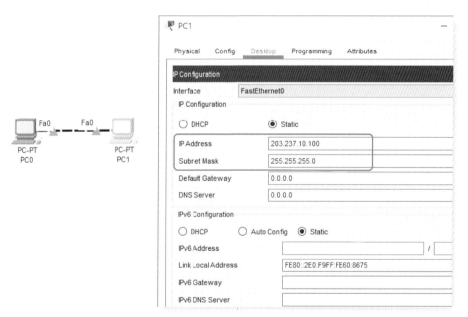

그림 2-6   같은 대역대의 IP 주소를 설정

PC1의 [Desktop]에서 [Command Prompt]를 선택하여 명령어 창을 연 다음 "ping 203.237.10.1" 이라고 입력하면 그림 2-7과 같이 1ms 이하의 응답 시간에 IP 주소가 "203.237.10.1"인 노드 (PC0)로부터 응답(Reply)이 오는 것을 확인할 수 있다.

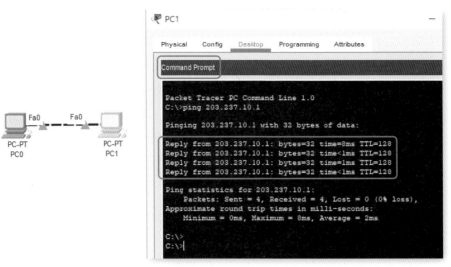

그림 2-7 같은 대역대의 IP 주소를 설정한 경우의 통신 확인

이번에는 패킷트레이서의 유용한 기능 중의 하나인 시뮬레이션을 이용해보자. ❶ 오른쪽 아래에 있는 [Simulation]을 선택하면 오른쪽에 ❷ "Event List" 창(이벤트 목록창)이 나타난다. 다시 PC0으로 ping을 실행하면 그림 2-8과 같이 이벤트 목록창에 노드들 간 오가는 패킷 정보가 출력된다. 각 이벤트의 타입(Type)이 ICMP라고 되어있는데, 이것은 ping 명령을 실행했을 때 실제로는 ICMP(Internet Control Message Protocol) 프로토콜이 작동되기 때문이다. 이 프로토콜은 상대방에게 응답을 요청하고 응답을 받음으로써 통신을 확인할 수 있도록 하는 프로토콜이다.

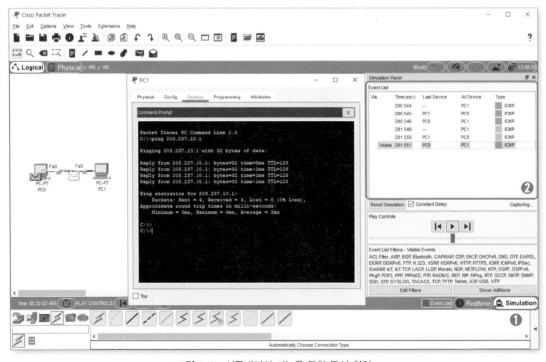

그림 2-8 시뮬레이션 기능을 통한 통신 확인

다른 대역대의 IP 주소로 설정한 경우

그림 2-9는 PC1에 PC0과는 다른 대역대의 IP 주소인 172.16.0.1을 설정하는 화면이다. 설정한 후, PC1에서 PC0으로 ping을 실행해보면 그림 2-10과 같이 PC0으로부터의 응답을 기다리다 가 시간이 초과된다는 것을 알 수 있다. 즉, 통신이 불가능한 상태라는 것을 의미한다.

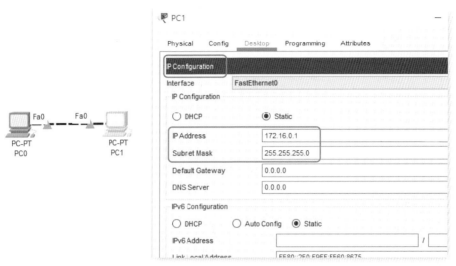

그림 2-9 다른 대역대의 IP 주소를 설정

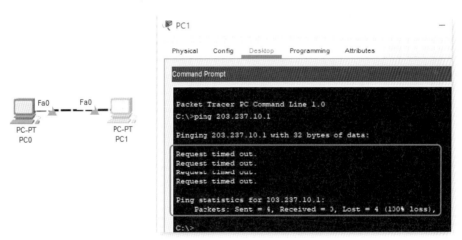

그림 2-10 다른 대역대의 IP 주소를 설정한 경우의 통신 확인

다른 서브넷 마스크로 설정한 경우

마지막으로 서브넷 마스크가 다른 경우를 살펴보자. 그림 2-11에서와 같이 IP 주소는 그림 2-6 과 같이 PC0과 같은 대역대인 "203.237.10.100"으로 설정하고 서브넷 마스크를 "255.255.255.0" 이 아닌 "255.255.255.240"으로 설정해보자. 그러면 그림 2-12와 같이 통신에 실패할 것이다.

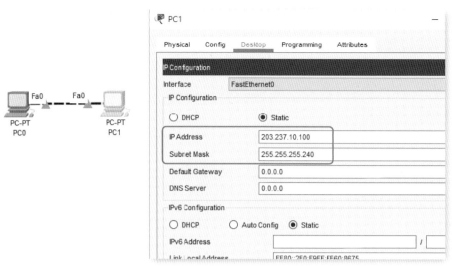

그림 2-11 서브넷 마스크를 다르게 설정

그림 2-12 서브넷 마스크를 다르게 설정한 경우의 통신 확인

지금까지 테스트한 결과를 요약하면 표 2-2와 같다. 즉, 통신하려는 두 PC는 같은 대역대의 IP 주소를 가지고 있어야 하고, 동일한 서브넷 마스크를 가지고 있어야 하며 동일한 VLAN에 속해 있어야 한다는 것이다. 여기서 주목할 점은 서브넷 마스크가 다른 경우도 IP 대역대가 다른 경우와 마찬가지라는 것이다. 왜냐하면 서브넷 마스크가 다르기 때문에 네트워크 ID가 다르다는 것이고 그것은 서로 다른 대역대라는 뜻이 되기 때문이다. 이것은 서브넷 마스크 부분에서 다시 한 번 살펴볼 것이다. VLAN이 다른 경우는 4장 스위치에서 상세히 다룰 내용이다. 간단히 말하면 LAN이란 같은 대역대의 IP 주소를 가지는 노드들의 네트워크 망이며 물리적으로 하나의 라우터에 연결된 망이라고 생각하면 된다. 그런데 사실상 하나의 물리적 LAN이면서도

논리적으로 여러 LAN인 것처럼 나누어 사용할 수 있는데, 이것이 가상의 LAN, 즉 VLAN(-Virtual LAN)이다. 기본적으로 물리적 LAN에는 1번 번호가 할당된다. 그래서 만약 다른 가상 LAN에 속하게 된다면 물리적으로 다른 LAN에 속한 것처럼 직접적 통신이 불가능하게 된다. 3가지 경우를 종합하면 VLAN을 포함하여 동일한 LAN에 속한 경우에만 직접적 통신이 가능하다고 말할 수 있다.

표 2-2 PC간 통신이 불가능한 경우

설정 환경	설정 값	PC0	PC1	ping 결과
IP 대역대가 다른 경우	IP 주소	203.237.10.1	172.16.0.1	통신 불가
	서브넷 마스크	255.255.255.0	255.255.255.0	
서브넷 마스크가 다른 경우	IP 주소	203.237.10.1	203.237.10.100	통신 불가
	서브넷 마스크	255.255.255.0	255.255.255.240	
VLAN이 다른 경우	IP 주소	203.237.10.1	203.237.10.100	통신 불가
	서브넷 마스크	255.255.255.0	255.255.255.0	
	소속 VLAN	VLAN1	VLAN2	

앞에서 IP 주소의 중요성을 느꼈을 것이다. 이제 IP 주소의 체계를 좀 더 알아보기로 하자. 우리가 사용하고 있는 IP 주소는 32비트로 구성되어 있다고 하였다. 좀 더 정확하게 표현하면 IPv4(IP 버전 4)의 주소 체계이다. 32비트로 나타낼 수 있는 IP의 개수는 얼마일까? 2^{32} = 4,294,967,296개다. 42억 개가 넘는다. 지구 인구를 생각해보면 별로 부족할 것 같지 않지만, 여러 가지 이유로 IP 주소가 부족하기 때문에 128비트짜리 IPv6(IP 버전 6)를 만들었다. 여기에는 IPv4에는 부족한 보안 요소까지 포함되어 있다. 하지만 우리는 여전히 IPv4를 사용하고 있으며 IPv6는 설정하지 않아도 되므로 이 책에서는 IPv4에 대해서만 학습할 것이다.

IPv4의 주소 체계

IP 주소가 어떻게 구성되는지 조금 더 자세히 들여다보자. IP 주소는 nnn.nnn.nnn.nnn과 같이 표현되는데, '.'으로 구분되는 각 부분은 옥텟(Octet)이라고 부르는 8비트 숫자이다. 따라서 각 옥텟에 올 수 있는 값의 종류는 2^8 = 256이고 값의 범위는 0~255이다. 즉, 0.0.0.0 ~ 255.255.255.255 까지 구성할 수 있다는 뜻이다. 그림 2-13에서와 같이 IP 주소를 "203.237.10.256"으로 설정하면 불가능한 IP 주소라는 오류가 발생한다. 그 이유는 마지막 옥텟에 가용 범위를 벗어난 256을 설정했기 때문이다.

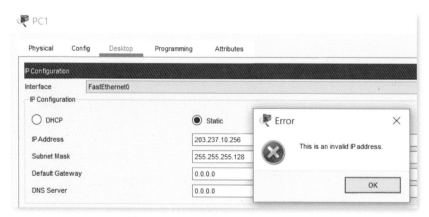

그림 2-13 IP 주소값의 범위를 벗어난 오류

약 42억 개의 IP 주소를 전 세계에서 공통으로 사용해야하기 때문에 체계적인 관리가 필요하다. ICANN이 관리하는 IANA(Internet Assigned Numbers Authority)에서 전 세계의 IP 주소를 관리한다. 이 기관은 대륙별 관리 기관에 할당하고 각 대륙별 관리 기관은 나라별 관리 기관에 할당한다. 우리나라 관리 기관인 한국인터넷정보센터(KRNIC, Korea NIC)은 아태지역 관리 기관인 APNIC(Asia & Pacific NIC)으로부터 할당받아 국내 기관에 할당하고 관리하고 있다.

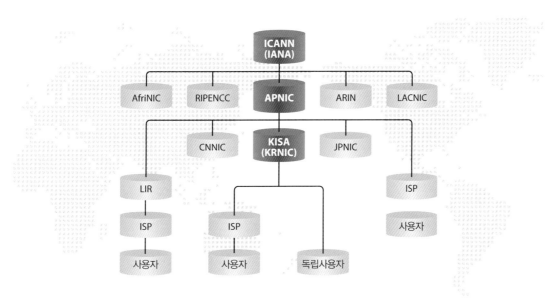

그림 2-14 IP 주소 관리 체계(출처: 한국인터넷정보센터)

IP 주소는 개인별로 하나씩 할당하는 것이 아니라, 기관별로 일정 대역의 IP 주소를 할당해 준다. IP 주소 체계는 5개의 클래스로 구성된다. 이 주소 체계는 호텔에서 사용하는 방 번호 체계와 비슷하다. 어느 호텔의 방의 개수가 500개라고 가정하자. 그렇다고 그 방 번호를 1부터 500까지 일련번호를 붙이지 않는다. 만약 호텔이 20(2자리 수)층짜리 건물이고, 한 층에 최대 110(3자리 수)개의 방이 있다면, 방 번호는 층 번호(2자리)+일련번호(3자리)와 같이 붙일 것이다. 즉, 17035는 17층에 있는 35호 방을 일컫는 것이다. 물론 1~500을 쓰는 것보다 길이가 길어지지만 방 번호만 봐도 위치를 알 수 있기 때문에 체계적으로 관리하기가 쉽다. 각 층에서 쓸 수 있는 방 번호는 1부터 시작한다면 999개가 될 것이다. 이렇게 할당하다 보면 방의 개수가 적은 층에서는 안 쓰는 방 번호가 많다. 만약 IP 주소처럼 호텔에서 사용할 수 있는 방 번호의 개수가 정해져 있다든가 가용 방 번호 개수만큼 비용을 지불해야 한다면 낭비가 아닐 수 없다. 이러한 개념을 바탕으로 IP 주소의 클래스와 서브넷 마스크를 사용하는 이유를 생각해 보면 조금 더 이해가 쉬울 것이다. 즉, 모든 층에 동일한 방 번호 개수를 할당하지 않고 규모에 따라 번호를 할당해 주는 것이다.

IP 주소는 A, B, C, D, E의 5개 클래스로 구분된다. 클래스는 IP 주소의 첫 번째 옥텟의 4개의 MSB(Most Significant Bit, 최상위 비트)에 따라 구분된다. 그림 2-15를 참조하여 IP 주소의 클래스를 판별해보자. IP 주소의 첫 번째 비트 b1이 0이면 A 클래스라는 의미가 되므로, 첫 8비트가 네트워크 ID이고 나머지가 호스트 ID라고 해석하면 된다. 만약 b1이 1이면 B~E 클래스이다. 따라서 b1이 1이면 두 번째 비트 b2를 보아야 한다. 만약 b2가 0이면 B 클래스이고 1이면 C~E 클래스이다. 마찬가지로 세 번째 비트 b3이 0이면 C 클래스이다. b3이 1일 때 네 번째 비트 b4가 0이면 D 클래스이고 1이면 E 클래스이다.

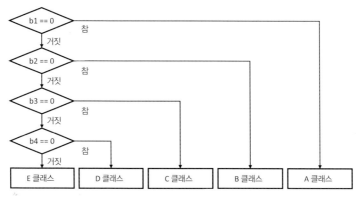

그림 2-15 MSB에 따른 IP 주소 클래스 판별 흐름

D 클래스와 E 클래스는 A~C 클래스와는 다른 용도로 사용되므로, 우리는 A~C 클래스만 살펴보도록 하자. IP 주소는 네트워크 ID와 호스트 ID로 구성된다고 하였다. IP 주소의 총 길이는 32비트지만 각 클래스에 따라 네트워크 ID와 호스트 ID의 길이가 다르다. 표 2-3과 같이 네트워크 ID의 길이가 A(8비트) < B(16비트) < C(24비트)이고 상대적으로 호스트 ID는 A(24비트) > B(16비트) > C(8비트)이다.

표 2-3 클래스별 네트워크 ID와 호스트 ID 구성

클래스	1번 옥텟								2번 옥텟								3번 옥텟								4번 옥텟							
	1	2	3	4	5	6	7	8	9	10	11	12	13	14	15	16	17	18	19	20	21	22	23	24	25	26	27	28	29	30	31	32
A	0																															
	네트워크 ID								호스트 ID																							
B	1	0																														
	네트워크 ID																호스트 ID															
C	1	1	0																													
	네트워크 ID																								호스트 ID							
D	1	1	1	0																												
	멀티캐스트 주소																															
E	1	1	1	1																												
	사용 안 함(예비용)																															

따라서 규모가 큰 네트워크에는 A 클래스를 사용하고, 규모가 작은 네트워크에서는 C 클래스를 사용한다. 대부분의 기관은 거의 C 클래스를 사용한다. 우리가 예에서 사용하고 있는 203.237.10.nnn의 첫 옥텟을 2진수로 표현하면 "1100 1011"이므로 C 클래스 주소임을 알 수 있다.

그러면 C 클래스의 가용 IP 주소를 계산해보자. 32비트 중 MSB 3개가 "110"으로 고정되므로 가장 작은 값은 나머지가 모두 0인 값인 "1100 0000 0000 0000 0000 0000 0000 0000"이므로 192.0.0.0이 된다. 또 가장 큰 값은 나머지가 모두 1인 값이다. 이진수로 "1101 1111 1111 1111 1111 1111 1111 1111"이므로 223.255.255.255가 된다. 이 중 4번째 옥텟만 호스트 ID이므로 하나의 네트워크 대역에서는 256개의 IP 주소를 사용할 수 있다. 그러나 호스트 ID가 0인 경우는 네트워크 ID만 뽑아낸 값과 동일하므로 사용하지 않고 네트워크 주소로 인식한다.

예를 들어서 203.237.10.0은 203.237.10.1~203.237.10.255인 IP 주소로부터 네트워크 ID만 추출한 것인지 호스트 ID가 0인 실제 IP 주소인지 구분할 수 없기 때문이다. 또한 호스트 ID의 모든 비트가 1인 경우는 브로드캐스트 주소로 사용된다. 예를 들어서 203.237.10.255로 패킷을 전송하면 네트워크 ID가 203.237.10.0인 모든 노드에게 전송된다. 따라서 C 클래스의 한 대역대에서 쓸 수 있는 IP 주소는 254개가 된다. A, B클래스도 동일한 방법으로 계산할 수 있다. 하지만 각 클래스마다 특수한 용도로 사용되는 IP 주소들도 있어서 단순히 계산한 것보다는 훨씬 적다. 표 2-4에 각 클래스별 IP 주소 범위와 한 대역별 가용 IP 주소 개수를 표시하였다.

표 2-4 클래스별 서브넷 마스크와 가용 IP 주소

클래스	1번째 옥텟							가용 IP 주소	
A	0							클래스의 가용 IP 주소	1.0.0.0 ~ 126.255.255.255
								서브넷 마스크	255.0.0.0
								한 대역의 가용 IP 주소 개수	16,777,214개
B	1	0						클래스의 가용 IP 주소	128.0.0.0 ~ 191.255.255.255
								서브넷 마스크	255.255.0.0
								한 대역의 가용 IP 주소 개수	65,534개
C	1	1	0					클래스의 가용 IP 주소	192.0.0.0 ~ 223.255.255.255
								서브넷 마스크	255.255.255.0
								한 대역의 가용 IP 주소 개수	254개
D	1	1	1					클래스의 가용 IP 주소	224.0.0.0 ~ 239.255.255.255
								용도	멀티캐스트용
E	1	1	1	1				클래스의 가용 IP 주소	240.0.0.0 ~ 254.255.255.255
								용도	예약용

IP 주소의 용도

IP 주소에는 앞에서 설명한 네트워크 주소나 브로드캐스트 주소 외에도 특수한 용도로 사용되는 주소들이 있다. 노드에 할당할 수 있는 IP 주소에는 공인(public) IP 주소와 사설(private) IP 주소가 있다. 공인 IP 주소는 이름 그대로 전 세계적으로 공인된 주소로서 세계에서 유일하다. 사설 IP 주소는 외부망에서는 사용할 수 없는 주소로서 주민등록상에 등재되지 않고 집에서만 부르는 이름 같은 것이다. 공유기를 사용하는 PC의 경우, TCP/IPv4의 속성을 보면 그림 2-3의 오른쪽 그림처럼 '자동으로 IP 주소 받기'로 설정되어 있고, 명령어 창에서 ipconfig/all을 입력하여 IP 주소를 확인해 보면 그림 2-16처럼 192.168.nnn.nnn으로 나타나는 것을 볼 수 있다. 공유기를 사용하는 PC나 가정에서 사용하는 PC들은 모두 이 대역의 주소를 가지며, 심지어 다른 공유기에 연결된 컴퓨터들이 동일한 주소를 갖기도 한다. 왜냐하면 이 주소는 공유기가 자기 공유기에 연결된 컴퓨터들에게만 '동적'으로 할당하는 사설 IP 주소이기 때문이다. 그래서 하나의 공유기에 연결된 컴퓨터끼리는 중복된 IP 주소를 가지지 않고 다른 공유기에 연결되어 있을 때만 중복이 발생한다. A~C 클래스마다 사설 IP 주소 대역이 지정되어 있다.

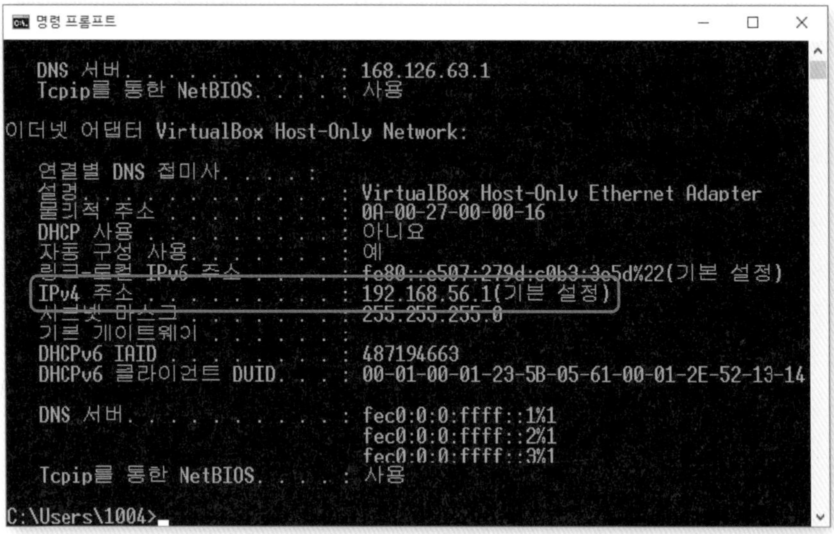

그림 2-16 사설 IP 주소 확인

사설 IP 주소를 사용하는 이유는 IP 주소의 고갈 때문이다. 사설 IP 주소를 여러 곳에서 중복하여 사용함으로써 모두 다 공인 IP 주소를 사용할 때 발생하는 IP 부족 현상을 완화시킬 수 있다. 이 사설 IP 주소는 공유기에 연결된 네트워크 안에서만 사용되는 IP 주소라고 했다. 그러면 사설 IP 주소를 가지는 컴퓨터들은 어떻게 인터넷으로 통신이 가능할까? 공유기가 NAT(-Network Address Translation) 기능을 통해 주소 변환을 해주기 때문이다.[1] 그래서 IP 주소를

---

[1] NAT는 5장 방화벽에서 다시 다룰 것이다.

통한 직접적인 접근이 필요한 웹서버 같은 컴퓨터를 공유기에 연결하여 사용하려면 포트 포워딩(port forwarding) 기법이 필요하다. 이 내용은 여기서 다루지 않으므로 관심 있는 독자들은 다른 자료를 참고하기 바란다.

그 외에도 "0.0.0.0"은 컴퓨터 부팅 시 자신의 IP 주소를 모를 경우에 사용하는데, 이 내용에 대해서는 5장 방화벽에서 다시 한 번 다룰 것이다. 127.0.0.1~127.255.255.255는 시스템 내부에서 통신 가능 여부를 테스트할 때 사용된다. "ping 127.0.0.1"은 자기 자신과의 통신을 테스트하는 것으로서, 외부망과의 통신을 테스트하기 전에 내 컴퓨터의 네트워크 환경이 정상 작동하는지 확인하는 데 사용된다. 특수한 용도의 IP 주소들을 표 2-5에 정리하였다.

표 2-5 특수 용도의 IP 주소

종류	설명	
사설 IP 주소	공식적으로 승인 없이 사용할 수 있는 주소 라우팅이 불가능한 주소로 인터넷상에서는 사용 불가	
	A 클래스	10.0.0.0 ~ 10.255.255.255
	B 클래스	172.16.0.0 ~ 172.16.255.255
	C 클래스	192.168.0.0 ~ 192.168.255.255
0.0.0.0	부팅 시 자신의 IP 주소를 모를 경우 사용	
loopback 주소	127.0.0.1 ~127.255.255.255 패킷 송수신 과정에 대한 시스템 내부 시험 시 주로 사용	
네트워크 주소	호스트 ID의 비트가 모두 0인 주소 네트워크를 대표하는 값 예) 203.237.10.0	
브로드캐스트 주소	호스트 ID의 비트가 모두 1인 주소 예) 203.237.10.255	

그림 2-17에서는 라우터 양쪽에 있는 서로 다른 LAN인 LAN_L과 LAN_R에 속한 PC1과 PC2에 동일한 사설 IP 주소인 "192.168.0.2"를 설정하였다. 그림 2-18에서와 같이 PC0에서 "192.168.0.2"로 ping을 수행하면 아무 문제없이 응답을 받는다. 그렇다면 둘 중 누가 응답을 한 것일까? 당연히 PC1이다. 시뮬레이션 창을 연 다음 ping을 수행해보면, ICMP 패킷이 PC2로는 전달되지도 않는 것을 가시적으로 확인할 수 있을 것이다. 또한 PC0에서 PC3의 IP 주소인 "192.168.0.3"으로 ping을 수행해보면 시간초과로 나타나는 것을 볼 수 있다. 3장에서 배울 라우터 설정이 필요하기 때문에 이번 장에서 실습하지는 않겠지만, 이 사설 IP 주소는 라우터를 넘어 전달될 수 없다는 것을 알 수 있다.

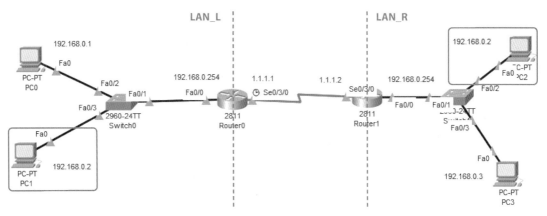

그림 2-17 사설 IP 주소의 중복 사용

그림 2-18 사설 IP 주소를 가진 노드 간의 통신

04

서브넷 마스크

C o m p u t e r   N e t w o r k   w i t h   **P a c k e t   T r a c e r**

이진수와 십진수 변환

서브넷 마스크와 서브넷팅을 이해하려면 십진수와 이진수 간의 변환을 할 수 있어야 한다. 조금 편리하게 변환하는 방법을 알아보자.

이진수를 십진수로 변환

우선 십진수의 구조를 살펴보자. 4272이라는 십진수는 그림 2-19와 같은 구조를 갖는다. 같은 "2" 지만 위치한 자리에 따라 의미하는 값이 다르다. 각 자리가 나타내는 자리 값은 오른쪽부터 시작해서 1에 10씩 곱해나간 것이다(1 → 10 → 100 → 1000 → ...).

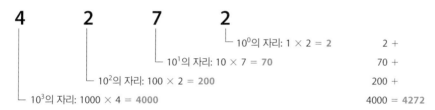

4	**2**	**7**	**2**	
			10^0의 자리: $1 \times 2 = 2$	2 +
			10^1의 자리: $10 \times 7 = 70$	70 +
		10^2의 자리: $100 \times 2 = 200$		200 +
10^3의 자리: $1000 \times 4 = 4000$				4000 = **4272**

그림 2-19 십진수 구조

이진수도 동일한 구조를 갖는다. 이진수의 자리 값도 오른쪽부터 시작해서 2씩 곱해 나간 것이다(1 → 2 → 4 → 8 → 16 → 32 → 64 → 128). 1100 0101이라는 이진수는 그림 2-20과 같은 구조이기 때문에 십진수로 197이다. 이진수는 각 자리 숫자가 0이나 1일 수밖에 때문에 1인 자리 값만 더하면 된다.

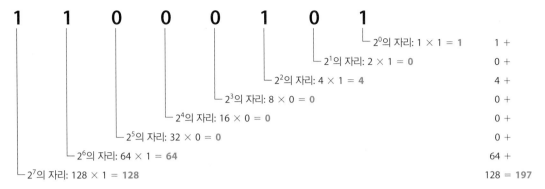

그림 2-20　이진수 구조

더불어 이진수가 나타낼 수 있는 값의 범위도 알아보자. 4자리 10진수로 나타낼 수 있는 값은 0~9999(10^4 − 1)로서 10000(10^4)가지이다. 이와 유사하게 4자리 이진수로 나타낼 수 있는 값은 0~15(2^4 − 1)로서 16가지(2^4)가지이다. 마찬가지로 8자리 이진수로 나타낼 수 있는 값은 0~255(2^8 − 1)로서 256(2^8)가지이다.

십진수를 이진수로 변환

십진수를 이진수로 변환하려면, 초등학생 때 배운 방법대로 몫이 0이 나올 때까지 계속 2로 나누면서 나온 나머지를 거꾸로 연결하면 된다. 이 방법도 좋지만 앞에서 배운 자리 값의 개념을 가지고 다르게 접근해보자.

이 경우는 거스름돈과 같은 원리에 비유할 수 있다. 우리가 1000원, 500원, 100원, 50원, 10원, 1원짜리 지폐/동전을 가지고 있는데(최소한의 분량으로), 4272원을 거슬러 주려면 우선 제일 큰 화폐인 1000원짜리로 최대한 많이 주도록 4장을 줄 것이다. 그러면 남은 거스름돈이 272원이므로 500원짜리는 줄 수 없다. 다음으로 큰 화폐인 100원짜리로 2개, 그러면 남은 거스름돈은 72원이므로, 같은 방법으로 50원짜리 1개, 10원짜리 2개, 1원짜리 2개를 내어주면 된다.

이진수의 각 자리수가 동전이라고 생각해보자. 즉, 128원, 64원, 32원, 16원, 8원, 4원, 2원, 1원짜리 동전을 가지고 있다고 생각하자. 197원을 거슬러 주려면 어떻게 해야 할까? 역시 제일 큰 단위의 동전인 128원짜리부터 줄 수 있는지 확인하고, 128 ≤ 197이므로 1개를 지불한 후 나머지 금액인 69원에 대해 다음으로 큰 동전인 64원짜리를 검사한다. 64 ≤ 69이므로 64원짜리 동전 1개를 지불한다. 남은 5원을 가지고 다음 동전인 32원짜리 동전을 검사하면 32 ≰ 5이므로 32원짜리 동전은 지불할 수 없다(0개 지불). 이와 같은 방법으로 남은 금액이 없을 때까지 반복하여 지불한 동전 개수를 차례로 나열하면 이진수가 된다. 표 2-6에서와 같이 197원을 위해 지불한 동전의 개수를 순서대로 나열하면 11000101이 된다.

표 2-6 이진 화폐로 거스름돈 주기

비트 번호	b_7	b_6	b_5	b_4	b_3	b_2	b_1	b_0	지불 동전 수	남은 거스름돈
동전금액	128	64	32	16	8	4	2	1		
지불할 거스름돈 197원	❶	❷	❸	❹	❺	❻	❼	❽	⇒ 1 ⇒	0원 (1원 - 1원)
									⇒ 0 ⇒	1원
									⇒ 1 ⇒	1원 (5원 - 4원)
									⇒ 0 ⇒	5원
									⇒ 0 ⇒	5원
									⇒ 0 ⇒	5원
									⇒ 1 ⇒	5원 (69원 - 64원)
									⇒ 1 ⇒	69원 (197원 - 128원)

서브넷 마스크의 구조와 기능

그림 2-21처럼 어떤 사람 이름이 '남궁수'인 경우 생각해보자. 이 사람은 성이 '남'이고 이름이 '궁수'일까? 아니면 성이 '남궁'이고 이름이 '수'일까? 도저히 알 수가 없다. 이 문제는 이름 뒤에 성의 길이를 표시해주면 간단히 해결된다. 즉, 성이 '남'일 경우에는 이름을 '남궁수/1'이라고 표시하고 성이 '남궁'일 때는 '남궁수/2'라고 표시하면 확실히 구분된다.

그림 2-21 이름과 성 구분하기

IP 주소는 전 세계에서 유일하게 식별되는 컴퓨터의 이름 같은 것이다. 앞에서 하나의 LAN에서는 IP 주소들이 같은 대역대(동일한 네트워크 ID)에 속하는 노드들만 통신이 가능하다는 것을 알았다. 그러므로 IP 주소들이 같은 대역대인지 알려면 각 IP 주소로부터 네트워크 ID를 알아야 한다. 따라서 '남궁수' 예에서와 같이 IP 주소 뒤에 네트워크 ID가 몇 비트인지 표시하는 방법을 사용하고 있다. 예를 들어 203.237.10.100/24는 32비트 중 앞의 24비트가 네트워크 ID고 나머지 8비트가 호스트 ID라는 뜻이다. 이러한 표기법을 CIDR(Classless Inter-Domain Routing) 표기법이라고 한다.

네트워크 ID와 비슷한 네트워크 주소란 IP 주소 중에서 네트워크 ID만 남기고 호스트 ID 부분을 모두 0으로 채운 주소이다. 즉 203.237.10.100/24의 네트워크 주소는 203.237.10.0이다. 서브넷 마스크는 IP 주소로부터 성에 해당하는 네트워크 주소를 알아내기 위한 정보이다. CIDR 이 사람이 네트워크 ID를 구분하기 편하도록 만든 방법이라면 서브넷 마스크는 컴퓨터가 네트워크 주소를 추출하기 편하도록 만든 방법이다.

서브넷 마스크는 네트워크 ID 길이만큼 1, 나머지 호스트 ID 길이만큼 0으로 채운 값이다. 즉, 203.237.10.100/24의 서브넷 마스크는 255.255.255.0이다. IP 주소와 서브넷 마스크를 비트별 논리곱(AND) 연산을 하면 호스트 ID 부분이 0으로 지워지므로 네트워크 주소가 된다. 표 2-7 과 같이 우리가 사용하는 IP 주소인 203.237.10.100을 가지고 테스트해보면, 연산 결과값에는 IP 주소의 네트워크 주소만 남는다는 것을 확인할 수 있다. 사람이 IP 주소를 이진수로 바꾸고 MSB 4비트만 눈으로 확인하면 클래스를 알 수 있으므로, 쉽게 네트워크 주소를 알 수 있는데 왜 복잡하게 서브넷 마스크를 이용할까? 컴퓨터에는 이미 IP 주소가 이진수로 저장되어 있기 때문에 두 변수를 단순히 비트별 AND 연산만 하면 되므로 훨씬 간단하다. 노드 A와 B의 IP 주소가 같은 대역대인지 확인하는 작업도 간단하다. IP_A와 IP_B가 노드 A와 B의 IP 주소이고 SM_A와 SM_B가 각 IP 주소의 서브넷 마스크일 때, $(IP_A \ \& \ SM_A) == (IP_B \ \& \ SM_B)$ 인지만 검사하면 된다. 또한 클래스가 같아도 네트워크 ID가 다를 수 있기 때문에 서브넷팅을 배우면 이 방법이 더욱 유용하다는 것을 알게 될 것이다.

표 2-7 네트워크 주소 알아내기

IP 주소/ 서브넷 마스크/ 네트워크 주소	1번 옥텟								2번 옥텟								3번 옥텟								4번 옥텟							
	1	2	3	4	5	6	7	8	9	1 0	1 1	1 2	1 3	1 4	1 5	1 6	1 7	1 8	1 9	2 0	2 1	2 2	2 3	2 4	2 5	2 6	2 7	2 8	2 9	3 0	3 1	3 2
203.237.10.100	1	1	0	0	1	0	1	1	1	1	1	0	1	1	0	1	0	0	0	0	1	0	1	0	0	1	1	0	0	1	0	0
255.255.255.0	1	1	1	1	1	1	1	1	1	1	1	1	1	1	1	1	1	1	1	1	1	1	1	1	0	0	0	0	0	0	0	0
비트별 AND (네트워크 주소)	1	1	0	0	1	0	1	1	1	1	1	0	1	1	0	1	0	0	0	0	1	0	1	0	0	0	0	0	0	0	0	0

표 2-2에서도 알 수 있듯이, 서브넷 마스크는 표 2-4에 표시된 클래스마다 정해진 서브넷 마스크뿐만 아니라 관리자가 필요에 따라 설정한 값을 사용할 수 있다. 서브넷 마스크는 IP 주소의 네트워크 ID 부분을 구분하고 추출하는데 사용된다고 하였다. 또한 203.237.10.255와 같이 호스트 ID의 모든 비트가 1일 경우 해당 네트워크 ID를 가지는 모든 IP 주소를 지칭하므로, 동일 대역대에 있는 모든 노드들에게 메시지를 브로드캐스트할 때 사용한다고 하였다. 서브넷을 조정해서 네트워크 ID 부분을 늘리면 부족한 IP 주소를 알뜰하게 활용할 수 있고, 브로드캐스트 영역을 나누어 관리할 수 있다.

네트워크 ID와 호스트 ID 길이만을 가지고 대역대 수와 한 대역대가 가질 수 있는 IP 주소 수를 다시 한 번 정리하면 표 2-8과 같다. 여기서 주목할 점은 네트워크 ID 길이가 길어지면 소규모의 대역대들이 많아진다는 것이다.

표 2-8 클래스별 네트워크 ID 크기에 따른 대역대 수와 IP 주소 수

클래스	기본 서브넷 마스크	네트워크 ID		호스트 ID	
		비트 크기	대역대 수	비트 크기	IP 주소 수
A	255.0.0.0	8	$2^8 = 256$	24	$2^{24} = 16,777,216$
B	255.255.0.0	16	$2^{16} = 65,536$	16	$2^{16} = 65,536$
C	255.255.255.0	24	$2^{24} = 16,777,216$	8	$2^8 = 256$

C 클래스의 203.237.10.0 대역대를 예로 들어 보면 203.237.10.0 ~ 203.237.10.255까지 256개의 IP 주소가 이 대역대에 속한다. 이 경우 서브넷 마스크가 255.255.255.0이기 때문에 마지막 옥텟이 이 대역대에 속한 IP 주소가 되기 때문이다. 203.237.10.100의 서브넷 마스크가 255.255.255.0일 때와 네트워크 ID의 길이가 4비트 늘어나서 서브넷 마스크가 255.255.255.240(이진수로 1111 1111 . 1111 1111 . 1111 1111 . 1111 0000) 이라면 어떻게 바뀌게 될지 생각해 보자. 동일한 IP 주소에 대해서 서브넷 마스크가 다를 수 있기 때문에 IP 주소 뒤에 네트워크 ID의 길이를 표시하여 구분하는 CIDR 표기법을 사용하면 편리하다. 즉, 전자의 경우에는 203.237.10.100/24, 후자의 경우에는 203.237.10.100/28로 표시한다.

표 2-9 203.237.10.0/28의 서브넷

서브넷	네트워크 ID				호스트 ID	서브넷별 IP 주소 범위
	1번 옥텟	2번 옥텟	3번 옥텟	4번 옥텟		
	203	237	10	0~15	0~15	
1				0000	0000~1111	203.237.10.0 ~ 203.237.10.15
2				0001	0000~1111	203.237.10.16 ~ 203.237.10.31
3				0010	0000~1111	203.237.10.32 ~ 203.237.10.47
4				0011	0000~1111	203.237.10.48 ~ 203.237.10.63
5				0100	0000~1111	203.237.10.64 ~ 203.237.10.79
6				0101	0000~1111	203.237.10.80 ~ 203.237.10.95
7				0110	0000~1111	203.237.10.96 ~ 203.237.10.111
8	11001011	11001011	11001011	0111	0000~1111	203.237.10.112 ~ 203.237.10.127
9				1000	0000~1111	203.237.10.128 ~ 203.237.10.143
10				1001	0000~1111	203.237.10.144 ~ 203.237.10.159
11				1010	0000~1111	203.237.10.160 ~ 203.237.10.175
12				1011	0000~1111	203.237.10.176 ~ 203.237.10.191
13				1100	0000~1111	203.237.10.192 ~ 203.237.10.207
14				1101	0000~1111	203.237.10.208 ~ 203.237.10.223
15				1110	0000~1111	203.237.10.224 ~ 203.237.10.239
16				1111	0000~1111	203.237.10.240 ~ 203.237.10.255

서브넷 마스크는 / 뒤에 나온 숫자만큼 MSB가 1이고 나머지가 0인 값이다. 203.237.10.0/24일 때는 203.237.10.0~203.237.10.255가 하나의 서브넷을 이루는 반면, 203.237.10.0/28일 때는 표 2-9와 같이 203.237.10.0 ~ 203.237.10.255가 16개의 서브넷으로 나뉜다. 4번째 옥텟의 네트워크 ID 4비트에 따라 달라지는 것이다. 관리자는 할당 받은 203.237.10.0 대역을 16개의 소규모 서브넷으로 나누어 관리할 수 있다. 2번째 서브넷을 예로 들어 보면 호스트 ID 비트가 모두 0인 203.237.10.16/28은 2번째 서브넷의 네트워크 ID가 되고, 호스트 ID 비트가 모두 1인 203.237.10.31/28은 2번째 서브넷의 브로드캐스트 주소가 된다.

서브넷팅(Subnetting)

앞에서 서브넷 마스크만 잘 활용하면 여러 개로 쪼개어 서브넷을 구성할 수 있다는 것을 배웠다. 서브넷팅은 서브넷 마스크를 이용하여 디폴트로 정해진 서브넷을 원하는 대로 나누는 것이다. 네트워크 ID가 한 비트씩 늘어날 때마다 서브넷의 개수는 2배로 늘어나고 서브넷의 크기는 1/2로 줄어든다. C 클래스를 기준으로 서브넷의 개수와 크기를 정리하면 표 2-10과 같다. 모두 2의 멱승값만 가질 수 있다. 그 이유는 스스로 생각해보길 바란다. 사실상 네트워크 길이가 31인 경우는 사용할 수 없다. 왜냐하면 호스트 ID가 0인 경우와 1인 경우는 네트워크 주소와 브로드캐스트 주소로 쓰이기 때문에 호스트에 할당할 IP 주소가 없기 때문이다. 그러므로 C 클래스 대역대의 경우, 64개 보다 많은 서브넷으로 나누는 것은 불가능하다.

표 2-10 네트워크 ID 길이에 따른 서브넷의 개수와 크기

네트워크 ID 길이	4번 옥텟에 포함된 네트워크 ID 길이(n)	1번 옥텟	2번 옥텟	3번 옥텟	4번 옥텟	서브넷 개수 (2^n)	서브넷 크기 (IP 개수) (2^{8-n})
		네트워크 ID			호스트 ID		
24	0					1	256
25	1					2	128
26	2					4	64
27	3					8	32
28	4					16	16
29	5					32	8
30	6					64	4

서브넷 마스크를 만들려면 십진수와 이진수 변환을 자유롭게 할 수 있어야 하고, n비트로 표현할 수 있는 값의 범위도 계산할 수 있어야 한다. n비트로는 0부터 2^n-1까지 2^n개의 값을 표현 수 있다.

그러면 203.237.10.0/25의 의미가 무엇인지 해석해보자. C 클래스 주소이므로 디폴트 호스트 ID 부분인 4번째 옥텟만 고려하면 된다. 1~24 비트는 1~3번 옥텟에 해당되므로, 4번 옥텟에는 1개의 비트만 서브넷 마스크에 포함되었다. 1비트로 표현될 수 있는 값은 2^1 = 2개이므로 2개의 서브넷을 만들게 된다. 나머지 호스트 ID는 7비트이므로 2^7 = 128의 주소를 가질 수 있고 이 중에서 가용 IP 주소는 128 − 2 = 126개가 된다. 표 2-11에 서브넷 정보를 요약 정리하였다.

표 2-11 203.237.10.0/25에 대한 서브넷 정보

CDIR: 203.237.10.0/25			
❶ 서브넷 마스크			
십진수	이진수		
255.255.255.128	1111 1111	1111 1111	1111 1111	1000 0000

❷ IP 주소 범위		
서브넷	IP 범위	IP 개수
N1	203.237.10.0 ~ 203.237.10.127	128
N2	203.237.10.128 ~ 203.237.10.255	128
전체	203.237.10.0 ~203.237.10.255	256

❸ IP 주소				
서브넷	네트워크 주소	브로드캐스트 주소	가용 IP 주소	게이트웨이 주소[2]
N1	203.237.10.0	203.237.10.127	203.237.10.1 ~ 203.237.10.126	203.237.10.126
N2	203.237.10.128	203.237.10.255	203.237.10.129 ~ 203.237.10.254	203.237.10.254

203.237.10.0/25의 구성 예를 그림 2-22에 나타내었다. 이렇게 구성하기 위해서는 스위치에서 VLAN을 설정하고 라우터에서 inter-VLAN을 위한 설정이 필요하므로, 3장과 4장에서 라우터와 스위치를 배운 다음 4장 연습문제를 통해 실습하도록 하자.

---

[2] 의무사항은 아니지만 보통 게이트웨이는 가용 IP 주소 중에서 최소값이나 최대값을 쓴다. 일반적으로는 최소값을 많이 쓰지만 패킷트레이서 실습 예에서는 최대값을 쓰기로 한다.

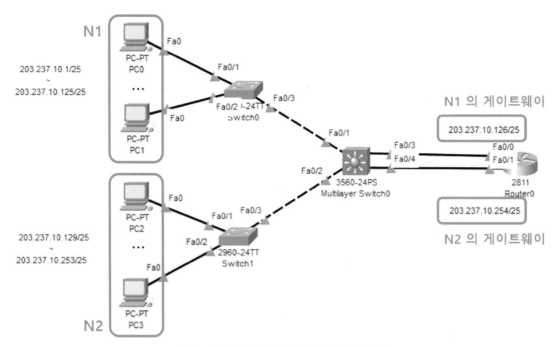

그림 2-22 203.237.10.0/25의 서브넷팅 예

Computer Network with Packet Tracer

게이트웨이(Gateway)는 컴퓨터 네트워크에서 서로 다른 통신망이나 다른 프로토콜을 사용하는 네트워크 간의 통신을 가능하게 하는 컴퓨터나 소프트웨어를 두루 일컫는 용어이다. 집에 ISP에서 설치해준 공유기도 게이트웨이의 하나이다. 여기서는 게이트웨이 역할을 하는 대표적인 장비인 라우터를 게이트웨이로서 공부하게 될 것이다.

게이트웨이 설정

이 절에서는 4개의 네트워크 구성 요소 중 3번째 요소인 게이트웨이를 알아볼 차례이다. 게이트웨이의 목적은 다른 네트워크에 속한 노드들과 통신하기 위한 것이다. 게이트웨이를 어디로 설정하는지에 따라 이동하는 방향이 완전히 달라질 수 있다. 우리가 전주에서 서울을 목적지로 출발했는데 표지판이 잘못 만들어져 있으면 광주로 갈 수도 있는 것과 마찬가지이다.

그림 2-23과 같이 203.237.10.0/24에 2개의 라우터(게이트웨이 노드)가 연결된 네트워크 환경을 고려해보자. 만약 PC0의 기본 게이트웨이를 203.237.10.1로 설정하면, PC0에서 다른 곳으로 보내는 패킷들은 당연히 윗쪽 경로를 따라 203.237.10.1을 경유하여 전달될 것이다. 하지만 만약 게이트웨이를 203.237.10.254로 한다면, PC0에서 보내는 패킷들은 아래쪽 경로를 따라 203.237.10.254를 경유하여 전달될 것이다.

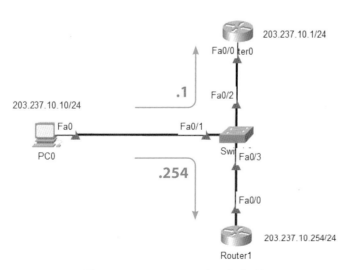

그림 2-23 203.237.10.0/24의 네트워크

실제 게이트웨이를 설정하여 패킷의 흐름을 테스트하기 위해서 라우터에 IP 주소를 설정해야 한다. 라우터는 3장에서 배우므로 그 의미는 나중에 공부하도록 하고 그림 2-24와 그림 2-25처럼 Router0과 Router1을 클릭한 후 [Config] 탭을 열어서 GUI로 설정하자. 왼쪽의 [FastEthernet0/0]을 선택하고 IP 주소와 서브넷 마스크를 입력한다. 마지막으로 상단에 있는 [Port Status]의 [On]을 체크하여 인터페이스를 활성화시키면 된다.

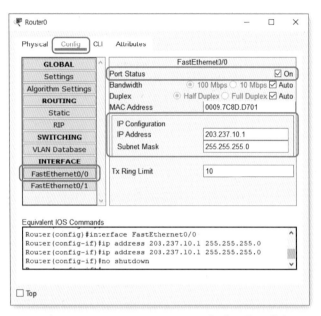

그림 2-24 Router0 FastEthernet0/0의 IP 주소 설정

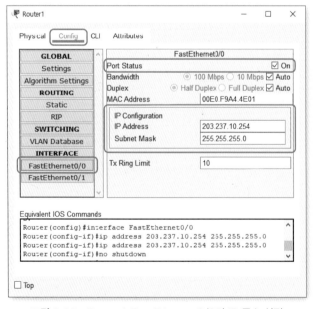

그림 2-25 Router1 FastEthernet0/0의 IP 주소 설정

게이트웨이로 사용할 라우터의 IP 주소를 설정했으니, 그림 2-26과 같이 PC0의 게이트웨이를 위쪽 경로인 203.237.10.1로 설정하자.

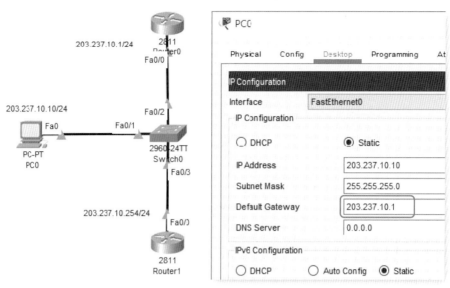

그림 2-26 PC0의 게이트웨이 설정

게이트웨이는 외부망으로 나가는 관문이므로, PC0에서 게이트웨이이 망의 외부로 나가는 패킷을 생성하도록 "ping 203.237.20.20"을 수행할 것이다.

그림 2-27 시뮬레이션 패킷 필터링

그런데 우리가 보고자하는 ICMP 패킷 외에도 많은 패킷이 오가므로 ICMP 패킷만 필터링하는 것이 좋다. 그림 2-27에서 ❶ [Simulation]을 눌러서 시뮬레이션 기능을 활성화한다. ❷ 시뮬레이션 패널에서 [Show All/None]을 눌러서 모든 패킷이 보이지 않도록 관심 리스트에서 제외시킨다. ❸ [Edit Filters]를 눌러서 관심 있는 패킷을 선택하는 창을 띄운다. ❹ 필터링 창에서 [ICMP]를 선택한다.

이제 PC0의 [Command Prompt]를 열어서 "ping 203.237.20.20"을 수행하면, 그림 2-28처럼 패킷이 PC0에서 Switch0을 거쳐 Router0으로 가는 것을 볼 수 있다. 물론 존재하지 않는 IP 주소이므로, 그림 2-29처럼 게이트웨이인 203.237.10.1로부터 목적지에 도달할 수 없다는 오류 응답을 받아 출력할 것이다.

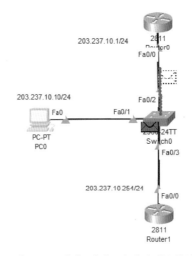

그림 2-28 게이트웨이로의 패킷 이동 확인

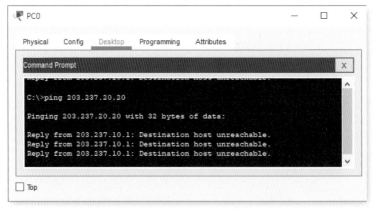

그림 2-29 ping 203.237.20.20 수행 결과

이번에는 PC0의 게이트웨이를 "203.237.10.254"로 변경한 다음, 시뮬레이션 기능을 통하여 PC0에서 "ping 203.237.20.20"의 패킷이 어디로 가는지 확인해보기 바란다.

실제 PC에서 웹페이지에 접속하려고 했을 때, 그림 2-30처럼 인터넷 연결이 안 되는 경우가 발생했던 적이 있을 것이다. 이럴 때는 PC의 게이트웨이 주소를 확인한 다음, 명령어 창에서 게이트웨이로 ping을 보내서 응답이 있는지 확인하여 오류의 원인이 무엇인지 체크할 수 있다.

그림 2-30 네트워크 연결이 끊겼을 경우에 나오는 크롬 화면

게이트웨이의 중요성을 이해하기 위하여, 그림 2-31과 같은 망이 구성되어 있다고 가정했을 때 발생할 수 있는 위험성을 알아보자. 만약에 누군가가 실수로 게이트웨이를 254로 변경하고 전혀 다른 곳으로 이동하게 한다면 어떻게 될까? 그림 2-31에서 "real.woosuk.ac.kr"은 진짜 우석대학교 서버이고 "fake.woosuk.ac.kr"는 누군가가 우석대학교 홈페이지랑 똑같이 만들어둔 가짜 서버이다. 물론 게이트웨이 변경만으로 "real.woosuk.ac.kr"로 가는 패킷이 "fake.woosuk.ac.kr"로 가지는 않는다. 그림에서 보듯이 다음 절에서 배울 DNS 정보를 변경하는 등의 몇 가지 조작이 병행된다면 "real.woosuk.ac.kr"로 접속하기 위한 로그인 정보 등 민감한 정보들이 "fake.woosuk.ac.kr"에 노출될 수 있다.

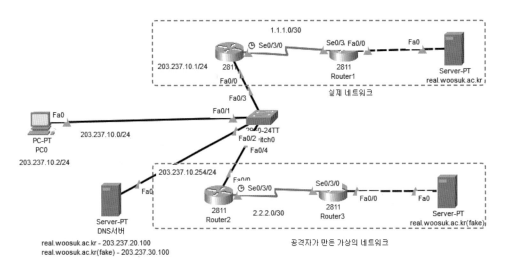

실제 네트워크

1.1.1.0/30

203.237.10.1/24   2811
Fa0/0

Se0/3/0   Se0/3   Fa0/0   Fa0
                    2811
                    Router1

Server-PT
real.woosuk.ac.kr

Fa0/3

Fa0   Fa0/1
203.237.10.0/24

PC-PT
PC0

203.237.10.2/24

2960-24TT
Fa0/2 Switch0
Fa0/4

203.237.10.254/24

Fa0/0   Se0/3/0   Se0/3/0
                        2811
2811   2.2.2.0/30   Router3   Fa0/0   Fa0
Router2

Fa0

Server-PT
DNS서버

real.woosuk.ac.kr - 203.237.20.100
real.woosuk.ac.kr(fake) - 203.237.30.100

Server-PT
real.woosuk.ac.kr(fake)

공격자가 만든 가상의 네트워크

그림 2-31 잘못된 게이트웨이 설정으로 인한 위험성

도메인명

PC에서 인터넷을 통해 통신을 하기 위해서는 PC를 유일하게 식별할 수 있는 IP 주소가 할당되어야 한다고 했다. 이와 마찬가지로 통신하려는 상대 컴퓨터에 대한 IP 주소를 알아야 패킷을 보낼 수 있다. 우리가 ping 명령어를 사용할 때도 IP 주소가 필요하듯이 말이다. 웹브라우저를 통하여 네이버나 구글과 같은 검색 사이트나 학교 홈페이지 등에 접속하기 위해서도 웹사이트 서버로의 접속이 필요하다. 그렇다고 해서 그 많은 사이트의 서버 IP 주소를 외워서 사용하는 것은 사실상 불가능하다. 그래서 사람이 기억하기 쉽고 사이트의 성격에 맞는 영어 기반의 이름을 지어서 사용한다. 이것이 도메인명(Domain Name)이다. 우리가 웹브라우저의 URL 란에 웹사이트 주소로 입력하는 "www.naver.com"이나 "www.google.com" 등이 바로 도메인명이다. 따라서 도메인명도 전 세계에서 식별할 수 있도록 유일해야 하며 일정 규칙을 따라 명명해야 한다.

DNS 서버

도메인명은 사람에게 편리한 주소이고 컴퓨터나 라우터가 처리하기에는 IP 주소가 더 적합하다. 따라서 사람과의 인터페이스가 포함된 7계층 응용 프로그램에서는 도메인명을 사용하고 라우팅을 담당하는 3계층에서는 IP 주소를 사용한다. 그렇기 때문에 사용자가 입력한 도메인명을 내부적으로 IP 주소로 변환하는 과정이 필요하다. 예전에는 PC의 "hosts"라는 텍스트 파일에 도메인명과 그에 해당하는 IP 주소를 저장해서 사용했었다. 물론 지금도 C:\Windows\System32\drivers\etc 아래에 존재하기는 하지만, 전 세계에 있는 수많은 호스트에 대한 주소를 각 PC가 관리하는 것에는 한계가 있다.

그림 2-32처럼 실제 PC에서 명령어창을 띄워 "nslookup woosuk.ac.kr"을 입력하면 DNS가 대응되는 IP 주소를 알려준다. 사실 DNS 서버는 한 개가 아니라 매우 많다. 그렇다면 어느 DNS 서버가 알려줄까? 그림 2-3에서 보았던 네트워크 속성 화면에서 DNS 설정 부분이 있었다. 그림 2-33처럼 [기본 설정 DNS 서버]를 설정했다면 해당 DNS 서버가 응답했을 것이고, [자동으로 DNS 서버 주소 받기]를 선택했다면 자동으로 받은 어떤 서버가 응답했을 것이다. 바로 그 응답한 서버가 그림 2-32에서의 응답 서버이다.

그림 2-32 nslookup 실행 예

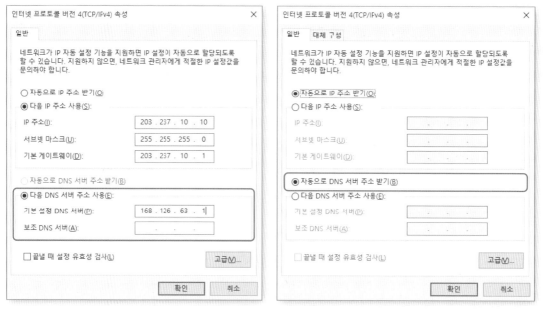

그림 2-33 DNS 설정 화면

그림 2-34와 같이 (1) DNS 서버를 PC에 연결하는 경우, (2) 캠퍼스망에서 DNS가 운영되고 있을 경우, (3) ISP(KT, LG, SKT 등)가 DNS를 운영하는 경우로 나누어 살펴볼 수 있지만 ISP가 운영하는 경우는 이 책의 범위를 벗어나므로 우리는 나머지 2가지 경우에 대해서만 알아보도록 하자.

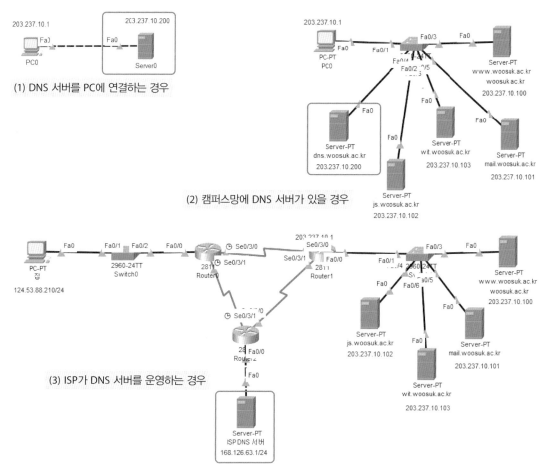

그림 2-34 DNS 망을 구성하는 3가지 경우

DNS 서버를 PC에 연결하는 경우

DNS 서버를 PC와 바로 연결해서 사용하는 일은 거의 없지만, 여기서는 DNS 서버가 왜 필요한지 어떻게 설정해야 하는지를 알아보기 위한 예로 사용하였다. DNS를 사용하기 위해서는 DNS 서버가 필요하다. 그림 2-34의 (1)과 같이 망을 구성하고, DNS 서버인 Server0을 클릭하여 [Services] 탭을 누르면 그림 2-35처럼 왼쪽에 서비스 목록들이 나오게 되는데, 여기서 [DNS]를 클릭한다. 디폴트로 DNS Service는 비활성화(Off)된 상태로 되어 있다. 활성화(On) 시킨 후 [Resource Records]에 등록하고 싶은 도메인을 입력한다. [Name]에는 "woosuk.ac.kr"을 입력하고 [Address]에는 "203.237.10.100"을 입력하고 [Add]하자.

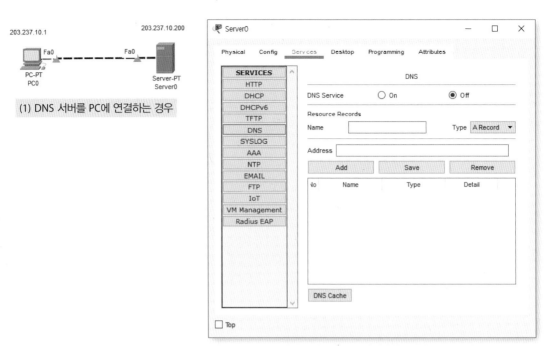

그림 2-35 DNS 서비스 설정 화면

표 2-12를 참고해서 그림 2-36과 같이 여러 도메인을 DNS 서비스에 등록해보자. 하나의 도메인 밑에 다양한 서브 도메인들이 보이고 그 도메인과 연결되어 있는 IP 주소들이 있다. "woosuk.ac.kr"와 "web.woosuk.ac.kr"은 IP 주소가 동일하지만 mail, js, wit는 다른 IP 주소를 사용하고 있다. 물론 모든 도메인이 하나의 IP 주소에 연결되도록 설정할 수 있지만 여기서는 분리하였다.

표 2-12 도메인별 IP 주소

DNS 정보				
순서		도메인명	IP 주소	비고
1	메인 도메인	woosuk.ac.kr	203.237.10.100	
2	서브 도메인	www.woosuk.ac.kr	203.237.10.100	
3		mail.woosuk.ac.kr	203.237.10.101	
4		js.woosuk.ac.kr	203.237.10.102	
5		wit.woosuk.ac.kr	203.237.10.103	

그림 2-36은 표 2-12의 도메인명이 DNS 서비스에 모두 등록된 상태이다.

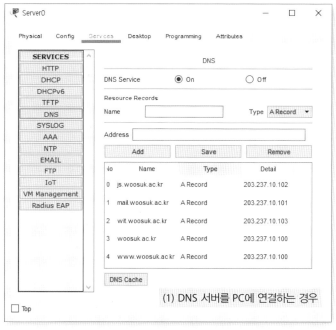

(1) DNS 서버를 PC에 연결하는 경우

그림 2-36 도메인명이 DNS에 등록된 상태

PC0와 Server0의 IP 주소 설정도 필요하므로 표 2-13을 참고하여 그림 2-37과 그림 2-38처럼 설정하자.

표 2-13 PC0와 DNS 서버의 IP 주소

PC0		Server0 (DNS 서버)	
IP	203.237.10.1	IP	203.237.10.200
서브넷 마스크	255.255.255.0	서브넷 마스크	255.255.255.0
게이트웨이	203.237.10.254	게이트웨이	203.237.10.254
DNS	203.237.10.200	DNS	203.237.10.200

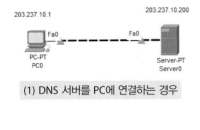

203.237.10.1   203.237.10.200

(1) DNS 서버를 PC에 연결하는 경우

그림 2-37   PC0의 IP 주소 설정

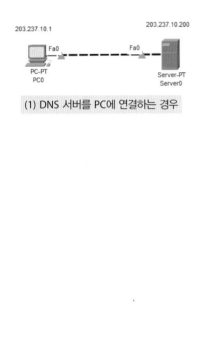

203.237.10.1   203.237.10.200

(1) DNS 서버를 PC에 연결하는 경우

그림 2-38   Server0의 IP 주소 설정

이제 DNS가 제대로 작동하는지 확인해보자. 실제 PC에서 한 것처럼 nslookup 명령어를 사용하면 된다. 그림 2-39에서와 같이 PC0에서 Command Prompt 창을 열어서 "nslookup woosuk.ac.kr"를 입력한 후 결과 값을 확인해보자.

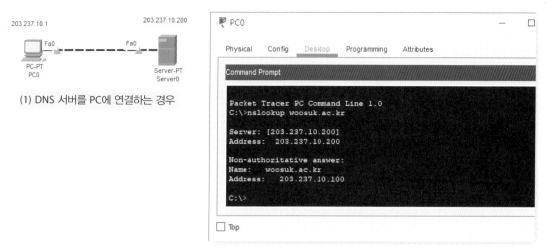

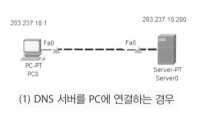

(1) DNS 서버를 PC에 연결하는 경우

그림 2-39 nslookup을 통해 확인한 DNS 정보

그림 2-39와 같이 나왔다면 DNS 서버가 정상적으로 동작하는 것이다. 그림 2-40은 오류가 발생한 경우이다. ❶의 경우는 설정은 잘 되어 있으나 DNS 서버에 등록되어 있지 않은 "www. naver.com"을 문의했기 때문에 발생한 오류이며, ❷의 경우는 PC0에서 DNS 서버 주소를 "203.237.10.201"로 잘못 설정하여 DNS로 접속이 불가능하기 때문에 발생한 오류이다.

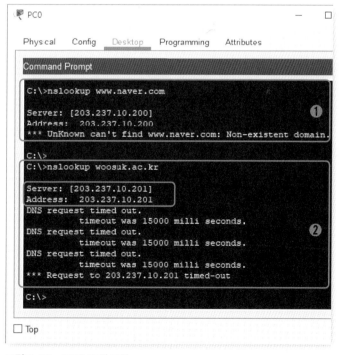

(1) DNS 서버를 PC에 연결하는 경우

그림 2-40 DNS 조회 오류

캠퍼스망에 DNS가 있을 경우

이제 캠퍼스망에서는 어떻게 하는지 알아보자. 바로 연결할 때와 크게 다르지 않다. 단지 관리되는 호스트들이 많다는 것뿐이다. 그림 2-34의 (2)처럼 캠퍼스망을 만들어 IP 주소와 DNS 서버 주소를 설정하자. 캠퍼스망의 DNS 서버인 dns.woosuk.ac.kr도 그림 2-41과 같이 도메인명과 IP 주소를 설정하자. 예에서는 표 2-12를 그대로 이용하였다.

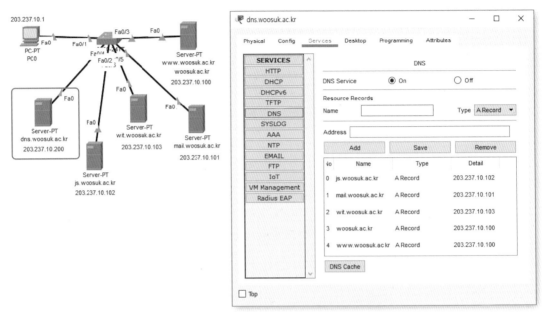

그림 2-41 dns.woosuk.ac.kr에 도메인명 등록

설정을 완료한 후 DNS 조회를 해보자. 그림 2-42처럼 나오면 정상적으로 동작하는 것이다.

앞에서 우리는 ping 명령어를 입력하면 ICMP 프로토콜이 사용된다고 배웠다. 그렇다면 nslookup 명령어는 어떠한 프로토콜을 사용하는지 궁금하다. 시뮬레이션 기능을 이용하여 패킷을 확인해보면, 그림 2-43처럼 패킷이 dns.woosuk.ac.kr로 전달되는 것을 볼 수 있다.[3]

---

[3] 이벤트 리스트에 나타난 것처럼 DNS 패킷은 스위치에 연결된 모든 서버로 전달된다. 그러나 DNS 주소가 일치하는 dns.woosuk.ac.kr 만 응답하는 상황이다.

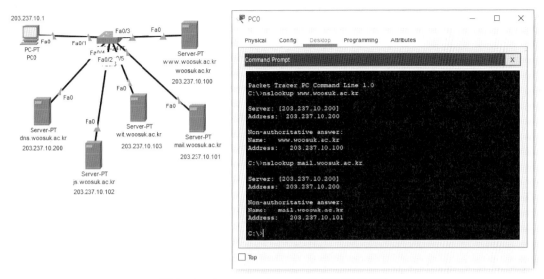

그림 2-42 dns.woosuk.ac.kr을 통한 DNS 조회

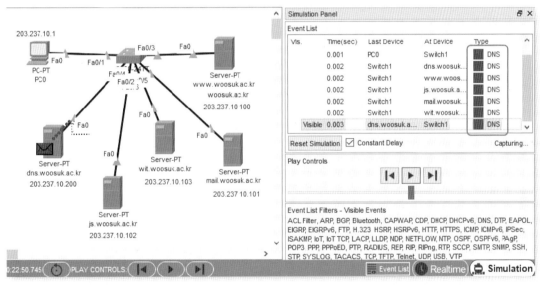

그림 2-43 nslookup 명령어에 사용되는 DNS 패킷

이번에는 PC0에서 웹브라우저를 열고 "www.woosuk.ac.kr"을 입력한 후 시뮬레이션 결과를 기다려보자. 결과는 그림 2-44처럼 나올 것이다. 프로토콜 동작 순서는 실행환경에 따라 다를 수 있지만 DNS (→ ARP → TCP) → HTTP와 같은 형태로 나타날 것이다. 즉, 웹브라우저에 서 입력한 도메인명에 대한 IP 주소를 찾기 위해 DNS 프로토콜이 수행되고, 알아낸 IP 주소를 가지고 해당 서버와의 웹페이지 통신을 위해 HTTP 프로토콜이 수행된다.[4]

---

[4] 중간에 나타나는 ARP 프로토콜은 스위치가 노드들의 MAC 주소를 알아내기 위한 것으로서, 4장에서 다룬다. TCP 프로토콜은 서버와의 HTTP 통신을 위한 아래 계층에서의 과정으로서 이 책에서는 다루지 않는다.

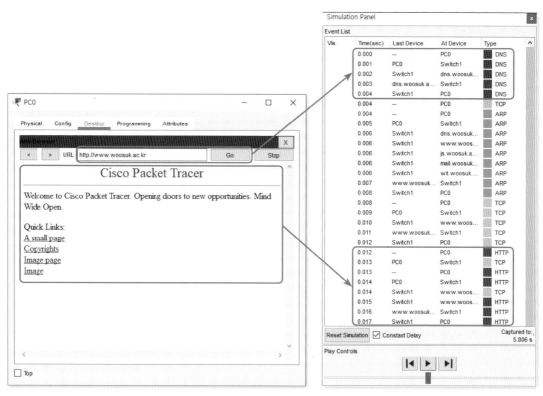

그림 2-44 웹 접속 과정에 수행되는 프로토콜

07

주요 명령어 요약

이 장과 관련하여 PC에서 사용할 수 있는 유용한 명령어들을 표 2-14에 정리하였다. 이 장에서 다루지 않은 명령어도 포함되어 있으니 직접 사용해보기 바란다.

표 2-14 PC에서의 주요 명령어

명령어	기능
arp	arp 테이블 목록을 출력
ipconfig	네트워크 어댑터에 대한 네트워크 설정을 출력
nslookup	DNS 서버로부터 도메인명에 해당하는 IP 주소 조회
ping	echo 메시지를 보내어 통신 가능 여부 확인
ssh	ssh 클라이언트로 ssh 접속 시 사용
telnet	telnet 클라이언트로 telnet 접속 시 사용
tracerout	목적지까지 라우터를 추적
netstat	프로토콜 통계 및 현재 TCP/IP 네트워크 연결 상태 출력

선택형 문제

01 DNS에 대한 설명으로 옳은 것을 고르시오.

　❶ 인터넷 사용에 필수적인 항목은 아니다.

　❷ 보통 라우터에서 지원한다.

　❸ 도메인명을 IP 주소로 변환해준다.

　❹ 개인이 각자 PC에서 서버를 관리해야 한다.

02 다음은 무엇에 대한 설명인가?

> 내부망에서 외부망으로 통신하기 위해 거쳐야 하는 라우터의 IP 주소이다.

　❶ 스위치　　　　　　❷ 게이트웨이　　　　　❸ DNS 서버　　　　❹ 방화벽

03 서브넷 마스크에 대한 설명으로 옳지 않은 것을 고르시오.

　❶ IP 주소 중에서 네트워크 주소를 추출하기 위해 사용된다.

　❷ 각 개인이 원하는 대로 변경하여 사용할 수 있다.

　❸ IP 주소 절약을 위해 서브넷팅에 사용된다.

　❹ 항상 MSB들이 1이다. 즉, 1과 0이 섞여있지 않다.

04 다음 네트워크 구성 중, DNS 서버가 필요한 구성은 무엇인가?

　❶ PC　　　　　　　　　　　　　　❷ PC + 스위치

　❸ PC + 스위치 + 라우터　　　　　❹ PC + 스위치 + 라우터 + 인터넷

05 두 노드간의 통신을 확인하기 위해 사용하는 명령어는 무엇인가?

　❶ ping　　　　　　❷ ipconfig　　　　　❸ show ip interface　　　❹ nslookup

06 ping 명령어 사용 시, 내부적으로 전송되는 패킷(프로토콜)은 무엇인가?

❶ HTTP   ❷ STP   ❸ ICMP   ❹ ARP

07 IPv4 주소의 비트 길이는?

❶ 4   ❷ 16   ❸ 32   ❹ 128

08 전세계적으로 IP 주소를 관할하는 기관은?

❶ ICANN   ❷ IANA   ❸ KRNIC   ❹ KISA

09 우리나라 IP 주소를 관할하는 기관은?

❶ ICANN   ❷ IANA   ❸ KRNIC   ❹ KISA

10 203.237.20.0/27을 사용하는 경우, 서브넷의 개수는?

❶ 4   ❷ 8   ❸ 16   ❹ 32

11 203.237.20.0/27을 사용하는 경우, 한 서브넷의 IP 주소 개수는?

❶ 4   ❷ 8   ❸ 16   ❹ 32

12 203.237.20.0/27을 사용하는 경우, 세 번째 서브넷의 네트워크 주소는?

❶ 203.237.20.0   ❷ 203.237.20.64   ❸ 203.237.20.95   ❹ 203.237.20.255

13 203.237.20.0/27을 사용하는 경우, 세 번째 서브넷의 브로드캐스트 주소는?

❶ 203.237.20.0   ❷ 203.237.20.64   ❸ 203.237.20.95   ❹ 203.237.20.255

14 203.237.20.0/27에 대한 서브넷 마스크는?

❶ 203.237.20.0   ❷ 203.237.20.255   ❸ 255.255.255.0   ❹ 255.255.255.224

15 178.32.199.43은 어느 클래스에 속한 IP 주소인가?

❶ A
❷ B
❸ C
❹ D

16 서브넷팅이 적용되지 않은 178.32.199.43에 대한 서브넷 마스크는 무엇인가?

❶ 255.0.0.0
❷ 255.255.0.0
❸ 255.255.255.0
❹ 255.255.255.255

17 다음 중, 특별한 용도로 사용되는 IP 아닌 것은?

❶ 210.12.54.0
❷ 100.33.255.255
❸ 127.0.0.1
❹ 100.100.100.100

단답형 문제

01 사용자가 네트워크를 사용하기 위해 설정해야 하는 4가지 요소는 무엇인가? [난이도 ★]

02 IP 주소 설정 시, 두 PC간 통신이 불가능한 경우 3가지를 쓰시오. [난이도 ★]

03 203.237.20.0/29를 사용하는 경우, 서브넷의 개수는? [난이도 ★]

04 203.237.20.0/29를 사용하는 경우, 한 서브넷의 IP 주소 개수는? [난이도 ★]

05 203.237.20.0/29를 사용하는 경우, 두 번째 서브넷의 브로드캐스트 주소는? [난이도 ★★]

06 203.237.20.0/29를 사용하는 경우, 두 번째 서브넷의 네트워크 주소는? [난이도 ★★]

07 203.237.20.0/29를 사용하는 경우, 서브넷 마스크는? [난이도 ★]

08 자기 자신(localhost)을 나타내는 IP 주소는? [난이도 ★]

09 표를 이용하여 다음 십진수들을 이진수로 표현하시오. [난이도 ★]

십진수 \ 이진수	b_7 $2^7 = 128$	b_6 $2^6 = 64$	b_5 $2^5 = 32$	b_4 $2^4 = 16$	b_3 $2^3 = 8$	b_2 $2^2 = 4$	b_1 $2^1 = 2$	b_0 $2^0 = 1$
255								
254								
200								
76								
10								

10 다음 IP 주소들을 이진수로 표현하고, 그 값에 따라 클래스를 확인하시오. [난이도 ★]

C	1번 옥텟	2번 옥텟	3번 옥텟	4번 옥텟
	203	237	10	3
	192	168	0	1
	100	16	11	254
	72	35	58	23
	3	28	9	65

11 192.168.0.0/26일 경우의 서브넷팅 정보를 채우시오(서브넷 개수에 따라 적절히 줄을 추가해서 사용하시오). [난이도 ★★]

> CDIR: 192.168.0.0/26

서브넷 마스크

십진수	이진수			
255.255.255.192				

IP 주소 범위

서브넷	IP 범위	IP 개수
N1		
N2		
N3		
N4		
전체		

IP 주소

서브넷	네트워크 주소	브로트캐스트 주소	가용 IP 주소	게이트웨이 주소
N1				
N2				
N3				
N4				

실습 문제

01 다음 그림과 같은 네트워크에서 각 PC의 네트워크 구성 요소가 정확하게 설정되어 있다. 그럼에도 불구하고, PC0 ↔ PC2와 PC1 ↔ PC3은 통신이 잘 되지만 PC0 ↔ PC1과 PC2 ↔ PC3은 통신이 되지 않는다. 이유는 무엇인가? (실습문제 02-01.pkt 제공). [난이도 ★]

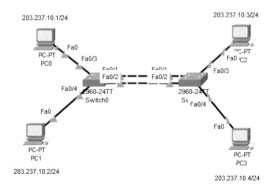

[힌트] 정답은 스위치에 있다. 아래 그림을 보고 추측해보자.

```
           Fa0  C2
Fa0/1    Fa0/3
Fa0/2
2960-1
Sw  Fa
Port              Link   VLAN   IP Address      MAC Address
FastEthernet0/1    Up     1      --              0004.9AB1.3901
FastEthernet0/2    Up     2      --              0004.9AB1.3902
FastEthernet0/3    Up     1      --              0004.9AB1.3903
FastEthernet0/4    Up     2      --              0004.9AB1.3904
FastEthernet0/5    Down   1      --              0004.9AB1.3905
FastEthernet0/6    Down   1      --              0004.9AB1.3906
FastEthernet0/7    Down   1      --              0004.9AB1.3907
FastEthernet0/8    Down   1      --              0004.9AB1.3908
FastEthernet0/9    Down   1      --              0004.9AB1.3909
FastEthernet0/10   Down   1      --              0004.9AB1.390A
FastEthernet0/11   Down   1      --              0004.9AB1.390B
FastEthernet0/12   Down   1      --              0004.9AB1.390C
FastEthernet0/13   Down   1      --              0004.9AB1.390D
FastEthernet0/14   Down   1      --              0004.9AB1.390E
FastEthernet0/15   Down   1      --              0004.9AB1.390F
FastEthernet0/16   Down   1      --              0004.9AB1.3910
FastEthernet0/17   Down   1      --              0004.9AB1.3911
FastEthernet0/18   Down   1      --              0004.9AB1.3912
FastEthernet0/19   Down   1      --              0004.9AB1.3913
FastEthernet0/20   Down   1      --              0004.9AB1.3914
FastEthernet0/21   Down   1      --              0004.9AB1.3915
FastEthernet0/22   Down   1      --              0004.9AB1.3916
FastEthernet0/23   Down   1      --              0004.9AB1.3917
FastEthernet0/24   Down   1      --              0004.9AB1.3918
GigabitEthernet0/1 Down   1      --              0004.9AB1.3919
GigabitEthernet0/2 Down   1      --              0004.9AB1.391A
Vlan1              Down   1      <not set>       0090.0C27.C058
Hostname: Switch

Physical Location: Intercity, Home City, Corporate Office, Main Wiring Closet
```

02 다음 그림과 같이 203.237.10.0 대역대인 네트워크가 구성되어 있다. 3대의 PC(PC0, PC1, PC2)가 서로 연결 되는지 확인하고 만약 연결이 되지 않는다면 연결 되도록 잘못된 설정을 찾아 고치시오 (실습문제 02-02.pkt 제공). [난이도 ★★]

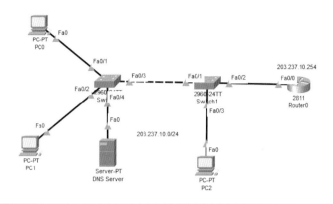

[힌트] 라우터의 설정 값을 확인하기 위해서는 명령어를 이용하는 방법도 있으나, 아래 그림과 같이 라우터 위에 마우스를 가져다 놓으면 기본적인 설정 값을 볼 수 있으니(다른 노드들도 마찬가지) 참고하시오.

203.237.10.254
Fa0/0

```
28    Port             Link   VLAN   IP Address          IPv6 Address      MAC Address
Rout  FastEthernet0/0   Up    --     203.237.10.254/24  <not set>         0040.0BA3.7A01
      FastEthernet0/1   Down  --     <not set>          <not set>         0040.0BA3.7A02
      Vlan1             Down   1     <not set>          <not set>         0060.2F6D.B65C
      Hostname: Router

      Physical Location: Intercity, Home City, Corporate Office, Main Wiring Closet
```

노드명	항목	전	후
PC1			
PC2			
DNS Sever			

라우터(Router)와
라우팅(Routing)

학습 목차

학습 목표

01. 라우터의 기본 기능과 용도를 이해한다.
02. 라우터 인터페이스 개념과 설정 방법을 습득한다.
03. LAN과 라우터 인터페이스와 IP 주소와의 관계를 이해하고 설정할 수 있다.
04. 라우팅의 개념과 필요성을 이해하고 정적 라우팅을 설정할 수 있다.
05. PING과 ICMP와의 관계를 이해하고 통신 테스트에 활용할 수 있다.
06. 라우터의 다양한 설정 및 상태 보기 명령어를 사용할 수 있다.

1장에서 1, 2, 3계층에 필요한 네트워크 장비들을 소개했다. 이 장에서는 3계층 네트워크 장비인 라우터에 대해 학습해보자.

라우터가 3계층 장비라는 것은 3계층 프로토콜의 헤더를 이해할 수 있는 장비라는 것을 의미한다. 인터넷 프로토콜을 예로 들자면, IP프로토콜에 의해 붙여진 헤더(IP 주소 등)를 해석하고 기타 여러 가지 요소들을 고려하여 자신에게 들어온 패킷(packet)을 어느 경로(라우터의 인터페이스)로 보낼 것인지 결정하여 전달한다. 이러한 동작을 라우팅이라고 한다.

라우팅 기법들은 여러 가지가 있는데, 라우팅 요소들을 고정시켜 놓는 정적 라우팅(static routing)과 네트워크 상황에 따라 동적으로 변경하는 동적 라우팅(dynamic routing)으로 분류할 수 있다. 이 장에서는 패킷트레이서를 이용한 라우터 사용을 위해 기본적인 설정 방법과 가장 기본적인 정적 라우팅 기법에 대해 학습할 것이다.

01 네트워크 구성

기본 설정

라우터와 스위치는 PC에 비해 복잡하고 설정할 것이 많다. 그림 3-1과 같은 네트워크를 구성하면서 하나씩 배워보도록 하자. 2장에서 배웠던 4가지 네트워크 구성 요소의 설정도 염두에 두고 실습하도록 하자.

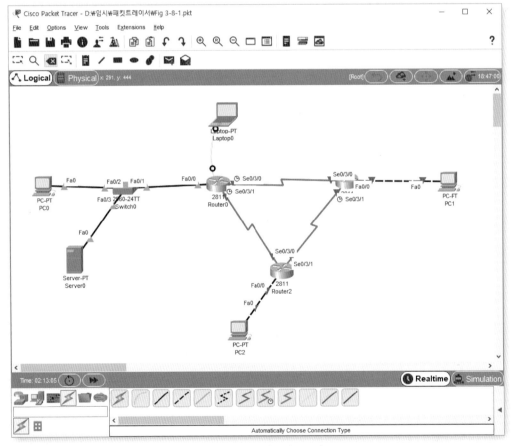

그림 3-1 목표 네트워크 구성

우선 패킷트레이서에서 [Network Devices] → [Routers] → [2811]을 선택하여 작업영역에 가져다 놓는다. 나머지 라우터 2개도 이와 같이 선택하고, 1장에서 배운 대로 스위치와 PC, 노트북 및 서버를 선택하여 그림 3-2와 같이 만든다. 라우터 2811 모델은 구형이다. 4321이나 2901와 같은 신모델을 사용해도 무방하지만, 혹시 실제 라우터를 가지고 실습할 경우를 대비하여 가격이 저렴한 모델을 가지고 실습하고자 한다. 스위치는 [Network Devices] → [Switches] → [2960]을 선택하면 된다.

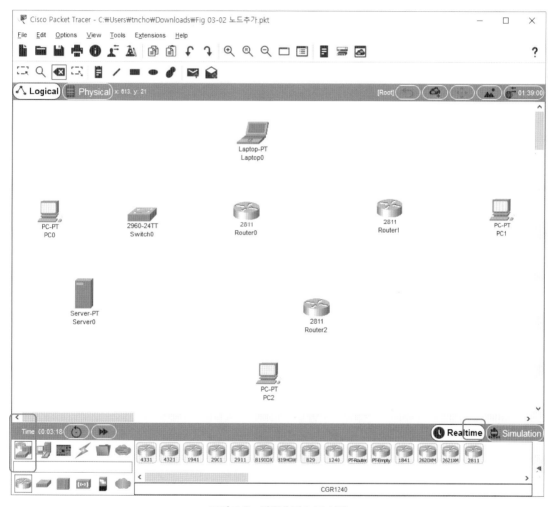

그림 3-2 라우터 및 노드 선택

3개의 라우터를 작업영역에 가져다 놓은 순서대로 Router0, Router1, Router2라고 이름이 붙었을 것이다. Router0을 클릭해보자. 그러면 그림 3-3과 같은 창이 나타난다.

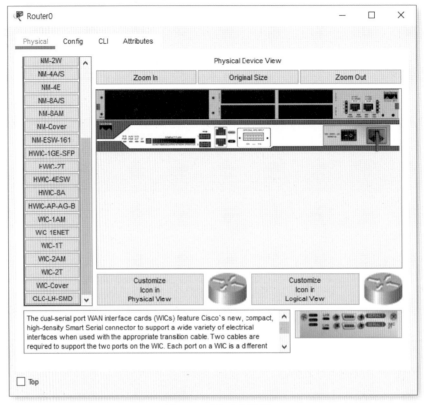

그림 3-3 라우터 속성 창

이 창에는 Physical, Config, CLI, Attributes 탭이 있는데 각각의 용도를 표 3-1에 요약하였다.

- Physical: 라우터의 물리적 상태를 볼 수 있으며 전원을 on/off하거나 빈 슬롯(slot)에 새로운 모듈을 장착할 수 있으며 제공되는 인터페이스 등을 확인할 수 있다.

- Config: 현재 라우터에 설정되어 있는 속성 값들을 GUI로 확인하고 설정할 수 있다.

- CLI: Config 탭에서 GUI로 설정하는 것이 편리하지만, 거기서 모든 설정을 지원하지는 못한다. CLI(Command Line Interface)는 라우터의 운영체제인 IOS에 더 다양한 명령어를 직접 입력하여 상태를 확인하고 설정할 수 있다.

- Attributes: 물리적 속성 등

표 3-1 라우터 속성 창 용도

탭	용도
Physical	전원, 인터페이스 등의 상태 확인 및 물리적 요소(모듈)의 탈부착
Config	라우터 이름, 라우팅 프로토콜이나 인터페이스 등에 대한 확인 및 설정
CLI	IOS 명령어로 상태 확인 및 설정
Attributes	기타 속성

이제 Router0을 Router1과 Router2에 연결하자, 라우터들끼리 연결할 때는 스위치와 PC 연결과는 달리 패스트 이더넷(Fast Ethernet)이 아니라 시리얼(Serial) 인터페이스를 사용해야 한다. 그런데 Config 탭을 선택하여 왼쪽의 "INTERFACE"를 보면 그림 3-4와 같이 2개의 FastEthernet만 지원되는 것을 볼 수 있다. 만약 케이블을 선택하여 연결하려고 해도 선택할 수 있는 인터페이스 목록에 시리얼이 나타나지 않는다. 라우터는 기본적으로 시리얼 통신이 지원되지 않는 상태이기 때문에 사용자가 원하는 기능에 따라 해당 모듈을 장착해 주어야 한다.

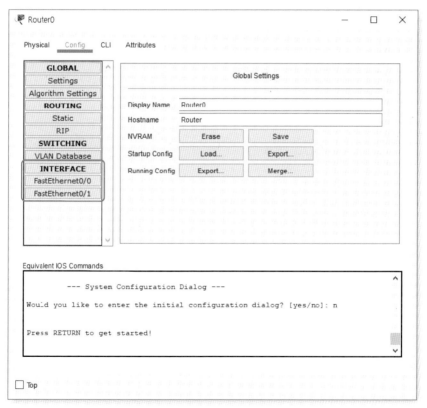

그림 3-4 라우터의 기본 인터페이스

시리얼 인터페이스 모듈을 장착시키기 위해서는 그림 3-5에서처럼 [Physical] 탭에서 전원 버튼을 찾아 끈 다음(녹색 표시는 on 상태를 나타낸다), 왼쪽에서 HWIC-2T 모듈을 선택하여 위쪽에 0번 슬롯(첫 번째 작은 슬롯)에 드래그하여 장착한다. 이 모듈은 광역 네트워크를 위한 고속의 인터페이스카드(HWIC: High speed WAN Interface Card)로서 2개의 시리얼 포트(2T)를 제공하는 모듈이다.

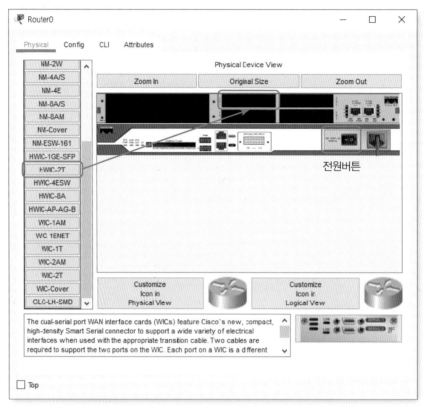

그림 3-5 라우터와의 시리얼 연결을 위한 WAN 모듈 장착

모듈 장착 후 전원 버튼을 눌러서 전원부터 켠 다음, CLI 탭을 누르면 그림 3-6처럼 부팅 과정이 출력되는 것을 볼 수 있다. 중간에 초기 설정을 할 것인지 묻는데, 'no'를 입력하고 엔터키를 누른 후 다시 한 번 엔터키를 누르면 부팅이 완료되어 "Router>"라는 프롬프트(prompt)가 나온다. 부팅이 완료된 후, 그림 3-7처럼 Config 탭을 눌러서 2개의 Serial 인터페이스가 설치되었는지 확인해보자. 나머지 2개의 라우터에 대해서도 동일한 방법으로 모듈을 장착한다.

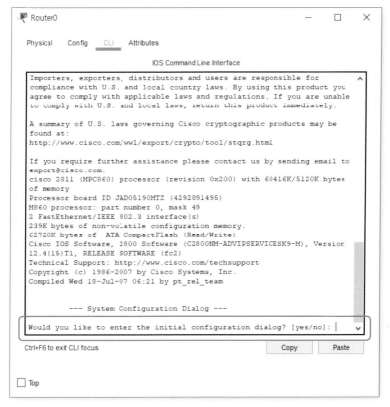

그림 3-6 라우터 부팅

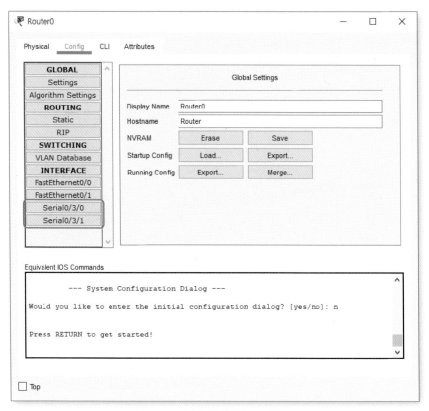

그림 3-7 시리얼 인터페이스 장착 결과

노드 연결

이제 노드들을 케이블로 연결하자. 좌측 하단에서 번개 표시가 된 아이콘을 선택하면, 시뮬레이터가 적절한 케이블을 선택하여 연결해 준다. 즉, 컴퓨터-스위치와 스위치-라우터는 이더넷 케이블로 연결하고, 노트북-라우터는 시리얼 케이블로 연결한다.

연결 순서는 상관없으나 복잡한 네트워크를 구성하다 보면 자칫 실수할 수 있으니, 다음과 같이 규칙을 정해서 일정한 패턴으로 포트를 사용하도록 하자. 그림 3-8과 같이 Switch0 → Router0, PC0 → Switch0, Server0 → Switch0, Laptop0 → Router0, PC1 → Router1, PC2 → Router2, Router0 → Router1, Router0 → Router2, Router1 → Router2의 순서로 연결하자. 그러면 패킷트레이서가 자동적으로 적절한 인터페이스의 사용 가능한 제일 작은 번호부터 차례로 할당하여 그림 3-8과 동일한 결과를 얻을 수 있다. 단, Laptop0은 노트북이지만 통신용 단말이 아니라 Router0을 설정하기 위한 콘솔(console)용으로 사용할 것이기 때문에 RS232 케이블로 직접 라우터에 연결할 것이다. 그렇지 않다면 원격 접속 프로토콜인 telnet이나 ssh를 이용해야 한다. RS232 케이블은 번개 모양의 아이콘 옆에 있는 하늘색 호(arc)를 선택하면 된다. 상세한 것은 라우터 설정 단계에서 다시 기술한다.

라우터의 인터페이스를 보면 먼저 클릭한 쪽에 시계 모양이 나타나는 것을 볼 수 있다. 두 라우터를 연결할 때는 두 라우터 간에 데이터를 주고받기 위한 동기화가 필요한데, 시계가 있는 쪽이 시간 동기화를 주도하는 노드(DCE: Data Communication Equipment)이고 시계가 없는 쪽이 그에 따라 동기화하는 노드(DTE: Data Terminal Equipment)이다.

연결 순서에 따른 포트 번호를 표 3-2에 정리하였다.

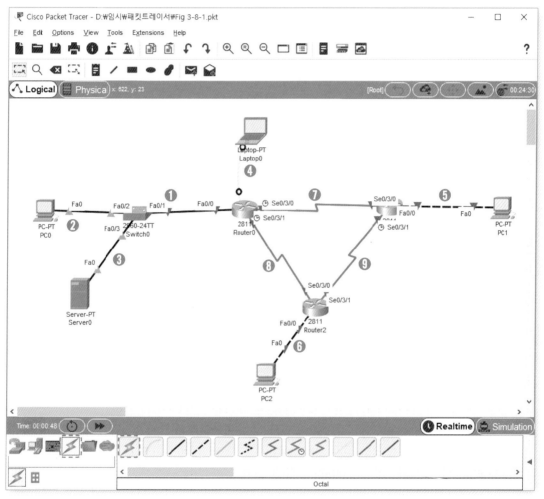

그림 3-8 노드 연결 순서

표 3-2 연결 포트

연결순서	시작 노드		상대 노드	
	노드명	포트/인터페이스 번호	포트/인터페이스 번호	노드명
1	Switch0	FastEthernet0/1	FastEthernet0/0	Router0
2	PC0	FastEthernet0	FastEthernet0/2	Switch0
3	Server0	FastEthernet0	FastEthernet0/3	Switch0
4	Laptop0	RS232	Console	Router0
5	PC1	FastEthernet0	FastEthernet0/0	Router1
6	PC2	FastEthernet0	FastEthernet0/0	Router2
7	Router0	Serial0/3/0	Serial0/3/0	Router1
8	Router0	Serial0/3/1	Serial0/3/0	Router2
9	Router1	Serial0/3/1	Serial0/3/1	Router2

IP 주소 설정

노드들이 연결되었으니 이제 통신을 하기 위한 IP 주소를 설정하자. LAN의 규모가 작으므로 컴퓨터들은 C 클래스 대역인 203.237.nnn.nnn/24를 사용할 것이다. PC와 같은 단말 노드의 호스트 ID는 1부터 시작하고 원격 관리가 필요한 스위치나 서버는 100부터 시작한다. 라우터들은 광역의 랜들을 연결할 것이므로 A 클래스 IP를 사용하되 규모가 작으므로 30비트 서브넷 마스크를 사용하여 최대 4개까지 라우터를 묶을 수 있도록 할 것이다. 그림 3-9에서 점선으로 묶인 노드들이 하나의 LAN을 구성하는 것이다. 하나의 라우터 인터페이스에 연결된 노드들을 하나의 LAN이라고 생각하면 된다. 동일한 LAN에 속한 IP 주소들은 동일한 네트워크 ID를 갖는다는 것을 기억하자. 표 3-3에 각 노드들의 IP 주소 설정에 필요한 항목들을 정리하였다. 비슷한 IP를 설정하는 일은 생각보다 실수가 많으니, 공통툴바의 5번째 아이콘인 [Place Note]를 이용하여 그림 3-9처럼 각 단말이나 라우터 인터페이스에 설정할 IP 주소를 표시해 놓으면 편리하다.

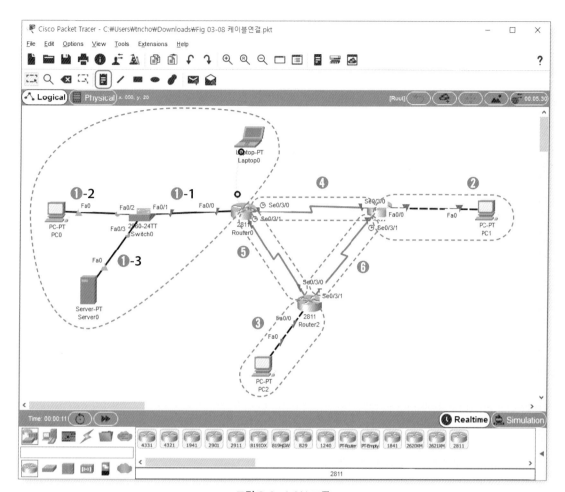

그림 3-9 LAN 그룹

표 3-3 LAN 구성에 따른 노드별 IP 주소 할당

순서	노드명	인터페이스	IP 주소	서브넷 마스크	게이트웨이
1	Laptop0	RS232	-	-	-
2	Router0	FastEthernet0/0	203.237.10.254	255.255.255.0	-
		Serial0/3/0	1.1.1.1	255.255.255.252	-
		Serial0/3/1	2.2.2.1	255.255.255.252	-
3	Router1	FastEthernet0/0	203.237.20.254	255.255.255.0	-
		Serial0/3/0	1.1.1.2	255.255.255.252	-
		Serial0/3/1	3.3.3.1	255.255.255.252	-
4	Router2	FastEthernet0/0	203.237.30.254	255.255.255.0	-
		Serial0/3/0	2.2.2.2	255.255.255.252	-
		Serial0/3/1	3.3.3.2	255.255.255.252	-
5	PC0	FastEthernet0	203.237.10.1	255.255.255.0	203.237.10.254
6	PC1	FastEthernet0	203.237.20.1	255.255.255.0	203.237.20.254
7	PC2	FastEthernet0	203.237.30.1	255.255.255.0	203.237.30.254
8	Server0	FastEthernet0	203.237.10.101	255.255.255.0	203.237.10.254
9	Switch0	vlan 1[1]	203.237.10.100	255.255.255.0	203.237.10.254
		FastEthernet0/1	-	-	-
		FastEthernet0/2	-	-	-
		FastEthernet0/3	-	-	-

라우터 IP 주소 설정

패킷트레이서에는 설정을 위한 GUI를 제공하지만 실제 라우터에서는 GUI를 지원하지 않으므로 명령어를 직접 입력해야 한다. 명령어를 통해 설정하는 연습을 해보자. 그림 3-10처럼 Router0을 클릭한 후 [CLI]를 선택하면, "Press RETURN to get Started!"라는 문구가 보이는데 안내대로 엔터키를 치면 "Router0>"이라는 프롬프트가 나타난다. 여기서 직접 명령어를 입력하여 IP 주소를 설정해야 한다.

---

[1] 인터페이스가 아닌 이유는 스위치의 IP 주소 설정 부분에 기술되어 있다.

그림 3-10 Router0의 명령어 창

그런데 실제 라우터에는 PC나 서버처럼 입력하는 키보드나 출력하는 모니터가 없다. 그림 3-11과 같은 화면은 우리가 사용하는 패킷트레이서가 시뮬레이터이기 때문에 편리를 위해 제공되는 기능이다. 따라서 실제로 라우터를 설정하기 위해서는 PC와 같이 입출력 기능을 갖춘 컴퓨터를 라우터에 RS232 등의 케이블로 연결하여 콘솔(console)[2]로 사용해야 한다. 이것이 앞에서 Laptop0을 FastEthernet이 아닌 RS232로 연결한 이유이다.

그림 3-11 시스코 라우터 2811

그럼 Laptop0을 통해서 Router0의 IP 주소를 설정해보자. Laptop0을 클릭한 후 그림 3-12처럼 [Desktop]→[Terminal]을 선택하면 그림 3-13과 같이 전송 속도 등의 설정화면이 출력된다.

---

[2] 콘솔이란 컴퓨터를 제어 및 관리에 사용되는 모니터와 키보드 등으로 이루어진 입출력 장치이다.

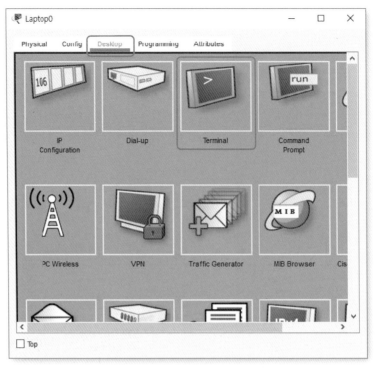

그림 3-12 Laptop0의 설정 화면

그림 3-13 Laptop0의 Terminal 설정 화면

[OK] 버튼을 누르면 그림 3-14와 같은 명령어 창에서 라우터에 대한 콘솔로 작동 가능하다는 메시지가 출력되며, 엔터키를 치면 프롬프트가 Laptop이 아닌 "Router>"임을 볼 수 있다. 라우터에는 많은 인터페이스를 가지고 있으며 각각 다른 IP 주소를 할당해야 한다는 것을 기억할 것이다. 현재의 인터페이스 상태를 알아보기 위해 "show ip interface brief"를 입력해보면, 그림 3-14와 같이 Router0에 장착된 모든 인터페이스의 상태(status)가 비활성화(Administratively down)되어 있음을 볼 수 있다. 1장에서 스위치에 노드를 연결하면 자동으로 활성화되었던 것을 기억할 것이다. 이에 반해 라우터는 기본적으로 인터페이스가 비활성화되어 있기 때문에 사용하고자 하는 인터페이스를 수동으로 활성화시켜야 한다는 것을 주의하자. 따라서 현재 스위치와 라우터가 연결된 3개의 인터페이스를 먼저 활성화시키고 각각에 대하여 IP 주소를 할당해야 한다.

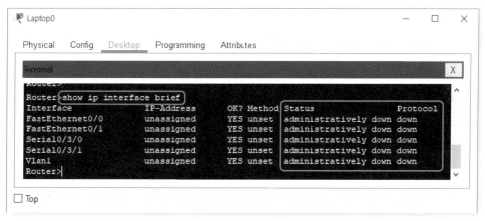

그림 3-14 Router0의 인터페이스 상태

명령어 창이 실행되면 디폴트로 사용자 모드(user mode)이다. 인터페이스 활성화나 IP 주소설정 등은 사용자 모드가 아니라 관리자 모드(enable mode)에서 실행해야 하며, 관리자 모드에서 글로벌 모드(global mode)로, 각 인터페이스 모드(interface mode)로 들어가야 한다. 모드가 바뀔 때마다 프롬프트도 이를 반영하여 변경된다. "exit"를 입력하거나 "ctrl-Z"를 누르면이전 단계로 빠져나온다. 표 3-4에 Router0에 대한 단계별 명령어를 요약하였다.[3] 3번과 4번단계에서는 설정하고자 하는 인터페이스에 따라 구분하여 기술하였다. 그림 3-15는 Router0의 FastEthernet0/0에 대한 IP 주소 설정 예이다. 나머지 인터페이스에 대해서도 표 3-4를 참조하여 설정하자. 여기서 주의할 점은 다른 인터페이스를 설정하기 위해서는 6단계까지 마쳐서 특정 인터페이스 모드를 종료한 다음, 다시 3단계부터 다른 인터페이스 모드로 진입해야 한다는 것이다. 그러므로, 인터페이스마다 1~8단계를 실행해도 되지만 1~2와 8~9단계는 한번만 실

---

3 다른 명령어와 구별 가능한 앞글자만 입력해도 된다. 입력 후 tab을 누르면 나머지가 자동 입력된다. 예로 "configure terminal"은 "conf t"만 입력해도 된다. 자세한 것은 3.4절을 참조하기 바란다.

행하고 3~7단계만 반복해도 된다. 또한 5단계는 라우터 간의 연결 구간에서만 필요한 설정인데, 두 라우터간의 동기화를 위한 것으로서 시계 표시가 되어 있는 DCE쪽에서만 설정해주면 된다. 따라서 그림 3-15에서와 같이 FastEthernet 구간에서는 5단계가 필요 없으며, 그림 3-16과 같이 시리얼 구간에서만 5단계를 실행시키면 된다.

표 3-4 Router0에 대한 단계별 IP 주소 설정 명령어

단계	기능	명령어
1	관리자 모드 진입	**Router>** enable
2	글로벌 모드 진입	**Router#** configure terminal
3	인터페이스 모드 진입	**Router(config)#** interface fa0/0
		Router(config)# interface se0/3/0
		Router(config)# interface se0/3/1
4	IP 주소와 서브넷 마스크 설정	**Router(config-if)#** ip address 203.237.10.254 255.255.255.0
		Router(config-if)# ip address 1.1.1.1 255.255.255.252
		Router(config-if)# ip address 2.2.2.1 255.255.255.252
5	클럭 속도 설정(DCE만)	**Router(config-if)#** clock rate 64000
6	인터페이스 활성화	**Router(config-if)#** no shutdown (혹은 no shut)
7	인터페이스 모드 종료	**Router(config-if)#** exit (혹은 ctrl-Z)
8	글로벌 모드 종료	**Router(config)#** exit (혹은 ctrl-Z)
9	관리자 모드 종료	**Router#** exit (혹은 ctrl-Z)

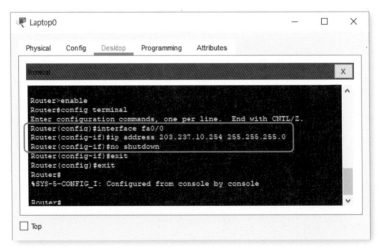

그림 3-15 Router0의 FastEthernet0/0의 IP 주소 설정 및 활성화

그림 3-16 Router0의 Serial0/3/0의 IP 주소와 클럭 설정

모든 인터페이스에 대해 설정을 마친 후 그림 3-17과 같이 "show ip interface brief"를 실행하여 설정 상태를 살펴보면, IP 주소가 잘 설정되어 있으나 "Protocol"이 모두 "down(비활성화)"되어 있음을 볼 수 있다. 이것은 상대 라우터(Swith0, Router1, Router2)의 인터페이스가 활성화되지 않았기 때문이다.

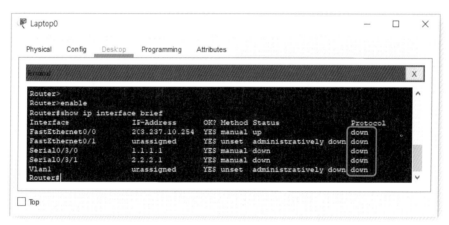

그림 3-17 Router0의 인터페이스 상태 확인

나머지 인터페이스와 다른 라우터에 대해서는 직접 표 3-3, 표 3-4와 그림 3-9를 참조하여 설정해보기 바란다. Router1의 Serial0/3/0의 IP 주소를 설정하고 "no shut"을 입력했을 때 Router0과는 달리 그림 3-18처럼 바로 활성화되는 것을 볼 수 있는데, 이는 상대 라우터인 Router0의 인터페이스가 활성화되어 있기 때문이다. 모든 노드들의 설정을 마친 후 라우터의 상태를 확인해보면 연결된 모든 인터페이스가 활성화되어 있을 것이므로 추후 확인해보기 바란다.

그림 3-18 Router1의 Serial0/3/0의 활성화

PC 및 서버 IP 주소 설정

1장에서 배운대로 PC0을 클릭한 후, 표 3-3을 참조하여 [Desktop]→[IP Configuration]을 선택하고 그림 3-19와 같이 설정하자. 1장과 다른 점은 라우터가 연결되었으므로 게이트웨이 설정이 추가되었다는 점이다. 게이트웨이란 노드들이 자신이 속하지 않은 네트워크(네트워크 ID가 다른)의 노드와 통신하기 위해서 거쳐야 하는 관문을 말한다. 따라서 노드가 연결된 라우터의 인터페이스에 할당된 IP 주소를 의미한다. 그림 3-9를 보면 PC0은 Router0의 FastEthernet0/0로 연결되는데, 이 인터페이스의 주소가 203.237.10.254이므로 이것이 PC0의 게이트웨이 주소이다.[4]

그림 3-19 PC0의 IP 주소 설정

---

[4] 보통 게이트웨이의 호스트 ID는 1이나 254(C 클래스의 경우)를 사용하는데, 여기서는 254를 쓰기로 한다.

여기까지 설정하면 PC0 ~ Router0 구간의 케이블에 표시되었던 빨간색 삼각형이 녹색으로 변하는 것을 볼 수 있는데, 이것은 PC0에서 Router0까지 통신이 가능한 상태라는 것을 나타낸다. Server0, PC1, PC2도 동일한 방법으로 설정해보자.

스위치 IP 주소 설정

스위치는 2계층 장비로서 2계층의 물리 주소인 MAC 주소를 가지고 패킷을 전달하기 때문에 IP 주소를 설정하지 않아도 무방하다. 하지만 네트워크를 원격으로 관리하는 경우에는 스위치에 접속하기 위해서 스위치에도 IP 주소를 설정해야 한다. 스위치에는 라우터처럼 실제 인터페이스마다 IP 주소를 할당하는 것이 아니라 가상의 LAN인 VLAN(Virtual LAN)을[5] 사용하여 IP 주소를 할당해야 한다. 디폴트로 번호가 1인 VLAN 1개가 설정되어 있으므로 이것을 이용한다. 이것이 표 3-3에서 Switch0의 인터페이스가 FastEthernet0/1, FastEthernet0/2가 아닌 "vlan 1"이라고 기술되어 있는 이유이다. 설정 단계는 라우터와 같다. 표 3-3과 표 3-4를 참조하여 그림 3-20의 ❶과 같이 IP 주소를 설정하자. Router0, PC0, Server0이 연결된 인터페이스에는 IP 주소를 할당하지는 않지만 그림 3-20의 ❷~❹와 같이 활성화는 시켜주어야 한다.

그림 3-20 Switch0의 IP 주소 설정 및 인터페이스 활성화

---

[5] VLAN에 대한 상세한 내용은 5장 스위치에서 다룬다.

설정 후 그림 3-21처럼 인터페이스 상태를 확인해보면 IP 주소가 잘 설정되어 있고 활성화 상태인 것을 볼 수 있다.

모든 IP 주소 설정을 마쳤으니 모든 라우터의 인터페이스들도 모두 활성화 되어 있는지, 노드들 간의 케이블 위의 삼각형도 녹색으로 변경되었는지 확인해보기 바란다.

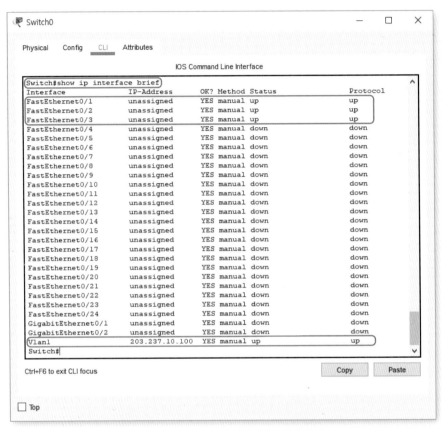

그림 3-21 Switch0의 인터페이스 상태 확인

라우팅 테이블

노드 간 연결 확인

IP 주소만 설정했다고 통신할 수 있는 것은 아니다. "ping nnn.nnn.nnn.nnn"를 이용하여 IP 주소가 nnn.nnn.nnn.nnn인 노드와의 통신 가능 여부를 확인할 수 있다. 이 명령어는 상대방에게 네 번의 ICMP 요청(ICMP request) 패킷을 보내어 ICMP 응답(ICMP response) 패킷이 오는지를 확인한다. 그림 3-22와 같이 PC0의 [Desktop] → [Command Prompt]를 선택하여 명령어 창을 연 다음 ❶ "ping 127.0.0.1"을 입력해보자. 127.0.0.1은 이 명령어를 수행하고 있는 노드(localhost)를 말한다. 모두 빠르게 응답을 받으므로 PC0의 네트워크 상태는 문제가 없다. 조금 더 나아가 ❷ "ping 203.237.10.100"을 입력하여 스위치까지 응답을 확인해보고, 이번에는 ❸ "ping 203.237.10.101"로 스위치에 연결된 서버를 확인하고, 마지막으로 ❹ "ping 203.237.10.254"로 라우터까지 확인해보자. 제대로 설정되었다면, 그림 3-22와 같이 4개의 패킷에 대해 모두 바로 응답을 얻을 것이다.

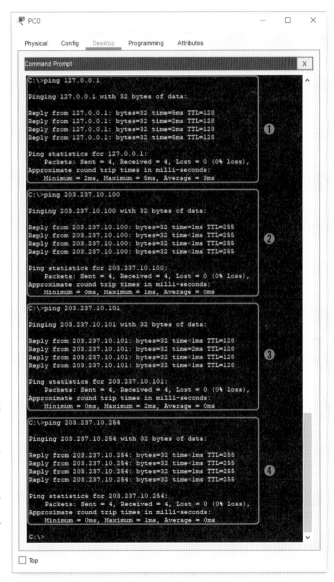

그림 3-22 PC0가 속한 네트워크 통신 체크

이번에는 라우터 너머에 있는 PC2로의 연결을 확인하기 위하여 "ping 203.237.30.1"을 시도하면 그림 3-23과 같이 목적지에 도달할 수 없다는 오류 메시지를 보게 된다. 그 이유는 케이블로 연결도 되어 있고 각 노드들이 IP 주소 등의 설정을 제대로 해놓았다고 해도, Router0이 PC0으로부터 받은 패킷의 목적지 IP 주소를 봐도 어느 길로 안내할지(인터페이스로 내보내야 할지) 모르기 때문이다. 다음 3.3절에서 이 라우팅 정보를 입력하면 비로소 통신이 가능하게 된다.

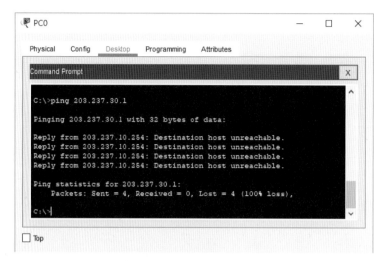

그림 3-23 PC0에서 PC2로의 ping

라우팅 테이블(Routing Table)

라우터는 여러 개의 도시로 연결되는 도로들이 만나는 교차로와 같다. 각 인터페이스는 갈림 길과 같은데, 교차로에 이정표가 없다면 여행객들이 목적지를 찾아가기가 매우 어려울 것이다. 또한 길이 변경될 때마다 적절히 이정표도 갱신해야 한다.

네트워크상에서 IP 주소 등을 이용하여 출발지에서 목적지까지 패킷을 체계적으로 전달하기 위하여 전달 경로를 선택하는 과정을 라우팅(routing)이라고 한다. 라우팅 방식은 크게 정적 (static) 라우팅과 동적(dynamic) 라우팅으로 구분된다. 정적 라우팅은 관리자가 수동으로 경로를 미리 설정하는 방법이다. 간단하고 소규모 네트워크에서 사용되는 방식으로서, 네트워크 상태가 변할 경우 관리자가 입력하지 않으면 반영되지 않는다. 동적 라우팅은 네트워크 상태에 따라 경로를 결정하는 방식으로서, 복잡하지만 자동으로 최적의 경로를 탐색한다. RIP, OSPF, IGRP, EIGRP, BGP 등 여러 가지 동적 라우팅 프로토콜이 사용되고 있다.

어떤 라우팅 방식을 사용하든 라우터로 들어온 패킷을 전달하기 위해서 이정표에 해당하는 라우팅 테이블을 관리해야 한다. 테이블 정보는 사용하는 프로토콜에 따라 다를 수 있으므로, 다음 절에서 예와 함께 살펴보자.

03 정적 라우팅

Computer Network with Packet Tracer

초기 라우팅 테이블

IP 주소 설정이 완료된 초기 라우팅 테이블을 확인해보자. Laptop0의 터미널을 통해 Router0에 "show ip route"를 입력하면 그림 3-24와 같이 출력된다.

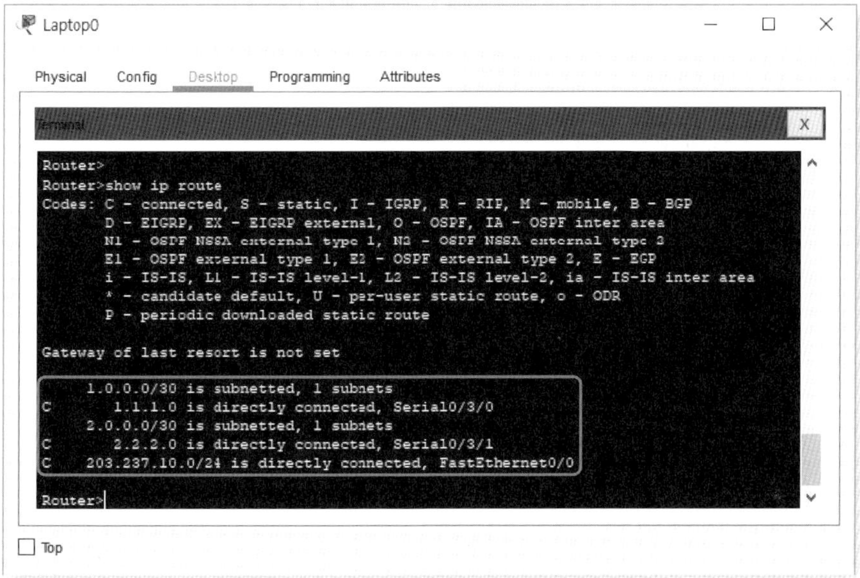

그림 3-24 Router0의 라우팅 테이블 초기 상태

마지막 줄을 예로 살펴보면 아래와 같이 구성되어 있는데, FastEthernet0/0에 203.237.10.nnn(203.237.10.0/24) 대역의 노드들이 직접 연결되어(directly connected) 있다는 것을 나타낸다.

```
C   203.237.10.0/24 is directly connected, FastEthernet0/0
```

이 테이블을 보면 1.1.1.nnn, 2.2.2.nnn, 203.237.10.nnn 대역의 노드들이 연결된 인터페이스에 대한 정보만 있을 뿐, PC1(203.237.20.1)이나 PC2(203.237.30.1) 등에 대한 정보는 갖고 있지 않다. 그림 3-23에서 Router0이 PC1에서 PC2로 가는 ping 메시지를 제대로 전달할 수 없는 이유이다.

03 정적 라우팅 | 119

정적 라우팅 설정

라우팅 방식에는 정적 라우팅과 동적 라우팅 2가지 부류가 있다고 설명하였다. 여기에서는 간단하지만 소규모 네트워크에서 유용하게 사용되는 정적 라우팅 방법을 알아보자.

그림 3-25는 IP 주소 등의 설정이 완성된 네트워크이다. 우선 Router0을 살펴보면, 그림 3-24에 나타나지 않는 네트워크는 그림 3-25에서 볼 때 ❷, ❸, ❻번 네트워크이다. 목적지가 ❷번 네트워크인 203.237.20.nnn/24인 패킷들은 Serial0/3/0(혹은 IP 주소 1.1.1.2)으로 보내야 하며, 목적지가 ❸번 네트워크인 203.237.30.nnn/24인 패킷들은 Serial0/3/0(혹은 IP 주소 2.2.2.2)로 보내야 한다. 목적지가 ❻번 네트워크인 3.3.3.nnn/30인 패킷들은 Serial0/3/0이나 Serial0/3/1 아무데나 보내도 되므로 Serial0/3/1로 보내도록 하자. 정적 라우팅을 설정하는 명령어인 "ip route"를 이용하여 그림 3-26과 같은 2가지 방법 중 하나를 선택하여 설정하면 된다.

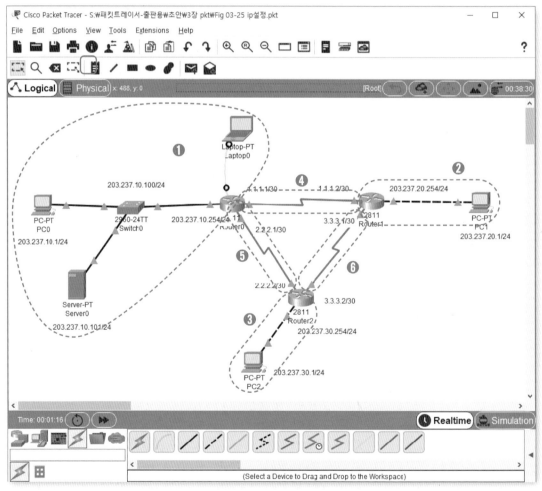

그림 3-25 정적 라우팅 대상

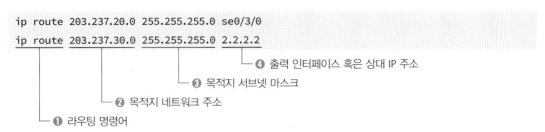

```
ip route 203.237.20.0 255.255.255.0 se0/3/0
ip route 203.237.30.0 255.255.255.0 2.2.2.2
```

❹ 출력 인터페이스 혹은 상대 IP 주소

❸ 목적지 서브넷 마스크

❷ 목적지 네트워크 주소

❶ 라우팅 명령어

그림 3-26 라우터 정적 라우팅 명령 구성

그림 3-27에서 ❷번 네트워크는 출력 인터페이스를 이용하고, ❸번과 ❻번 네트워크는 상대 노드의 IP 주소를 가지고 설정하였다.

그림 3-27 Router0의 정적 라우팅 설정

설정 후 다시 "show ip route"로 설정된 값을 보면 그림 3-28과 같이 나타난다. 해당 줄의 맨 앞에 "S"라고 표시된 것은 정적(Static)으로 설정되었다는 것을 의미한다.

그림 3-28 Router0의 정적 라우팅 설정 결과

이제 Router1에는 ❶, ❸, ❺번 네트워크에 대한 라우팅 정보를 설정하고, Router2에는 ❶, ❷, ❹번 네트워크에 대한 라우팅 정보를 설정하면 된다. 각각에 대한 설정 과정과 결과가 그림 3-29와 그림 3-30에 나타나 있다.

그림 3-29 Router1의 정적 라우팅 설정과 결과

그림 3-30 Router2의 정적 라우팅 설정과 결과

통신 테스트

설정을 마쳤으면 통신이 잘 되는지 확인해볼 차례이다. 모든 노드들 간에 ping을 수행해보는 것도 좋지만 우선 끝단에 있는 노드들인 PC0 ↔ PC1, PC0 ↔ PC2, PC1 ↔ PC2, Server0 ↔ PC1, Server0 ↔ PC2에 대하여 수행해보고, 안 되는 구간이 있다면 중간에 있는 노드들로 보내면서 문제가 있는 구간을 좁혀가는 것이 쉽다. 그림 3-31은 PC0에서 PC1, PC2로 테스트한 결과로서 모두 성공하였다. 다른 구간에 대해서도 테스트 해보기 바란다.

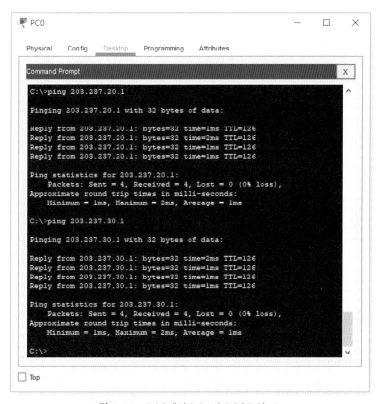

그림 3-31 PC0에서 PC1과 PC2로의 ping

시각적으로 좀 더 편리하게 테스트할 수 있는 방법인 시뮬레이션 기능을 이용해보자. 그림 3-32처럼 오른쪽 아래에 있는 ❶ [Simulation]을 선택하면 오른쪽에 ❷ "Event List" 창(이벤트 목록창)이 나타난다. 여기에 노드들 간에 오가는 패킷 정보가 출력되는데, 너무 많은 정보가 나오므로 우리가 관심 있는 ICMP 패킷만 보도록 설정하자. Event List창의 하단에 ❸ "Edit Filters"를 누르면 필터 설정창이 나오므로 ❹ "ICMP"만 선택한 후 창을 닫는다.

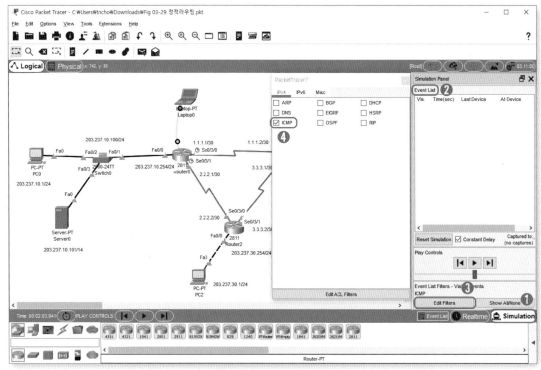

그림 3-32 시뮬레이션 설정

그림 3-33에서처럼 공통툴바에서 편지봉투 모양의 아이콘(✉)인 ❶ [Add Simple PDU]를 선택하여 시작 노드인 ❷ PC0을 클릭하고 목적지 노드인 ❸ PC1을 클릭하면 ❹ 이벤트 목록창에 오가는 ICMP 패킷이 출력된다. 작업공간에 있는 각 노드들에서는 패킷 전달 과정과 전달의 성공/실패가 그래픽으로 표시된다.

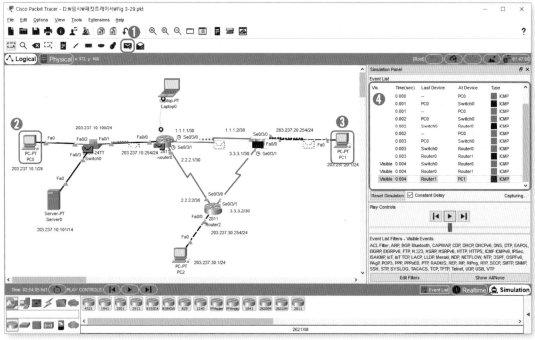

그림 3-33 시뮬레이션 실행

최종적으로 이벤트 출력창을 보면 PC0 → Switch0 → Router0 → Router1 → PC1로 ICMP
요청 패킷이 전달되고, 다시 역으로 PC1 → Router1 → Router0 → Switch0 → PC0의 순서로
ICMP 응답 패킷이 전달되는 것을 확인할 수 있다.

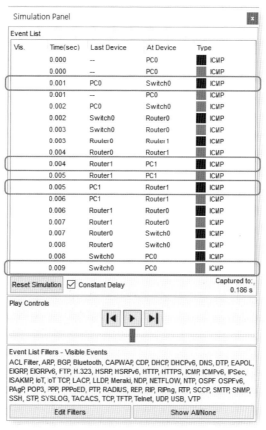

그림 3-34 이벤트 리스트

오른쪽 아래에 있는 [Realtime] 버튼을 누르면 시뮬레이션 창이 사라지고, 작업영역에 표시된
PDU(편지봉투)들도 사라진다. 하지만 새로운 시뮬레이션 수행을 위해 [Simulation] 버튼을 누
르면 이전에 수행한 PDU들이 남아 있는 것을 볼 수 있다. 이것을 삭제하는 방법을 알아보자.
그림 3-35에서와 같이 "Simulation Panel"에서 오른쪽 마우스 버튼을 눌러서 나오는 메뉴에서
[PDU List Window]를 선택하면 하단에 실행 중인 PDU 리스트 창이 나온다. 여기서 오른쪽
의 '(delete)' 부분을 더블클릭하면 해당 PDU가 삭제된다.

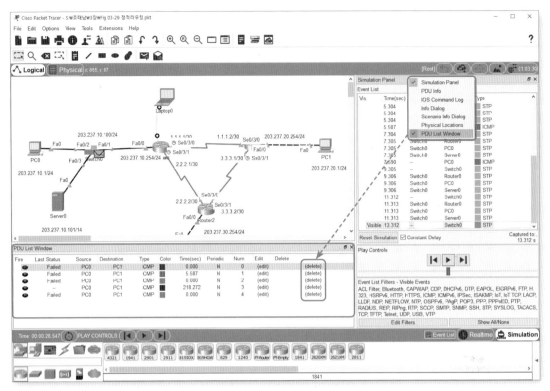

그림 3-35 PDU 패킷 삭제하기

또 다른 방법은 [Add Simple PDU]을 사용하지 않고 그림 3-36처럼 'ping' 명령어를 입력하는 것이다. ping 명령어는 ICMP 패킷 송수신을 발생시키므로 동일한 결과를 볼 수 있다. 시뮬레이션 창을 띄운 다음 ping을 수행할 노드(예에서는 PC0)의 [Command Prompt]를 선택하여 ping 명령어를 입력한다. 그러면 이벤트 리스트 창에 패킷이 하나 생성되는데 [Play Control] 창에서 화살표를 눌러서 동작시키면 된다. 하나의 ping 명령어는 4번 ICMP 패킷을 주고받는다. 시뮬레이션 창에서 패킷의 왕복이 끝나야만 명령어 창에서 "Reply from ... TTL=256"이라는 메시지가 하나씩 출력된다. 이벤트 리스트의 'Type' 부분에 있는 사각형의 색깔을 보면 4가지로 구분되는데 같은 색으로 표시되는 이벤트들이 하나의 ICMP 패킷 왕복 이벤트이다. 만약 ping 명령 수행 도중 중단하고 싶으면 명령어 창에서 'ctrl+C'를 누르면 된다. 하지만 저장된 이벤트들은 그대로 남아있다. 시뮬레이션 창의 하단에 있는 [Reset Simulation]을 누르면 수행 중인 명령어가 중단되고 저장된 이벤트까지 모두 삭제되고 초기화된다.

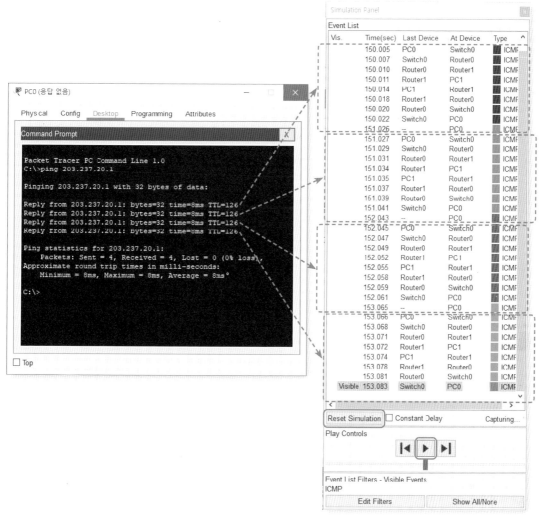

그림 3-36 ping 명령어에 대한 시뮬레이션 결과

간단한 ping 명령어만 실행시켜도 많은 이벤트들이 발생하기 때문에 시뮬레이션 기능을 사용하면 패킷트레이서가 매우 느려지므로 다소 인내심을 필요로 한다. 그리고 얼마 못가서 그림 3-37처럼 이벤트 로그 버퍼가 꽉 찼다는 메시지 창이 뜨게 되는데 [Clear Event List]를 눌러서 모두 삭제하면 된다.

그림 3-37 이벤트 버퍼 초과

04

주요 명령어 요약

Computer Network with Packet Tracer

이 장에서 사용했던 주요 명령어와 기타 유용한 명령어들을 표에 요약하였다. 표에서 "동작 모드"란 해당 명령어가 입력 가능한 모드를 의미한다. 명령어를 모두 입력해도 되지만, 다른 명령어와 구분할 수 있는 최소의 문자만 입력해도 인식된다. 예를 들어서 "configure"는 "conf"까지만 입력해도 된다. "con" 까지만 입력해서는 안 되는데, 그 이유는 "con"으로 시작되는 다른 명령어가 존재하기 때문에 이들을 구분할 수 없기 때문이다. 또한 "conf"까지 입력한 다음 탭(tab)을 누르면 나머지 "igure"가 자동 입력된다. 표에서 굵게 표시된 부분이 인식되는 최소한의 문자열이다.

모드 변경 및 설정 명령어

표 3-5는 라우터의 IP 주소나 클럭 속도 등 설정에 관련된 명령어를 정리한 표이다.

표 3-5 라우터 설정에 관련된 명령어

명령어	동작 모드	기능
enable	사용자	관리자 모드로 진입
configure **t**erminal	관리자	글로벌 모드로 진입
interface [인터페이스 번호]	글로벌	인터페이스 모드로 진입
ip address [IP 주소] [서브넷 마스크]	인터페이스	IP 주소, 서브넷 마스크 설정
no ip address [IP 주소] [서브넷 마스크]	인터페이스	IP 주소, 서브넷 마스크 해제
clock **rate** [클럭 속도(bps)]	인터페이스	DCE 클럭 설정
no shutdown	인터페이스	인터페이스 활성화
shutdown	인터페이스	인터페이스 비활성화
exit	관리자/글로벌/인터페이스	현재 모드 종료

상태 보기 명령어

표 3-6은 라우터에 설정된 값을 확인할 수 있는 상태 출력 명령어를 요약한 표이다. 본문에서 다루지 않은 "show running-config"는 여러 가지 설정 값들을 보여주는 명령어이다.

표 3-6 라우터 상태와 설정 값 출력에 관련된 명령어

명령어	동작 모드	기능
show ip interface brief	사용자/관리자	할당된 IP 주소와 인터페이스의 상태 요약 출력
show ip route	사용자/관리자	인터페이스에 연결된 네트워크 정보 출력(라우팅 정보 출력)
show running-config	관리자	사용 중인 설정 값 출력
show startup-config	관리자	NVRAM에 저장된 설정 값 출력
show clock	사용자/관리자	설정된 현재 시간 출력

기타 유용한 명령어

표 3-7은 본문에서는 다루지 않았지만 유용하게 사용할 수 있는 명령어이다. 알아두면 편리하므로 간단하게 알아보고 가자.

표 3-7 기타 유용한 명령어

명령어	동작 모드	기능
hostname [노드 이름]	글로벌	이름 설정
banner motd [구분자] [메시지] [구분자]	글로벌	접속 시 출력 메시지 설정 [구분자] 사이에 나오는 문장으로 설정
clock set [시:분:초 일 월 연]	관리자	현재 시간 설정
password [패스워드] enable password [패스워드] enable secret [패스워드]	라인/글로벌	사용자 및 관리자 로그인 패스워드 설정
write memory	관리자	사용 중인 설정 값을 NVRAM에 저장[6]
reload	관리자	NVRAM에 저장된 설정 값을 RAM으로 로드
?	모두	도움말
shift+ctrl+6	모두	실행 중인 명령어 중단

hostname

"hostname"은 "Router0" 등과 같이 자동으로 정해지는 노드의 이름을 원하는 대로 변경할 수 있도록 해준다. 그림 3-38에서 "Router0"의 이름을 "R0"으로 변경하면 프롬프트에 반영되는 것을 볼 수 있다. 그런데 막상 작업영역에 있는 라우터 아래 출력되는 이름은 그대로 남아 있다. "hostname"은 실제 라우터에서 실행할 수 있는 명령어지만 화면에 나타나는 것은 패킷트

---

[6] 라우터에는 RAM(Random Access Memory)과 NVRAM(Non Volatile RAM) 메모리가 있다.

레이서 기능이기 때문이다. 이 이름은 [Config]의 [Display Name]에서 변경하면 된다.[7] 물론 여기서 [Hostname]에 이름을 입력해도 된다. 그러면 아래 있는 [Equivalent IOS Command]에 해당되는 명령이 출력된다. 즉, CLI창에서 입력해야 할 명령어를 GUI를 통해 설정하도록 기능을 제공하는 것이다. 반면에 [Display Name]에서 변경한 것에 대해서는 아무것도 출력되지 않는데, 그 이유는 해당되는 라우터 명령어가 없기 때문이다.

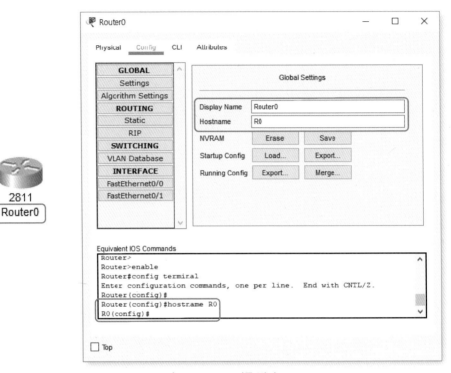

그림 3-38 노드 이름 변경

banner motd

"banner motd"는 노드 접속 시 출력되는 메시지를 설정하는 명령어이다. 그림 3-39는 "banner motd @"를 통해 "Welcome to Network and Packet Tracer World !!!"로 메시지를 설정하는 예이다. 마지막 문자인 "@"는 설정할 메시지의 끝을 표시하기 위한 문자로서 메시지에 포함되지 않는 아무 문자나 사용하면 된다. 단, 메시지의 마지막에 이 문자를 입력해서 메시지가 끝났다는 것을 표시해야 한다. 그림 3-39와 같이 "exit"를 입력하여 사용자 모드로 빠져나간 다음 다시 들어오면 설정한 메시지가 출력되는 것을 볼 수 있다.

---

[7] 스위치에서도 [Config] 창에서 [Display Name]과 [Host Name]을 변경할 수 있다. PC는 [Config] 창에서 [Display Name]만 변경할 수 있다.

그림 3-39 배너 설정

clock

그림 3-40에서와 같이 라우터의 시간을 설정할 수 있다. ❶ "show clock"으로 라우터의 시간을 확인해보면 1993년도로 설정되어 있음을 알 수 있다. ❷ "clock set" 명령어로 2019년 9월 7일 15시 50분 0초로 설정하였다. ❸ 다시 "show clock"으로 시간을 확인해보면 설정 값으로 변경된 것을 볼 수 있다.

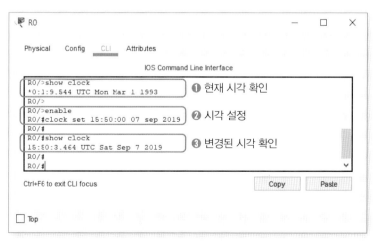

그림 3-40 라우터 시각 정보 확인 및 설정

password

"password"는 라우터 접속 보호를 위해 패스워드를 설정하는 명령어이다. 사용자가 콘솔 접속에 필요한 패스워드와 사용자 모드에서 관리자 모드로 들어가기 위해 필요한 패스워드를 따로 설정할 수 있다. 또한 관리자 패스워드는 설정한 패스워드를 읽을 수 있는 평문으로 저장하는 패스워드와 암호문으로 저장하는 패스워드 2가지가 있다. 만약, 암호문으로 저장하는 패스워드를 설정하면 평문으로 설정한 패스워드는 사용할 수 없다. 설정 명령어를 표 3-8에 정리하였다. 사용자 패스워드 설정 후 "login"이라는 명령어는 로그인 시에 패스워드를 적용하라는 것이다.

표 3-8 패스워드 설정

구분		동작 모드	명령어
접속(사용자) 패스워드		라인	**R0 (config)#** line console 0 **R0 (config-line)#** password *Upwd* **R0 (config-line)#** login
관리자 패스워드	평문 저장	글로벌	**R0 (config)#** enable password *MPpwd*
	암호문 저장	글로벌	**R0 (config)#** enable secret *MEpwd*

그림 3-41은 다음과 같이 사용자와 관리자 패스워드를 설정하고 인증하는 예이다.

❶ 사용자 패스워드를 설정하는 단계이다. 콘솔 설정 모드로 들어가서 패스워드를 "Upwd"로 설정한 다음, 로그인 시에 패스워드를 적용하도록 설정한다.

❷ 관리자 평문 패스워드를 "MPpwd"로 설정하였다.

❸ "exit"로 빠져나갔다가 다시 접속하면 패스워드를 요구한다. 설정한 "Upwd"를 입력하여 인증에 성공한다.

❹ "enable"을 입력하자 관리자 패스워드를 요구한다. "MPpwd"를 입력하여 인증에 성공한다.

❺ 관리자 암호문 패스워드를 "MEpwd"로 설정하였다.

❻ "exit"로 빠져나갔다가 다시 "enable"을 수행하자 관리자 패스워드를 요구한다. "MPpwd"를 입력하자 인증에 실패하여 다시 패스워드를 요구한다.

❼ "MEpwd"를 입력하여 인증에 성공한다.

관리자 모드에서 "show running-config"를 입력해보면 그림 3-41과 같이 "enable password"로 설정한 패스워드 MPpwd가 그대로 평문으로 노출되는 것을 확인할 수 있다. 반면에 "enable secret"으로 설정한 패스워드는 나타나지 않는다.

그림 3-41 패스워드 설정과 인증

write memory

라우터에는 RAM(Random Access Memory)과 NVRAM(Non Volatile RAM) 메모리가 있다. RAM은 휘발성 메모리로서 현재 설정하여 사용하고 있는 값들이 저장되는 곳이다. 따라서 전원을 끄면 설정한 값들이 모두 사라진다. 반면, NVRAM은 비휘발성 메모리로서 전원이 꺼지더라도 데이터가 남아 있다. 라우터의 기본 설정 값들은 NVRAM에 저장되어 있어 전원을 켜면 이 곳에서 데이터를 읽어서 적용한다. 그림 3-42와 같이 "write memory"를 사용하면 현재 설정한 값들을 NVRAM에 영구 저장한다.

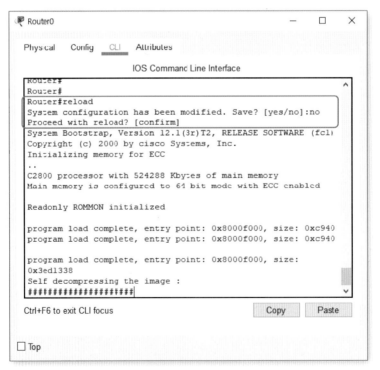

그림 3-42 write memory

reload

"write memory"와 반대로 NVRAM에 저장된 설정 값들을 메모리(RAM)로 로드한다. 만약 메모리에 저장되지 않은 설정 값이 있으면 그림 3-43과 같이 수정된 값을 저장할 것인지 묻는다. "yes" 혹은 "no"로 답변하면 정말 로드할 것인지를 다시 한 번 확인하는 메시지가 출력되는데 엔터키를 누르면 NVRAM 설정 값이 로드되면서 재부팅된다.

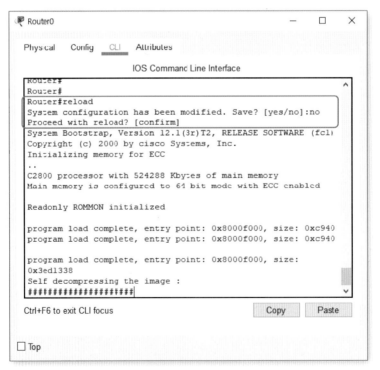

그림 3-43 reload

show startup-config

"show running-config"가 RAM에 저장되어 있는 설정 값들을 보여주는 반면, "show startup-config"를 사용하면 NVRAM에 저장되어 있는 설정 값들을 보여준다.

?

명령어 도움말이다. 문자열을 입력한 상태에서 빈칸 없이 "?"를 입력하면 현재 모드에서 사용할 수 있는 입력 문자열로 시작하는 명령어나 키워드 혹은 옵션을 나열해준다. 예를 들어 그림 3-44와 같이 관리자 모드에서 "s?"를 입력하면 s로 시작하는 명령어인 send, setup, show, ssh가 나열된다. 만약 명령어나 키워드 다음에 빈칸을 입력한 다음 "?"를 입력하면 다음에 올 수 있는 키워드나 옵션을 알려준다. 그림 3-44에서와 같이 "show ?"를 입력하면 그 다음에 올 수 있는 aaa, access-lists 등과 같은 키워드들을 보여준다.

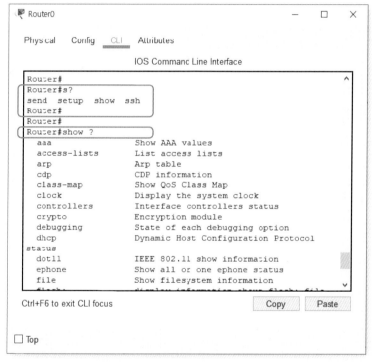

그림 3-44 ? 도움말

shift + ctrl + 6

종종 명령어를 잘못 입력할 때가 있는데, 패킷트레이서는 잘못 입력한 명령어를 해석하기 위해 꽤 오랜 시간을 소비한다. 그럴 때 실행을 중지시키는 방법은 shift 키와 ctrl 키와 숫자 6을 동시에 누르는 것이다. 이것은 사실상 명령어는 아니지만 실제 실습할 때 매우 유용한 정보가 될 것이다.

모드별 허용 명령어

앞에서는 기능별로 명령어를 요약하여 정리하였다. 그림 3-45에는 모드 간의 관계와 각 모드에서 허용된 명령어를 요약하여 도식화 하였다.

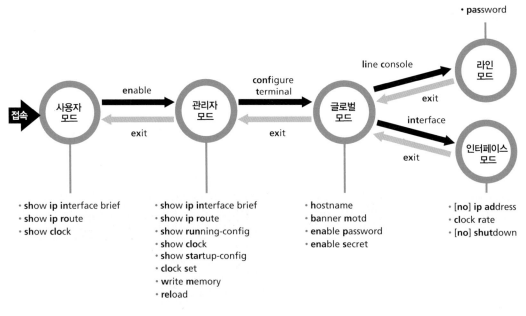

그림 3-45 모드 변경과 모드별 허용된 명령어

연/습/문/제

선택형 문제

01 다음 IP 주소 설정에 관한 설명 중 옳지 않은 것을 고르시오.

❶ 공공 IP 주소는 전 세계적으로 유일하게 할당해야 한다.

❷ 사설 IP 주소는 동일한 랜에 속한 여러 노드에 중복하여 할당해도 된다.

❸ 라우터의 모든 인터페이스에는 서로 다른 대역대의 IP 주소를 할당해야 한다.

❹ IP 주소를 할당할 때는 반드시 서브넷 마스크도 함께 지정해 주어야 한다.

02 스위치에 IP 주소를 설정하려면 어디에 설정해야 하는가?

❶ 스위치 자체　　　❷ 첫 번째 포트　　　❸ VLAN 1　　　❹ 설정할 수 없다.

03 노드간의 통신을 확인하기 위해 ping 명령어를 사용했을 때 수행되는 3계층 프로토콜은 무엇인가?

❶ ICMP　　　　　❷ ARP　　　　　❸ HTTP　　　　　❹ FTP

04 라우터 간의 연결에 관한 설명으로 잘못된 것을 고르시오.

❶ 연결되는 두 라우터는 동일한 IP 주소 대역대여야 한다.

❷ DCE가 되는 한쪽만 클럭 속도를 설정하면 된다.

❸ 라우터 간의 케이블은 FastEthernet이어야 한다.

❹ 일반적으로 A 클래스의 IP 주소를 할당한다.

05 다음 중 라우터에 반드시 설정해야 하는 것이 아닌 것을 고르시오.

❶ IP 주소　　　　❷ 호스트 이름　　　❸ 라우팅 테이블　　　❹ 인터페이스 활성화

06 다음 중 라우터의 라우팅 정보를 출력하는 명령어를 고르시오.

❶ show ip interface brief　　　　　❷ show running config

❸ show clock　　　　　❹ show ip route

07 라우터 접속 시 출력되는 웰컴 메시지 설정 명령어를 고르시오.

❶ banner motd   ❷ enable   ❸ config terminal   ❹ password

08 정적 라우팅 설정에 필요하지 않은 정보는 무엇인지 고르시오.

❶ 목적지 네트워크 주소   ❷ 목적지 서브넷 마스크

❸ 상대 IP 주소   ❹ 상대 인터페이스

09 라우터끼리 연결할 때 사용하는 케이블은 무엇인지 고르시오.

❶ FastEthernet   ❷ Gigabit Ethernet   ❸ Serial   ❹ RS232

10 라우터 설정을 위해 PC를 RS232로 연결하려고 할 때 적합한 라우터의 인터페이스는 무엇인가?

❶ FastEthernet   ❷ Console   ❸ USB   ❹ Gigabit Ethernet

11 평문으로 저장되는 관리자 패스워드 설정 명령어는 무엇인가?

❶ config terminal   ❷ enable password   ❸ enable secret   ❹ hostname

단답형 문제

01 라우터의 인터페이스 se0/3/1에 IP 주소 203.237.10.254를 설정하는 단계에 대한 설명과 함께 명령어를 쓰시오.

순서	단계	명령어
1		
2		
3		
4		
5		
6		

02 라우터에 IP 주소 132.28.29.100을 설정하는 명령어를 쓰시오.

03 라우터와 라우터를 연결하기 위해서는 (   ) 케이블 이용, 한 쪽은 (   )이고
다른 한 쪽은 (   )가 된다. 동기화를 위해서 (   )에서 (   )를 설
정해야 한다.

04 라우팅 방법에는 크게 관리자가 직접 정보를 설정하고 관리하는 (   )과 노드들이 정보를
주고 받으며 자동으로 관리하는 (   )이 있다.

05 대표적인 동적 라우팅 프로토콜로는 (   ), (   ), (   ), (   ),
(   ) 등이 있다.

06 정적 라우팅을 설정하는 2가지 방법을 설명하시오.

07 PC, 스위치, 라우터의 IP 주소, 서브넷 마스크, 게이트웨이를 모두 설정해도 네트워크 간 통신을 위해
서는 라우터에 (   )를 설정해야 한다.

08 라우터에서 들어오는 패킷을 어느 인터페이스를 통해 내보내야 할지를 결정하기 위해 (   )
을 유지한다.

09 라우터의 시간을 설정하는 명령어는 (   )이다.

10 라우터와 스위치의 인터페이스 상태를 요약하여 출력하는 명령어는 무엇인가?

11 라우팅 정보를 출력하는 명령어를 쓰시오.

12 라우터에 설정된 값을 출력하는 명령어를 쓰시오.

13 라우터의 이름을 FirstRouter로 설정하는 명령어를 쓰시오.

14 라우터에 접속할 때 출력되는 웰컴 메시지를 "Welcome to Router."로 설정하시오.

15 암호문으로 저장되는 라우터의 관리자 패스워드를 "PassWord"로 설정하시오.

실습 문제

※ 아래 그림과 같이 네트워크를 구성하고자 한다. 아래의 표를 참조하여 (1)~(5)까지 단계별로 구축하시오.

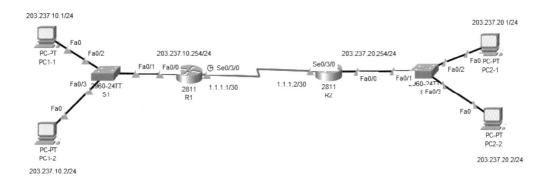

노드명	노드 종류	IP 주소	기타
PC1-1	PC-PT	203.237.10.1/24	
PC1-2	PC-PT	203.237.10.2/24	
S1	스위치 2960-24TT		
R1	라우터 2811	203.237.10.254/24	S1 연결
		1.1.1.1/30	R2 연결, DCE, 클럭 속도 64000
PC2-1	PC-PT	203.237.20.1/24	
PC2-2	PC-PT	203.237.20.2/24	
S2	스위치 2960-24TT		
R2	라우터 2811	203.237.20.254/24	S2 연결
		1.1.1.2/30	R1 연결, DTE

01 네트워크를 구성하는 노드들을 연결하고 IP 주소와 서브넷 마스크를 설정하시오.

R1

R2

02 라우터의 IP 주소 설정 상태를 확인하시오.

03 R1과 R2의 정적 라우팅을 설정하시오. R1에서는 출력 인터페이스를 이용하고 R2에서는 상대 IP 주소를 이용하여 설정하시오.

R1

R2

04 라우터의 라우팅 테이블을 확인하시오.

05 ping 명령어를 이용하여 PC1-1 → PC1-2, PC1-1 → PC2-1, PC1-1 → PC2-2, PC2-1 → PC2-2로의 통신을 확인하시오.

스위치(switch)

학습 목표

01. 스위치의 기본 기능을 이해한다.
02. MAC 테이블의 필요성을 이해하고 확인할 수 있다.
03. ARP의 동작 원리를 이해하고 확인할 수 있다.
04. VLAN의 개념 및 필요성을 이해하고 설정할 수 있다.
05. VLAN과 트렁크와의 관계를 이해하고 설정할 수 있다.
06. inter-VLAN의 필요성과 라우터와의 설정 관계를 이해하고 설정할 수 있다.

이 장에서는 대표적인 네트워크 노드들의 연결 장비인 스위치에 대해 학습한다. 3장에서 연결 장비인 라우터에 대해 배웠는데, 라우터는 다른 네트워크에 속한 노드와의 통신을 위한 3계층 장비라고 했던 것을 기억하고 스위치와의 유사점과 차이점을 관찰하자.

01 MAC 주소 테이블

Computer Network with Packet Tracer

1장에서 배웠던 여러 가지 기본 네트워크 토폴로지 중의 하나인 성형 토폴로지를 이용해보자. 그림 4-1처럼 PC0, PC1, Laptop0, Laptop1에 각각 순서대로 203.237.10.1 ~ 203.237.10.4 IP 주소와 서브넷 마스크를 설정하자.

여기서 PC0와 Laptop0이 통신하려면 어떻게 해야 할까? 이 노드들은 라우터가 아닌 스위치를 통해 연결된 네트워크에 속해 있다. 그렇다면 스위치도 라우터처럼 자신을 통해 오가는 패킷들을 원하는 목적지로 제대로 전달해야 하므로, 자신의 어느 인터페이스에 어떤 노드가 연결되어 있는지 파악하고 있어야 할 것이다. 라우터를 잘 공부한 독자는 스위치도 '라우팅 테이블'을 유지할 것이라는 매우 훌륭한 예측을 할 것이다. 대신, 스위치는 2계층 장비이기 때문에 3계층 주소인 IP 주소가 아니라 2계층 주소인 MAC 주소를 사용하며, 유지하는 테이블명도 'MAC 주소 테이블(MAC Address Table)'이다.[1]

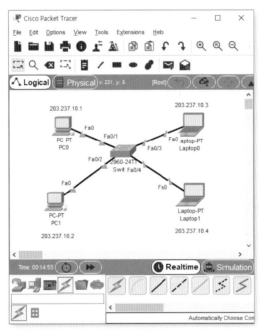

그림 4-1 스위치에 연결된 성형 네트워크

---

[1] 단말 노드에 저장되는 테이블은 MAC 캐시 테이블(MAC Cache Table), 스위치에 저장되는 테이블은 MAC 라우팅 테이블(MAC Routing Table)이라고도 한다.

146 | CHAPTER **04** 스위치(switch)

그림 4-1에서 Switch0을 클릭하고 [CLI]탭을 선택하여 관리자 모드("enable" 입력)에서 "show mac-address-table"이라고 입력하면 그림 4-2와 같이 빈 테이블이 출력될 것이다. 이제 독자들은 적어도 이 테이블에 Switch0의 각 포트에 연결된 노드의 MAC 주소가 채워져야 한다는 것을 짐작할 수 있을 것이다.

그림 4-2 초기 MAC 주소 테이블

나중에 완성된 테이블과 테이블 생성 과정을 확인하기 위해서 각 노드들의 MAC 주소를 확인해보자. 실제 PC에서는 명령어 창에서 "ipconfig/all"을 사용했다. 패킷트레이서에서는 PC0을 클릭해서 [Config]탭 → [FastEthernet0]을 선택하면 그림 4-3처럼 6바이트(16진수 12자리) MAC 주소를 확인할 수 있다.

그림 4-3 PC0의 MAC 주소

나머지 노드들의 주소도 확인하여 표 4-1과 같이 작성해놓자. 패킷트레이서에서 IP 주소 아래에 적어놓는 것도 좋은 방법이다. 독자들의 MAC 주소와 예제 그림의 MAC 주소는 다를 것이므로, 표 4-1에 각자 패킷트레이서에 나타난 MAC 주소를 기입하기 바란다.

표 4-1 노드들의 IP 주소와 MAC 주소

노드명	IP 주소	MAC 주소(예제)	MAC 주소(독자)
PC0	203.237.10.1	00E0.A3A1.0646	
PC1	203.237.10.2	0006.2A39.262E	
Laptop0	203.237.10.3	000C.CF64.411D	
Laptop1	203.237.10.4	0004.9AA5.1C4D	

그림 4-4처럼 PC0의 "Command Prompt"창을 열어서 "ping 203.237.10.3"을 입력하여 Laptop0으로 연결을 확인해보자. 분명 MAC 주소 테이블이 비어 있었는데 ping에 대한 응답을 잘 받는 것을 확인할 수 있다. 어찌된 일일까?

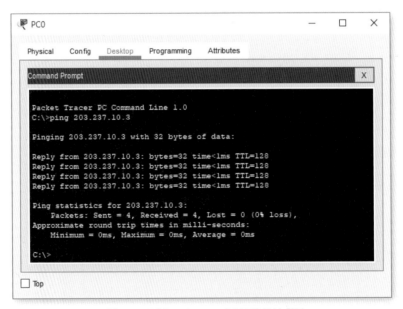

그림 4-4 PC0 → Laptop0으로의 통신 확인

다시 한 번 Switch0의 MAC 주소 테이블을 확인해보자. 그림 4-5와 같이 MAC 주소 테이블이 채워졌다. 첫 번째 줄의 MAC 주소와 인터페이스는 Laptop0의 것이며, 두 번째 줄은 PC0에 대한 것이다. 이번에는 PC1에서 "ping 192.168.0.3"을 입력하여 Laptop0으로의 연결을 확인한 후 MAC 주소 테이블을 확인해보면, 그림 4-6과 같이 모든 노드와 인터페이스에 대해 테이블이 채워진 것을 볼 수 있다. 놀랍게도 라우터와 달리 관리자가 수동으로 채워주지 않아도 스위

치가 스스로 학습하여 테이블을 만든다는 것이다.[2]

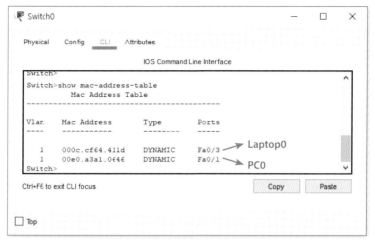

그림 4-5 PC0와 Laptop0에 대한 MAC 주소 테이블

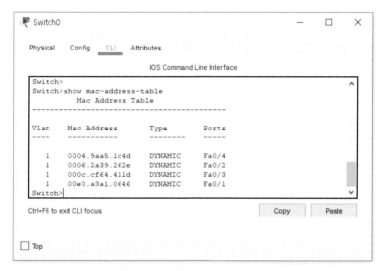

그림 4-6 완성된 MAC 주소 테이블

---

[2] 악성코드에 감염된 PC의 위치를 추적할 때도 유용하게 사용될 수 있다.

도대체 스위치는 연결된 노드들의 정보를 어떻게 알아냈을까? 사실 스위치와 노드들은 ARP(Address Resolution Protocol)라는 프로토콜을 이용해서 반복적으로 MAC 주소를 주고 받는다. 스위치는 이 ARP 패킷에 포함된 노드들의 MAC 주소를 이용하여 MAC 주소 테이블을 만들고, ping과 같은 패킷이 들어오면 그 패킷 안에 포함된 목적지의 MAC 주소를 보고 패킷을 전달한다. 이 정보들은 한번 저장되었다고 해서 고정되는 것이 아니라 주기적으로 테이블이 초기화되며, 계속적인 ARP 프로토콜을 통해 최신 정보로 채워진다.[3]

ARP 동작 원리

PC0이 Laptop0의 IP 주소를 이용하여 ping(ICMP-request)을 보내고자 하지만 PC0과 Switch0도 Laptop0이 Switch0의 어느 인터페이스에 연결되어 있는지 모른다. 그래서 다음과 같은 과정이 일어난다.

❶ PC0이 ARP-요청(request) 패킷에 출발지 IP 주소와 MAC 주소에 자신의 주소를 넣고, 목적지 IP 주소와 MAC 주소에 Laptop0의 IP 주소와 0을 각각 넣어 Switch0에게 전달함으로써, Laptop0의 MAC 주소를 요청한다.

❷ Switch0은 PC0의 MAC 주소를 저장하고, 수신한 패킷을 모든 인터페이스의 노드들에게 전달하여 해당 노드가 응답하도록 요청한다.

❸ 해당 IP 주소를 가진 Laptop0이 이 패킷을 받으면 PC0의 MAC 주소를 저장한 후, ARP-응답(response) 패킷에 출발지 IP 주소와 MAC 주소에 자신의 주소를 넣고, 목적지에 PC0의 주소를 넣어 Switch0로 전달한다.

❹ Switch0은 수신한 패킷을 PC0으로 전달하고, PC0과 Laptop0의 MAC 주소를 테이블에 저장한다.

❺ PC0이 Laptop0의 MAC 주소를 획득한다.

이제 PC0가 Laptop0의 MAC 주소를 알았으므로, 이를 목적지 주소로 하여 ICMP-요청 패킷을 Switch0에게 보낸다. Switch0은 패킷의 목적지 MAC 주소를 테이블에서 찾아 해당 인터페

---

[3] 반복적으로 받는 이유는 변화하는 네트워크 토폴로지나 노드 정보를 반영하기 위한 것이다. 실제 5분 정도 후에 다시 MAC 주소 테이블을 확인해 보면 빈 테이블로 초기화되어 있다.

이스인 FastEthernet0/3으로 전달한다. Laptop0으로부터의 ICMP-응답 패킷도 동일한 방법으로 Switch0을 통해 PC0으로 전달된다.

시뮬레이션

시뮬레이터를 통해서 ARP 및 ICMP 전달 과정을 확인해보자. 그림 4-7과 같이 ❶ [시뮬레이션]을 눌러서 이벤트 목록창이 출력되도록 한 다음 ❷ 편지봉투 모양의 [Add Simple PDU]을 선택하여 ICMP 패킷 전송을 준비한다. ICMP 패킷 전송의 ❸ 송신 노드인 PC0과 ❹ 수신 노드 Laptop0을 클릭한다.

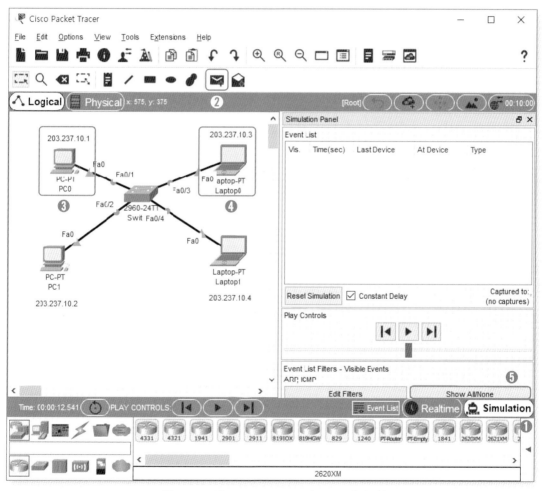

그림 4-7 PC0 → Laptop0으로의 ICMP 패킷 전송

그림 4-9와 같이 PC0에 ICMP, ARP 패킷을 나타내는 다른 색을 가진 봉투 2개가 나타나고 이벤트 목록창에 ICMP와 ARP라고 표시된 2개의 이벤트가 나타난다. 각 이벤트는 "Type"에 나타난 색과 같은 봉투의 패킷에 해당된다. 시뮬레이션을 시작하면 우리가 아직 알지 못하는 많

은 패킷들이 오가므로 관심 있는 ICMP와 ARP 패킷만 필터링하도록 그림 4-7에서 ❺ [Show All/None]을 선택한다. 그러면 모든 패킷이 선택 해제된 상태로 설정창이 나오므로, 그림 4-8과 같이 ARP와 ICMP만 선택하고 창을 닫는다.

이제 그림 4-9처럼 "Play Controls"의 시작 버튼을 누르면 편지봉투의 전달 과정이 동적으로 나타나며 해당 이벤트 정보가 이벤트 목록창에 나타난다. 우선 ICMP 봉투는 전송되지 못하고 (감추어진다) ARP 봉투만 움직이는 것을 볼 수 있을 것이다.

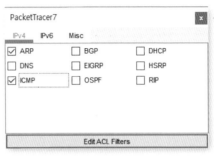

그림 4-8 패킷 필터 설정

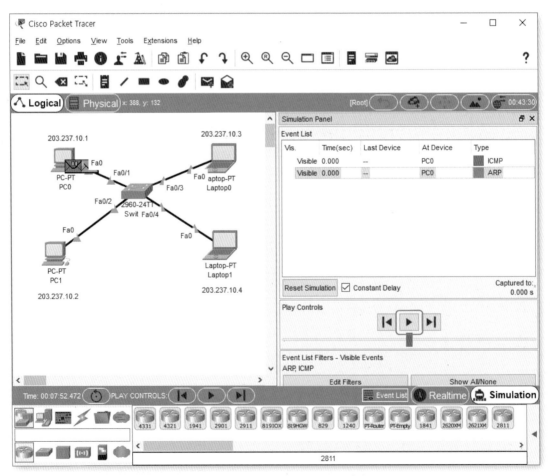

그림 4-9 ICMP 및 ARP 프로토콜 시작

그림 4-10은 PC0이 보낸 ARP-요청 패킷이 Switch0을 통해 Laptop0, Laptop1, PC1에 전달되었고, Laptop1과 PC1은 패킷의 목적지 IP 주소를 확인한 결과 자신은 해당사항이 없음을 확인하는 단계이다.

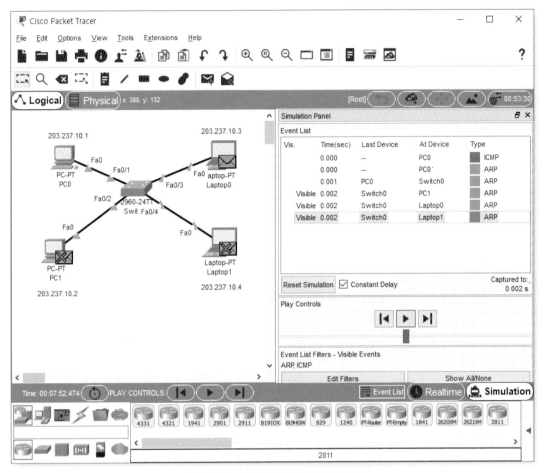

그림 4-10 ARP-요청 패킷의 전달 과정

그림 4-11은 Laptop0이 자신이 해당되는 것을 알고 목적지가 PC0인 ARP-응답 패킷에 자신의 MAC 주소를 담아 Switch0에게 응답하는 단계이다.

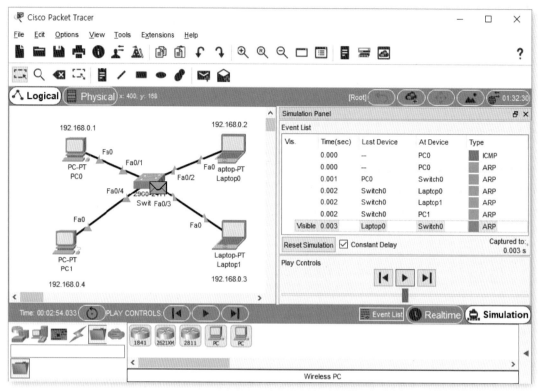

그림 4-11 Laptop0의 ARP-응답 패킷

그림 4-12는 PC0이 원래 보내고자 했던 ICMP-요청 패킷이 Laptop0으로 전달된 후, Laptop0이 응답한 ICMP-응답 패킷이 PC0에 도달 완료된 상태이다. 그 과정에서 ICMP-요청 패킷이 Switch0을 통해 '오직' Laptop0으로만 전달되고, ICMP-응답 패킷도 오직 PC0으로만 전달되는 것을 확인할 수 있을 것이다. 시뮬레이션 속도가 빨라 다 따라가지 못했다면 [Reset Simulation]을 눌러서 다시 실행시킬 수 있으니 이벤트 목록창에 있는 패킷을 좀 더 살펴본 후, 재실행해보기 바란다.

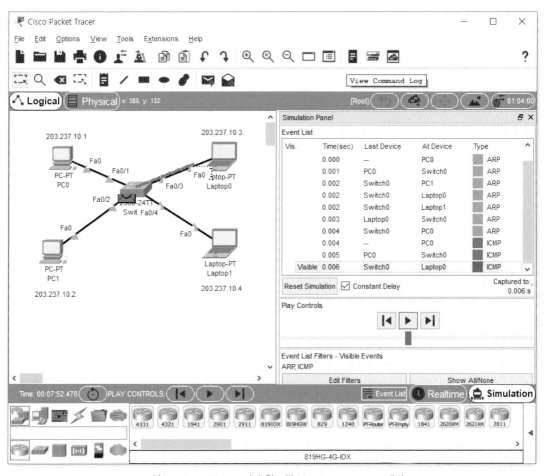

그림 4-12 PC0으로 전달 완료된 ICMP-response 패킷

ICMP 시뮬레이션까지 마친 후, 이벤트 목록을 보면 그림 4-13과 같이 13개의 이벤트가 저장
된 것을 볼 수 있다. 각 이벤트는 [At Device]에서 발생한 이벤트를 말하며 이것은 [Last De-
vice]로부터 온 것이다.

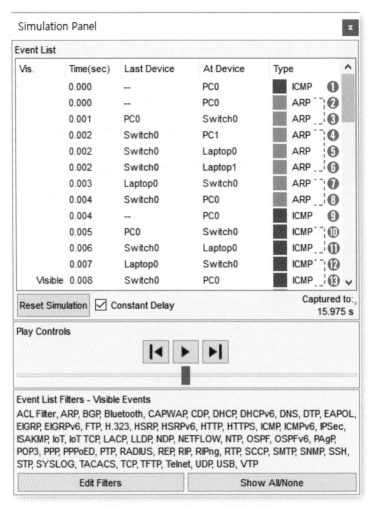

그림 4-13 ICMP와 ARP 이벤트 목록

각 이벤트에 대하여 앞에서 기술했던 ARP 동작 원리와 연결시켜 보면 표 4-2와 같이 정리할
수 있다.

표 4-2 이벤트별 동작

단계	이벤트	세부 동작
PC0 → Laptop0: ICMP-요청	1	PC0이 Laptop0(IP 주소 230.237.10.3)으로 ICMP 패킷을 전송 하려고 준비했지만 Laptop0의 MAC 주소를 모르기 때문에 전송 보류
PC0 → Switch0 → 모든 노드: ARP-요청	2	PC0이 IP 주소가 203.237.10.3인 노드의 MAC 주소를 요청하는 ARP-요청 패킷을 준비
	3	PC0이 ARP-요청 패킷을 Switch0으로 전송
	4	Switch0이 PC1로 ARP-요청 패킷 전달
	5	Switch0이 Laptop0으로 ARP-요청 패킷 전달
	6	Switch0이 Laptop1로 ARP-요청 패킷 전달
Laptop0 → Switch0 → PC0: ARP-응답	7	IP 주소가 203.237.10.3인 Laptop0이 자신의 MAC 주소를 담아 Switch0으로 ARP-응답 패킷을 전송 나머지 노드들은 자신의 IP 주소가 아니므로 수신한 ARP-요청 패킷 무시
	8	Switch0이 ARP-응답 패킷을 전달하면 PC0으로 전달
	9	PC0이 ARP-응답 패킷으로부터 Laptop0의 MAC 주소 획득
PC0 → Switch0 → Laptop0: ICMP-요청	10	PC0이 Laptop0의 MAC 주소를 가진 ICMP-request 패킷을 Switch0으로 송신
	11	Switch0이 ICMP-request 패킷을 Laptop0으로 전달
Laptop0 → Switch0 → PC0: ICMP-응답	12	Laptop0이 Switch0으로 ICMP-response 패킷 송신
	13	Switch0이 PC0으로 ICMP-response 패킷 전달

이벤트 목록에 나타난 패킷의 내용을 조금 더 살펴보면서, 어떤 정보가 오가는지 확인해보면 동작 과정이 명확하게 이해될 것이다. 이벤트 목록에서 1번 이벤트를 클릭한 후, 그림 4-14처럼 [Outbound PDU Details]를 클릭해서 PC0이 준비한 ICMP-request 패킷 내용을 살펴보자. 출발지 IP(SRC IP)와 목적지 IP(DST IP)에 각각 PC0과 Laptop0의 IP 주소가 설정된 것을 확인하자.

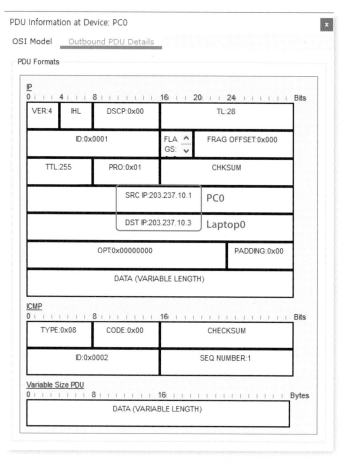

그림 4-14 패킷 1번의 구성

이번에는 Switch0이 Laptop0으로 보낸 5번 이벤트를 선택하여 [Inbound PDU Details]를 선택하면 그림 4-15와 같이 나타난다.[4] "PROTOCOL TYPE"과 "OPCODE" 값이 0x0800과 0x0001이라는 것은 이 패킷이 ARP 패킷으로서 MAC 주소를 요청하고 있음을 나타낸다. 출발지 MAC 주소(SOURCE MAC)와 IP 주소(SOURCE IP)에 PC0의 주소가 들어있다(표 4-1 참조). 요청 대상 IP 주소(TARGET IP)에는 Laptop0의 IP 주소가 들어 있고 요청 대상 MAC 주소(TARGET MAC)에는 0이 들어 있어 요청하는 값임을 나타낸다.

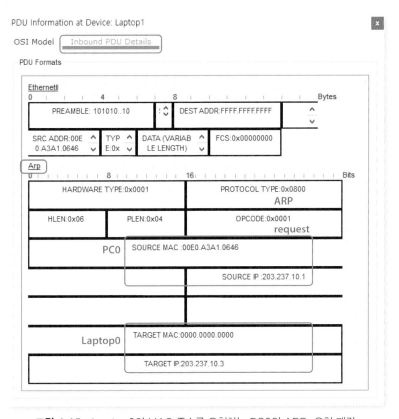

그림 4-15   Laptop0의 MAC 주소를 요청하는 PC0의 ARP-요청 패킷

---

[4] 이 패킷은 Switch0에서 받은 패킷을 나타낸다. Switch0은 이 패킷을 전달만 하므로, [Outbound PDU Details] 내용과 동일하다. 그러므로 그림 4-13의 이벤트 ❷~❻ 패킷은 모두 동일하다.

그림 4-16은 Laptop0이 Switch0으로 보낸 7번 이벤트 패킷이다. "PROTOCOL TYPE"과 "OP-CODE" 값이 0x0800과 0x0002라는 것은 이 패킷이 ARP 패킷으로서 MAC 주소를 응답하고 있음을 나타낸다. ARP-요청 패킷과 비교해보면 출발지와 대상 주소가 뒤바뀌어 있고, 출발지 MAC 주소(SOURCE MAC)에 0이 아니라 Laptop0의 MAC 주소가 채워져 있음을 확인할 수 있다.

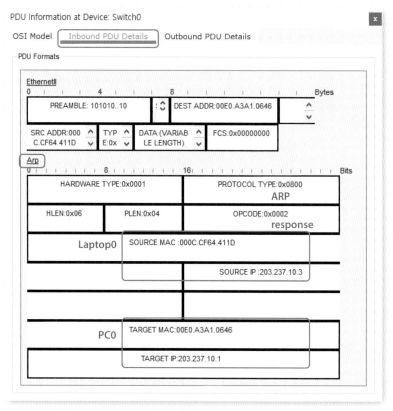

그림 4-16 MAC 주소를 응답하는 Laptop0의 ARP-응답 패킷

PC0과 Switch0이 Laptop0의 MAC 주소를 알아낸 다음 PC0이 보낼 9번 이벤트의 패킷을 열어보자. 그림 4-17처럼 출발지 주소(SRC ADDR)에는 PC0의 MAC 주소가 들어 있고 목적지 주소(DEST ADDR)에 Laptop0의 MAC 주소가 들어 있음을 확인할 수 있다.

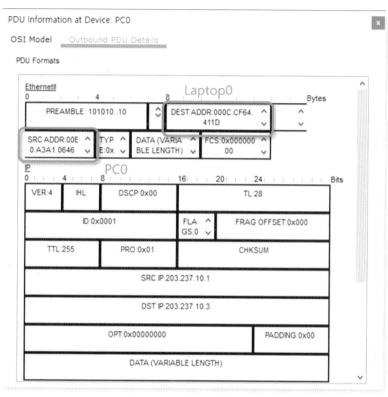

그림 4-17 PC0이 Laptop0으로 전송할 ICMP-요청 패킷

PC0이 Laptop0으로 요청하기 위해 Switch0으로 보낸 10번 이벤트의 ICMP-요청 패킷에도 그림 4-18과 같이 출발지와 목적지 주소에 PC0과 Laptop0의 MAC 주소가 들어 있음을 확인 할수 있다. 이 패킷은 물론 11번 이벤트의 패킷과 동일하다. 또한 Laptop0이 PC0으로 응답하기 위해 Switch0으로 보낸 12번 이벤트의 ICMP-응답 패킷도 그림 4-19와 같이 출발지와 목적지가 뒤바뀌어 들어 있음을 확인해 볼 수 있다. 이 패킷도 13번 이벤트의 패킷과 동일하다.

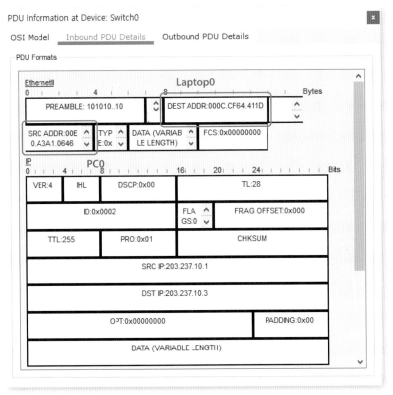

그림 4-18 PC0이 Switch0으로 전송한 ICMP-요청 패킷

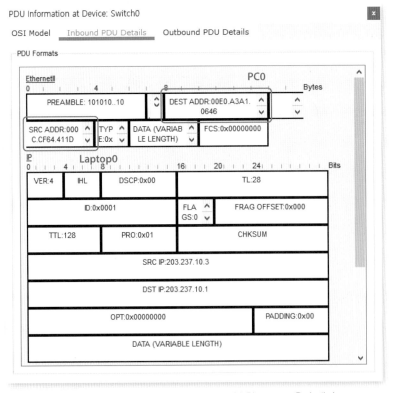

그림 4-19 Laptop0이 Switch0으로 전송한 ICMP-응답 패킷

VLAN(Virtual LAN)의 필요성과 개념

ARP를 이용한 MAC 주소 테이블의 유지 방법에 대해 2가지 측면을 생각해 볼 필요가 있다. 첫째, 실제 ARP 프로토콜은 보통 매우 짧은 시간 간격으로 반복적으로 실행되기 때문에 노드들이 많은 네트워크에서는 많은 통신량으로 부하가 가중된다. 특히 스위치가 모든 노드에게 브로드캐스트하는[5] ARP-요청 패킷의 경우가 문제될 수 있을 것이다.

둘째, 보안상의 문제도 발생한다. 앞의 예에서(그림 4-10) PC1과 Laptop1은 Switch0이 전달한 ARP-요청에 대해 응답하지 않는다고 하였다. 패킷에 포함된 요청 대상 IP 주소와 자신의 IP 주소가 다르기 때문이다. 그런데 만약 악의적인 공격자가 Laptop1에서 Laptop0의 IP에 Laptop1 MAC 주소를 실어 ARP-응답 패킷을 보낸다면, 테이블이 갱신되기 전까지 Laptop0으로 가는 모든 패킷이 공격자인 Laptop1에게 전달될 것이다.[6]

이 두 가지 문제를 완화할 수 있는 방법이 가상의 LAN을 이용하는 것이다. MAC 주소를 통한 라우팅은 동일한 네트워크(LAN) 내에서 스위치를 통해서만 일어난다. 즉, 라우터를 통해 외부 네트워크로의 통신에는 사용되지 않는다. 따라서 ARP 패킷도 하나의 네트워크 내에서만 송수신된다. 이러한 개념을 바탕으로, 물리적으로 하나인 LAN을 논리적으로 여러 개의 가상의 LAN(VLAN: Virtual LAN)으로 분리하여 관리하는 것이 VLAN이다. VLAN은 내부망을 분리하는 데에도 사용하지만 외부망으로부터 내부망을 보호하는 방화벽에서도 사용된다(5장 참조).

VLAN 설정

우선 Switch0의 관리자 모드에서 "show vlan"을 입력하여 현재 상태를 확인해보자. 그림 4-20과 같이 기본적으로 VLAN id 1, 1002~1005가 존재한다. 1002~1005번 VLAN은 FDDI, 토큰 링 등을 위해 고정으로 할당되어 있고, 기본적으로 모든 포트들은 type이 enet(Ethernet)인 VLAN 1에 속해있다. 새로운 VLAN은 2~1001번에 할당할 수 있다.

---

[5] 모든 인터페이스로 패킷을 무조건 전달하는 방식으로서 플러딩(flooding)이라고 한다.
[6] 이러한 공격 방법을 ARP 스푸핑(ARP spoofing) 혹은 ARP 캐시 포이즈닝(ARP Cache Poisoning)이라고 한다.

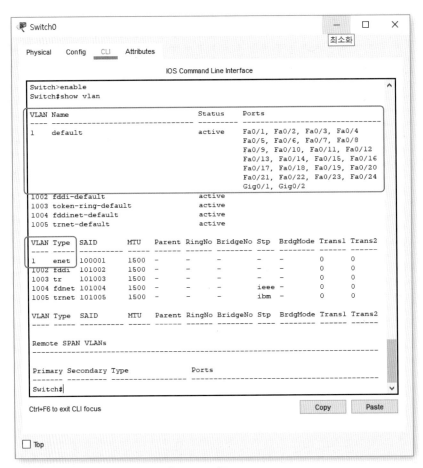

그림 4-20 디폴트 VLAN

그림 4-21에서 보는 바와 같이 PC0과 PC1은 2번 VLAN에 할당하고 Laptop0과 Laptop1은 3번 VLAN에 할당해보자. VLAN에는 이름을 설정할 수 있으므로 각각 VLAN_2, VLAN_3으로 설정한다.

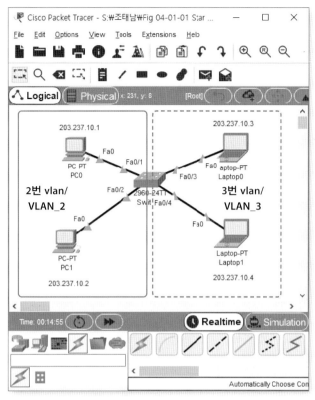

그림 4-21 새로 설정될 VLAN들

우선 스위치에 VLAN부터 생성해야 한다. 표 4-3은 Switch0에서 2번 VLAN을 생성하는 단계이다.

표 4-3 Switch0의 2번 VLAN 생성

단계	기능	명령어
1	관리자 모드로 진입	**Switch>** enable
2	글로벌 모드 진입	**Switch#** config terminal
3	VLAN 모드 진입	**Switch(config)#** vlan 2
4	VLAN의 이름 설정	**Switch(config-vlan)#** name VLAN_2
5	VLAN 모드 종료	**Switch(config-vlan)#** exit (혹은 ctrl-Z)
6	글로벌 모드 종료	**Switch(config)#** exit (혹은 ctrl-Z)
7	관리자 모드 종료	**Switch#** exit (혹은 ctrl-Z)

그림 4-22와 같이 동일한 방법으로 3번 VLAN을 생성한 다음 "show vlan"으로 생성된 VLAN을 확인해보면, 2번과 3번 VLAN이 Ethernet 타입으로 잘 생성되어 있고 활성화되어 있으나 포트는 지정되지 않았음을 알 수 있다.

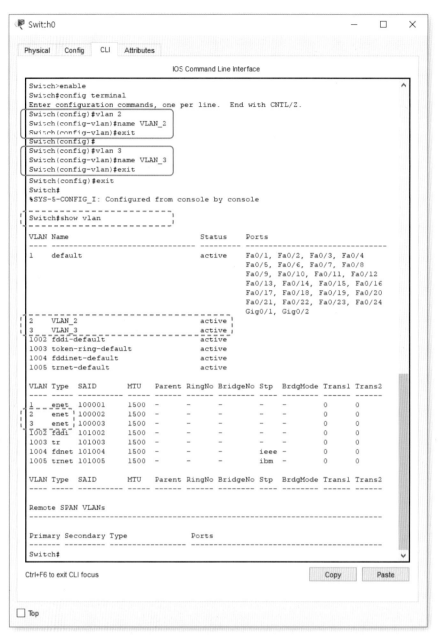

그림 4-22 생성된 2번과 3번 VLAN 상태

각 VLAN에 속한 포트는 각 포트의 인터페이스 모드에서 지정해주어야 한다. 표 4-4는 FastEthernet0/1을 2번 VLAN에 할당하는 단계를 나타낸다. 4번 단계는 해당 포트에 대한 사용 모드(mode)를 설정하는 것인데 "access"라는 옵션을 사용하면 VLAN 전용으로 사용한다는 의미이다.[7] 그런 다음 5번 단계에서 어느 VLAN에 속하게 할 것인지 번호를 설정한다.

---

[7] 다음 절에서 "트렁크(trunk)"라는 옵션 사용 예를 보게 될 것이다.

표 4-4 Switch0의 FastEthernet0/1을 2번 VLAN에 할당

단계	기능	명령어
1	관리자 모드로 진입	**Switch>** enable
2	글로벌 모드 진입	**Switch#** config terminal
3	인터페이스 모드 진입	**Switch(config)#** interface fa0/1
4	해당 포트를 VLAN 전용으로 사용함을 선언	**Switch(config-if)#** switchport mode access
5	해당 포트가 속한 VLAN 번호 설정	**Switch(config-if)#** switchport access vlan 2
6	VLAN 설정 모드 종료	**Switch(config-if)#** exit (혹은 ctrl-Z)
7	스위치 설정 모드 종료	**Switch(config)#** exit (혹은 ctrl-Z)
8	관리자 모드 종료	**Switch#** exit (혹은 ctrl-Z)

그림 4-23과 같이 나머지 포트들도 동일한 방법으로 설정하면 된다.

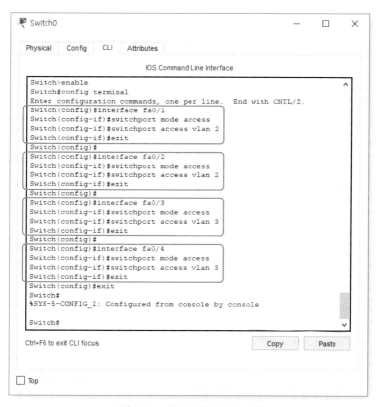

그림 4-23 각 포트의 VLAN 설정

그림 4-24처럼 다시 한 번 "show vlan"으로 할당된 인터페이스를 확인해보면, VLAN_2에는 FastEthernet0/1과 FastEthernet0/2가 할당되어 있고, VLAN_3에는 FastEthernet0/3과 FastEthernet0/4가 할당되어 있음을 알 수 있다.

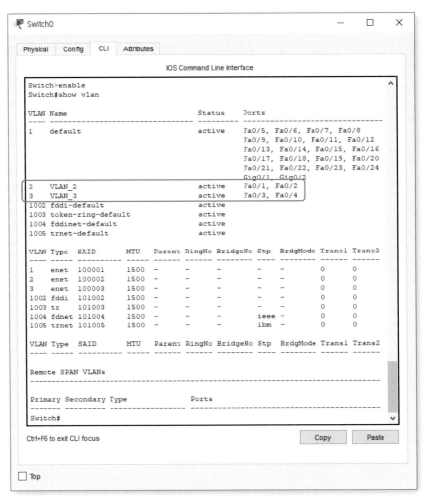

그림 4-24 각 포트의 VLAN 설정 상태

이제 VLAN 설정이 완료되었으니 VLAN 내부에서의 통신과 VLAN 간 통신을 확인해볼 차례이다. PC0에서 동일한 VLAN_2에 속한 PC1에 ping을 적용해보고, VLAN_3에 속한 Laptop0으로도 ping을 적용해보자. 예상한 대로 그림 4-25와 같이 Laptop0으로의 ping은 바로 응답을 받지만 PC1로의 ping은 응답시간 초과로 통신이 불가능한 것을 볼 수 있다.

그림 4-25 ping으로 VLAN 내외 통신 확인

04 트렁크

이번에는 PC2와 Laptop2가 연결된 Switch1을 추가해서 그림 4-26처럼 네트워크를 확장해보자. 하나의 스위치에 연결된 노드들은 하나의 LAN으로 동일한 대역대의 IP를 사용해야 한다. 그런데 VLAN은 가상의 LAN이기 때문에 다른 대역대의 IP를 사용할 수 있으므로, VLAN마다 다른 대역대의 IP를 사용해보자. VLAN_2는 203.237.20.nnn을 사용하고 VLAN_3은 203.237.30.nnn을 사용하자. 새로 추가된 Switch1의 모든 포트는 디폴트로 1번 VLAN에 속해 있지만, IP 주소의 대역대가 달라 스위치를 통해서는 통신이 불가능하다. 그림 4-27처럼 이제 PC2는 VLAN_2에 속하고 Laptop2는 VLAN_3에 속하도록 Switch1의 VLAN을 설정하자.

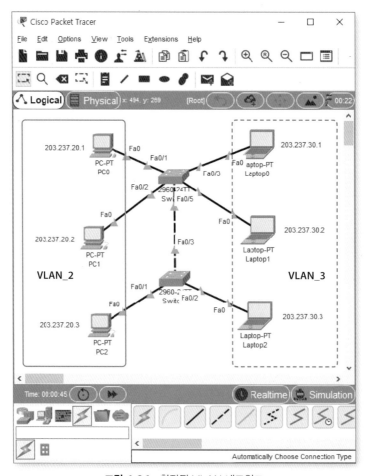

그림 4-26 확장된 VLAN 네트워크

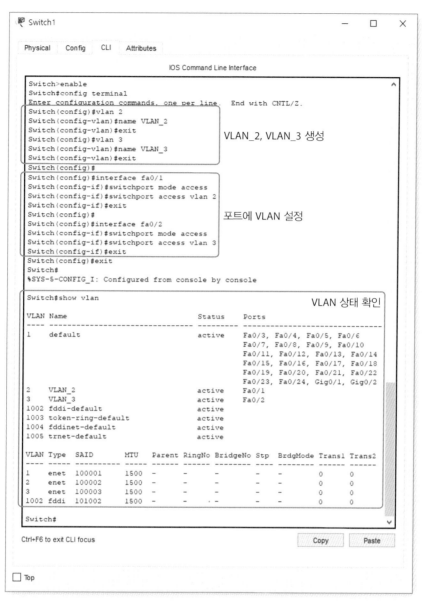

그림 4-27 Switch1의 VLAN 설정

새로운 Switch1의 VLAN 설정을 마쳤으니, 다시 동일 VLAN끼리의 통신을 시도해보자. 예상대로라면 서로 소속된 VLAN이 달라진 PC2 ↔ Laptop2는 통신이 불가능하고, 소속된 VLAN이 동일한 PC0 ↔ PC2, Laptop1 ↔ Laptop2 등의 통신이 가능해야 하지만 결과는 그렇지 않을 것이다. 동일한 VLAN에 속한 노드끼리도 통신이 불가능한 이유는 무엇일까? Switch0과 Switch1이 연결된 Switch0의 FastEthernet0/5와 Switch1의 FastEthernet0/3이 디폴트 VLAN인 1번에 속해 있기 때문에 상대 스위치로 전달되지 않는다. 해결방법은 간단하다. 그림 4-28처럼 Switch0의 FastEthernet0/6과 Switch1의 FastEthernet0/4를 하나 더 연결한 후, 그림 4-29와 그

림 4-30처럼 기존의 포트를 VLAN_2 전용으로 사용하고 새로 추가한 포트를 VLAN_3 전용
포트로 사용하면 된다.

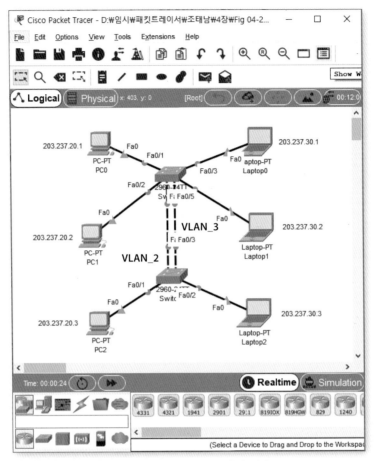

그림 4-28 새로운 포트를 추가 연결

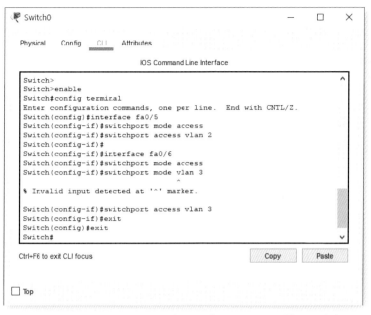

그림 4-29 Switch0의 fa0/5와 fa0/6을 VLAN 2, 3 전용으로 설정

```
Switch0                                           —    □    ×

Physical    Config    CLI    Attributes

                  IOS Command Line Interface

Switch>
Switch>enable
Switch#config terminal
Enter configuration commands, one per line.  End with CNTL/Z.
Switch(config)#interface fa0/5
Switch(config-if)#switchport mode access
Switch(config-if)#switchport access vlan 2
Switch(config-if)#
Switch(config-if)#interface fa0/6
Switch(config-if)#switchport mode access
Switch(config-if)#switchport mode vlan 3
                                   ^
% Invalid input detected at '^' marker.

Switch(config-if)#switchport access vlan 3
Switch(config-if)#exit
Switch(config)#exit
Switch#

Ctrl+F6 to exit CLI focus                    Copy        Paste

☐ Top
```

```
Switch1                                           —    □    ×

Physical    Config    CLI    Attributes

                  IOS Command Line Interface

Switch>
Switch>enable
Switch#config terminal
Enter configuration commands, one per line.  End with CNTL/Z.
Switch(config)#interface fa0/3
Switch(config-if)#switchport mode access
Switch(config-if)#switchport access vlan 2
Switch(config-if)#
Switch(config-if)#interface fa0/4
Switch(config-if)#switchport mode access
Switch(config-if)#switchport access vlan 3
Switch(config-if)#exit
Switch(config)#exit
Switch#

Ctrl+F6 to exit CLI focus                    Copy        Paste

☐ Top
```

그림 4-30 Switch1의 fa0/3과 fa0/4를 VLAN 2, 3 전용으로 설정

그림 4-31과 그림 4-32와 같이 Switch0과 Switch1의 포트에 설정된 VLAN 값을 확인해보자.

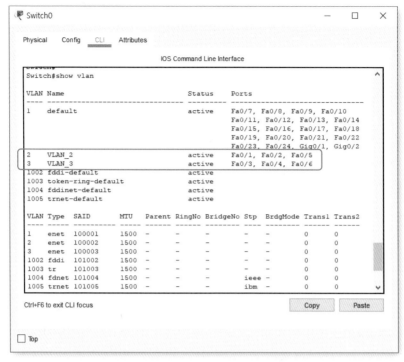

그림 4-31 Switch0 포트의 VLAN 상태 확인

그림 4-32 Switch1 포트의 VLAN 상태 확인

VLAN 값 설정이 잘 되었다면, 그림 4-33과 그림 4-34와 같이 PC0 → PC2와 Laptop2 → Laptop0으로 ping을 수행하여 통신이 가능한지 확인해보자.

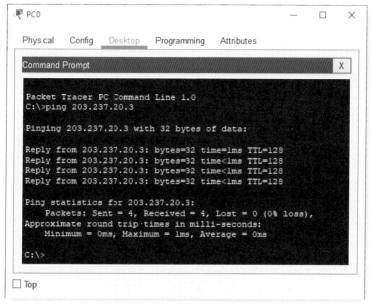

그림 4-33   PC0 → PC2로의 통신 확인

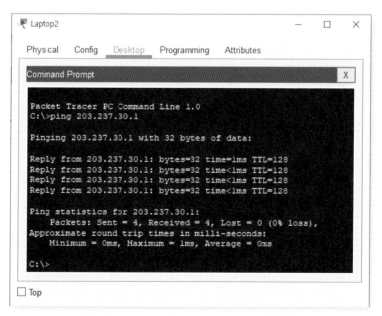

그림 4-34   Laptop2 → Laptop0으로의 통신 확인

바람직하게 해결된 것처럼 보인다. 그런데 디폴트 VLAN 1번 외에 추가할 수 있는 VLAN의 개수는 1000개나 된다. 이 방법을 사용하려면 VLAN이 하나 추가될 때마다 포트를 하나씩 더

할당하여 별도의 회선으로 연결해야 한다. 심지어 스위치가 한 개가 아니라 여러 개로 구성된 네트워크라면 어떠한가? 무언가 다른 해결책이 필요해 보인다. 이 절에서 소개할 트렁크가 바로 그 해결책이다.

인터페이스를 트렁크로 설정하면 모든 VLAN으로의 패킷을 통과시킨다. 새로 추가한 회선을 삭제하고 그림 4-26에서 Switch0과 Switch1과의 회선을 트렁크 모드로 설정한다. 그림 4-35는 Switch0의 FastEthernet0/5를 트렁크로 설정하고 상태를 확인하는 과정이다. 설정 방법은 인터페이스 모드에서 "switchport mode access" 대신 "switchport mode trunk"라고 설정하면 된다.[8] 관리자 모드에서 "show interface trunk"를 입력하여 설정된 트렁크 상태를 보면, FastEthernet0/5가 트렁크 동작(trunking) 상태이고 이 포트에 1, 2, 3번 VLAN이 허용된다는 것을 알 수 있다. Switch1의 FastEthernet0/3도 트렁크로 설정하기 바란다.

그림 4-35 Switch0에서의 트렁크 모드 설정 및 상태 보기

---

[8] 만약 설정한 값을 해제하고 싶으면 설정 명령어 앞에 "no"만 덧붙이면 된다. 예를 들어, 이미 설정한 "switchport mode access"를 해제하고 싶으면 "no switchport mode access"라고 입력하면 된다.

Switch1의 트렁크 설정을 마쳤으면 동일한 VLAN에 속한 노드 간의 통신은 가능하고, 서로 다른 VLAN에 속한 노드 간의 통신은 불가능한지 테스트해보아야 할 것이다. 그림 4-36에서와 같이 PC2와 동일한 VLAN에 속한 노드로의 PC2 → PC0은 통신이 가능하고, 다른 VLAN에 속한 노드로의 PC2 → Laptop0 통신은 불가능함을 볼 수 있다. 또한 같은 스위치에 연결되어 있으나 다른 VLAN에 속한 노드로의 PC2 → Laptop2도 통신이 불가능한 것을 확인할 수 있다. 나머지 테스트는 스스로 해보길 바란다.

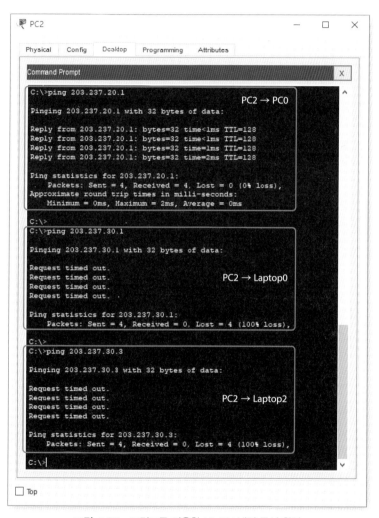

그림 4-36 트렁크를 이용한 VLAN 내외 통신 확인

inter-VLAN

VLAN은 가상의 LAN이다. VLAN으로 나누는 것은 관리의 편리성을 위한 것이지, 다른 VLAN과의 통신이 절대 불가능하도록 하려는 것이 아니다. 그렇게 된다면 다른 VLAN 간의 메일을 주고 받는 일도 불가능해질 것이다. 물리적인 LAN 간의 통신도 가능하지 않은가! 그렇다면 어떻게 통신을 가능하게 할 것인가? LAN 간의 통신을 위해서는 라우터가 필요하므로 VLAN 간의 게이트웨이 역할을 하는 라우터를 추가하면 될 것이다.

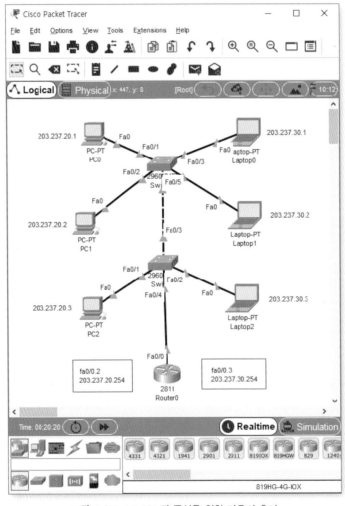

그림 4-37   VLAN 간 통신을 위한 라우터 추가

그림 4-37처럼 2811 모델의 라우터를 추가하여 FastEthernet0/0을 Switch1의 FastEthernet0/4와 연결하자. 게이트웨이의 IP 주소는 연결된 LAN의 노드들과 동일한 대역대를 사용해야 하므로, Router0의 FastEthernet0/0은 VLAN_2를 위해 IP(예: 203.237.20.254)를 가져야 하고, VLAN_3을 위해서도 IP(예: 203.237.30.254)를 가져야 한다. 한 인터페이스에 2개의 IP 주소를 할당할 수 없으므로 라우터의 FastEthernet0/0이 VLAN_2와 VLAN_3의 게이트웨이가 동시에 될 수 없다.

물론 Switch1의 FastEthernet0/5와 Router0의 FastEthernet0/2를 추가로 연결하여 각각 VLAN의 게이트웨이로 사용할 수 있다. 그러나 트렁크에서도 기술했듯이 VLAN 수가 늘어날 때마다 회선을 늘리는 것은 바람직하지 않다. 하나의 인터페이스에 2개의 가상의 서브 인터페이스 (sub-interface)를 설정하여 각각에 VLAN_2와 VLAN_3의 게이트웨이 IP 주소를 해결할 수 있다.[9] 설정 단계는 표 4-5와 같다.

표 4-5 VLAN 간 통신을 위한 설정 단계

단계	세부 단계	명령어
1. 라우터 Router0 추가	• 라우터 2811 추가 • Switch1과 연결	Rounter0의 fa0/0과 Switch1의 fa0/4을 연결
2. Router0 인터페이스 설정	• fa0/0 활성화	**Router (config)#** interface fa0/0 **Router (config-if)#** no shutdown
	• 서브 인터페이스 fa0/0.2 생성	**Router (config)#** interface fa0/0.2
	• fa0/0.2에 2번 VLAN 연결	**Router (config-subif)#** encapsulation dot1Q 2
	• fa0/0.2에 IP 주소 할당	**Router (config-subif)#** ip address 203.237.20.254 255.255.255.0
	• 서브 인터페이스 fa0/0.3 생성	**Router (config-subif)#** interface fa0/0.3
	• fa0/0.3에 3번 VLAN 연결	**Router (config-subif)#** encapsulation dot1Q 3
	• fa0/0.3에 IP 주소 할당	**Router (config-subif)#** ip address 203.237.30.254 255.255.255.0
3. Switch1 인터페이스 설정	• fa0/4를 trunk 모드로 설정	**Switch (config)#** interface fa0/4 **Switch (config-if)#** switchport mode trunk
4. 게이트웨이 설정	• PC0, PC1, PC2의 게이트웨이 주소 할당	203.237.20.254
	• Laptop0, Laptop1, Laptop2의 게이트웨이 주소 할당	203.237.30.254
5. VLAN 간 통신 확인	• PC0 → Laptop2	ping 203.237.30.3
	• Laptop1 → PC2	ping 203.237.20.2

---

[9] 라우터에서는 "trunk" 명령어를 지원하지 않기 때문에 서브 인터페이스를 이용해야 한다.

주의할 점은 라우터에 서브 인터페이스를 설정하기 위해서는 먼저 서브 인터페이스를 만들 인터페이스인 fa0/0을 활성화해야 한다. VLAN_2와 VLAN_3을 위한 서브 인터페이스이므로, 편의상 각각 fa0/0.2 fa0/0.3으로 생성하였다. fa0/0.2를 VLAN_3을 연결시키기 위해서는 "encapsulation dot1Q 2"라는 명령어를 사용한다.[10] 마지막의 2는 연결시킬 VLAN의 번호여야 한다. 그러므로 fa0/0.3에는 반드시 "encapsulation dot1Q 3"이라고 설정해야 한다. 이제 각 서브 인터페이스에 연결될 VLAN의 게이트웨이가 될 IP 주소를 할당하면 라우터의 설정은 끝난다. 그림 4-38에 Router0에 대한 설정 단계가 잘 나타나 있다. 그림 4-39에는 설정이 완료된 후의 인터페이스 상태를 보여주는데, 각 서브 인터페이스에 IP 주소가 할당되어 있고 활성화되어 있음을 확인할 수 있다.[11]

그림 4-38 Router0의 서브 인터페이스 설정

---

[10] 사실상 이 명령어는 2번 VLAN과 연결시킨다기 보다는 VLAN 패킷을 어떤 포맷으로 캡슐화 할 것인지를 지정하는 것이다. 이 경우는 802.1Q 표준을 사용한다는 의미이다.
[11] 서브 인터페이스는 별도로 활성화하지 않아도 된다.

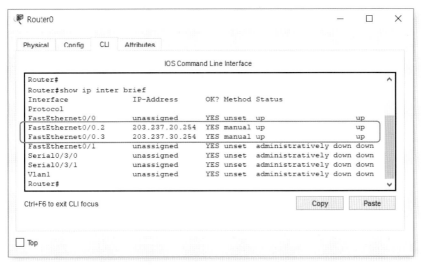

그림 4-39 Router0의 서브 인터페이스 상태

Switch1에서는 Router0을 통해 VLAN_2와 VLAN_3도 통신해야 하므로 fa0/4를 트렁크 모드로 설정해야 한다. 그림 4-40에 설정 과정이 나타나있다.

그림 4-40 Switch1 fa0/4를 트렁크 모드로 설정

마지막으로 각 VLAN에 속한 노드들의 게이트웨이 주소를 Router0의 서브 인터페이스 IP 주소로 설정해야 한다. 즉, VLAN_2에 속한 PC0, PC1, PC2는 Router0의 fa0/0.2의 주소인

203.237.20.254로 설정하고(그림 4-41), VLAN_3에 속한 Laptop0, Laptop1, Laptop2는 Router0의 fa0/0.3의 주소인 203.237.30.254로 설정한다(그림 4-42).

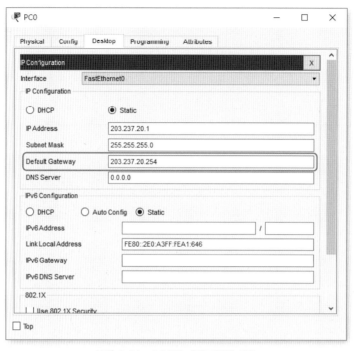

그림 4-41 PC0의 게이트웨이 설정

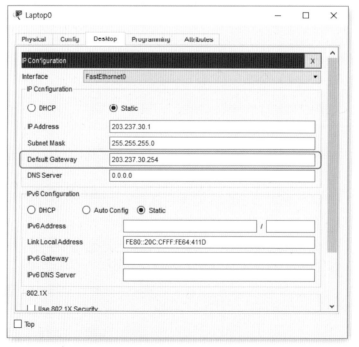

그림 4-42 Laptop0의 게이트웨이 설정

설정이 올바르게 완료되었다면 모든 노드들이 서로 통신할 수 있을 것이다. 그림 4-43은 Switch0의 VLAN_2에 속한 PC0이 다른 Switch1의 VLAN_3에 속한 Laptop2로의 통신을 확인한 결과로서, 문제없이 잘 통신되고 있음을 알 수 있다. 그림 4-44는 역으로 Switch1의 VLAN_3에 속한 Laptop1이 다른 Switch0의 VLAN_2에 속한 PC1으로의 통신을 확인한 결과로서, 역시 문제없이 잘 통신되고 있음을 알 수 있다. 동일 VLAN에 속한 경우를 포함하여 다른 경우에 대해서도 직접 테스트해보기 바란다.

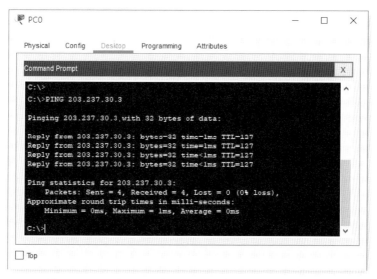

그림 4-43 PC0(VLAN_2) → Laptop2(VLAN_3)로의 통신 확인

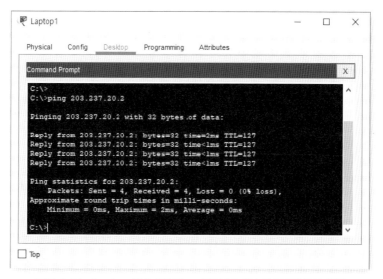

그림 4-44 Laptop1(VLAN_3) → PC1(VLAN_2)으로의 통신 확인

주요 명령어 요약

이 절에서는 4장에서 추가로 소개된 명령어와 기타 유용한 명령어들을 요약한다.

설정 및 생성 명령어

표 4-6 라우터 및 스위치 설정에 관련된 명령어

명령어	동작 모드	기능
vlan [VLAN 번호]	글로벌	스위치의 VLAN 설정 모드로 진입
name [VLAN 이름]	VLAN	스위치의 해당 VLAN의 이름 설정
switchport **m**ode **a**ccess	인터페이스	스위치의 해당 포트를 VLAN 전용으로 설정
switchport **m**ode **t**runk	인터페이스	스위치의 해당 포트를 트렁크 전용으로 설정
switchport **a**ccess **vl**an [VLAN 번호]	인터페이스	스위치의 VLAN 전용 포트에 허용할 VLAN 설정
interface [인터페이스 번호].[서브 인터페이스 번호]	인터페이스	라우터의 서브인터페이스 생성 및 설정 모드로 진입
encapsulation **d**ot1Q [VLAN 번호]	인터페이스	라우터의 해당 인터페이스에 허용할 VLAN(캡슐화 방식) 설정

상태 보기 명령어

표 4-7 VLAN 상태와 설정값 출력에 관련된 명령어

명령어	동작 모드	기능
show **vl**an	사용자/관리자	스위치의 할당된 VLAN의 정보 출력
show **in**terface **t**runk	사용자/관리자	스위치의 인터페이스들에 설정된 트렁크 정보 출력

기타 유용한 명령어

기타 유용한 명령어로는 스위치가 유지하는 MAC 주소 테이블을 초기화하는 명령어 "clear mac address-table dynamic"가 있다. 그 외에는 표 4-8과 같이 라우터와 동일하니 3장을 참고하기 바란다.

표 4-8 기타 유용한 명령어

명령어	동작 모드	기능
clear mac address-table dynamic	관리자	MAC 주소 테이블 초기화(지우기)
hostname [노드 이름]	글로벌	이름 설정
banner motd [구분자] [메시지] [구분자]	글로벌	접속 시 출력 메시지 설정 [구분자] 사이에 나오는 문장으로 설정
show clock	사용자/관리자	현재 시간 출력
clock set [시:분:초 일 월 연]	관리자	현재 시간 설정
password [패스워드] enable password [패스워드] enable secret [패스워드]	라인/글로벌	사용자 및 관리자 로그인 패스워드 설정

연/습/문/제

01 스위치가 패킷을 전달하기 위해 유지하는 정보는 무엇인가?

    ❶ MAC 주소 테이블   ❷ 라우팅 테이블   ❸ IP 주소 테이블   ❹ ACL

02 스위치는 OSI의 몇 계층 장비인가?

    ❶ 1계층   ❷ 2계층   ❸ 3계층   ❹ 4계층

03 스위치와 관계없는 항목을 고르시오.

    ❶ 패킷 전달   ❷ 포트   ❸ MAC 캐시 테이블   ❹ 논리적 주소

04 MAC 주소 테이블에 관한 설명이 아닌 것은 무엇인가?

    ❶ 스위치에서 사용한다.   ❷ 물리적 주소를 저장한다.

    ❸ 관리자가 입력하고 정적으로 유지된다.   ❹ MAC 캐시 테이블이라고도 한다.

05 스위치가 연결된 노드들의 주소를 알아내는 데 사용되는 프로토콜은 무엇인가?

    ❶ ICMP   ❷ ping   ❸ ARP   ❹ ssh

06 VLAN에 대한 설명으로 옳지 않은 것은 무엇인가?

    ❶ 가상의 LAN이다.

    ❷ 서로 다른 VLAN에 속한 노드들은 통신이 불가능하다.

    ❸ 브로드캐스트 패킷은 하나의 VLAN에만 전달된다.

    ❹ 디폴트로 1번 VLAN에 속한다.

07 VLAN에 대한 설명으로 올바른 것은 무엇인가?

❶ 같은 대역대에 속한 서로 다른 VLAN은 서브넷 마스크를 이용하여 구분해야 한다.

❷ VLAN은 1번부터 1005번까지 관리자가 설정할 수 있다.

❸ 서로 다른 VLAN은 다른 클래스의 주소를 가져야 한다.

❹ 서로 다른 VLAN 간의 통신은 라우터에 연결되어야 한다.

08 스위치의 한 포트에 여러 VLAN을 허용하는 설정 모드는 무엇인가?

❶ terminal   ❷ access   ❸ vlan   ❹ trunk

09 스위치의 인터페이스에 VLAN을 설정하기 위해 사용하는 캡슐화 표준은 무엇인가?

❶ 802.1Q   ❷ 802.11   ❸ TCP/IP   ❹ IPSEC

단답형 문제

01 스위치가 패킷을 전달하기 위해 (   )을 유지한다.

02 스위치는 연결된 노드의 (   )에 따라 패킷을 전달한다.

03 스위치가 연결된 노드의 주소를 인식하는 데 수행되는 프로토콜은 (   )이다.

04 브로드캐스트되는 패킷의 통신량의 감소와 보안상의 이유로 구성하는 가상의 랜을 (   ) 이라고 한다.

05 MAC 주소를 위장하여 스위치의 MAC 주소 테이블을 오염시키는 공격을 (   ) 혹은 (   )이라고 한다.

06 스위치의 MAC 주소 테이블을 확인하는 명령어를 쓰시오.

07 스위치에 설정된 VLAN을 확인하는 명령어를 쓰시오.

08 스위치의 인터페이스에 설정된 트렁크를 확인하는 명령어를 쓰시오.

09 스위치의 FastEthernet0/3 포트를 10번 VLAN 전용으로 설정하는 명령어를 쓰시오.

10 스위치의 FastEthernet0/3 포트에 모든 VLAN을 허용하는 명령어를 쓰시오.

11 라우터의 FastEthernet0/3 인터페이스를 VLAN 10번 전용으로 설정하는 명령어를 쓰시오.

실습 문제

※ 아래 그림과 같이 서브넷팅을 이용한 VLAN을 구성하고, 라우터를 이용하여 VLAN 간 통신이 가능한 네트워크를 구성하고자 한다. 다음 표를 참조하여 (1)~(8)까지 단계별로 구축하고 확인하시오.

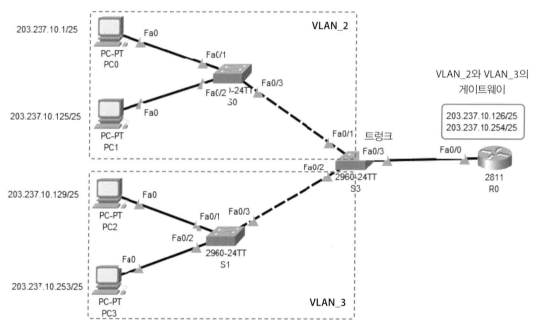

노드 이름	노드 종류	IP 주소	기타
PC0	PC-PT	203.237.10.1/25	2번 VLAN
PC1	PC-PT	203.237.10.125/25	
PC2	PC-PT	203.237.10.129/25	3번 VLAN
PC3	PC-PT	203.237.10.253/25	
S0	스위치 2960-24TT		2번 VLAN (VLAN_2)
S1	스위치 2960-24TT		3번 VLAN (VLAN_3)
S2	스위치 2960-24TT		fa0/1 : 2번 VLAN (VLAN_2) fa0/2 : 3번 VLAN (VLAN_3) fa0/3 : 트렁크
R0	라우터 2811	203.237.10.126/25	fa0/0.2 서브 인터페이스, 2번 VLAN
		203.237.10.254/25	fa0/0.3 서브 인터페이스, 3번 VLAN

01 위의 표를 참조하여 노드들을 연결하고 PC0~PC3의 IP 주소, 서브넷 마스크와 게이트웨이를 설정하시오.

노드	IP 주소	서브넷 마스크	게이트웨이
PC0			
PC1			
PC2			
PC3			

02 S0에서 다음과 같이 설정하시오.

> VLAN 2번을 생성하고 각각 이름을 VLAN_2로 설정
>
>
>
> PC0, PC1, S2가 연결된 포트(fa0/1, fa0/2, fa0/3)에 VLAN 2를 허용
>
>
>
>
>
> VLAN 상태 확인

03 S1에서 다음과 같이 설정하시오.

VLAN 3번을 생성하고 각각 이름을 VLAN_3으로 설정

PC2, PC3, S2가 연결된 포트(fa0/1, fa0/2, fa0/3)에 VLAN 3을 허용

VLAN 상태 확인

04 S2에서 다음과 같이 설정하시오.

VLAN 2번과 3번을 생성하고 각각 이름을 VLAN_2, VLAN_3으로 설정

Switch0과 Switch1이 연결된 포트(fa0/1, fa0/2)에 VLAN 2번과 3번을 설정

Router0이 연결된 포트(fa0/3)를 트렁크로 설정

VLAN과 트렁크의 상태를 확인

05 라우터를 다음과 같이 설정하시오.

- Multilayer Switch0이 연결된 인터페이스(fa0/0)에 2개의 서브 인터페이스(fa0/0.2, fa0/0.3)를 생성

- 각 서브인터페이스에 VLAN_2와 VLAN_3을 위한 게이트웨이 IP 주소 할당

- 각 서브인터페이스에 VLAN_2와 VLAN_3을 연결

- 인터페이스 VLAN 상태 확인

06 VLAN 내부 통신 PC0 → PC1, PC2 → PC3을 확인하고, VLAN 간 통신 PC1 → PC3을 확인하시오.

07 시뮬레이션 이벤트 창에서 ICMP 패킷만 필터링하도록 설정한 후, PC0에서 "ping 203.237.10.0"을 입력하여 다음을 확인하시오.

- 시뮬레이션 창에서 ICMP 요구와 응답 패킷의 전달 경로

- PC0의 명령어 창에 나타나는 응답 메시지를 통하여 어느 노드가 응답했는지 확인

- 나머지 노드들이 응답하지 않는 이유를 설명

08 시뮬레이션 이벤트 창에서 ICMP 패킷만 필터링하도록 설정한 후, PC2에서 "ping 203.237.10.0"을 입력하여 다음을 확인하시오.

- 시뮬레이션 창에서 ICMP 요구와 응답 패킷의 전달 경로
- PC2의 명령어 창에 나타나는 응답 메시지를 통하여 어느 노드가 응답했는지 확인
- 나머지 노드들이 응답하지 않는 이유를 설명하고 (7)의 결과와 비교

방화벽(Firewall)과 보안(Security)

학습 목차

학습 목표

01. 방화벽과 보안의 필요성을 이해한다.
02. 방화벽의 정적 라우팅, NAT, ACL을 설정할 수 있다.
03. 스위치와 라우터의 원격 접속에 대한 보안을 설정할 수 있다.
04. 스위치의 포트 보안의 기능을 이해하고 설정할 수 있다.
05. 라우터의 접근제어 목록을 설정할 수 있다.

3장과 4장을 모두 이해했다면 네트워크의 기본 설정을 습득했다고 볼 수 있다. 지금부터 네트워크 전문가로 한걸음 다가간다는 자부심을 갖고서 귀에 익숙한 방화벽을 중심으로 보안 기능들에 대해서 학습할 것이다. 사실상 보안은 이제 "부가적" 기능이 아니다. 예전에는 필수적 기능이 아니라 여유 있을 때 "하면 좋은" 기능으로 취급되었지만, 이제는 필수적 요소가 되어 버려서 공공기관이나 일정 규모 이상의 기업에서는 필수적으로 수행해야 한다.

먼저 대표적인 보안 장비인 방화벽을 통해 보안에 대한 개념을 알아볼 것이다. 그렇다고 방화벽 하나면 내부망을 거뜬히 지켜낼 수 있을까? 그렇지 않다. 현관문만 잠근다고 해서 침입자로부터 절대 안전한 것은 아니기 때문이다. 따라서 PC, 서버, 스위치 및 라우터에서 설정할 수 있는 보안 기능에 대해 알아볼 것이다.

방화벽

Computer   Network   with   Packet   Tracer

네트워크 구성

방화벽(防火壁, Firewall)의 사전적 의미는 "불이 번지는 것을 막기 위하여 건물의 경계나 건물 내부에 설치한 내화 구조의 벽"이다. 지하도 중간에 설치된 방화셔터(防火 shutter)나 아파트 계단과 세대 현관 사이에 있는 방화문(防火門)을 본 기억이 있을 것이다. 네트워크에서 방화벽이란 외부(외부망)로부터 발생하는 불법적이고 위협적인 행위로부터 내부(내부망)의 정보나 시설과 같은 자원을 보호하기 위해 설치하는 장치이다. ASA(Adaptive Security Appliance)는 시스코에서 판매하는 보안 장비이다. 패킷트레이서에서 ASA 에뮬레이터를 가지고 실습하면서 방화벽의 기본 개념을 학습할 것이다. ASA 방화벽을 이해하기 위해서는 3장에서 배운 라우팅(Routing)과, NAT(Network Address Translation) 그리고 ACL(Access Control List, 접근 제어 목록)을 이해해야 한다. 이 세 가지 개념을 우리는 RNA라고 부를 것이다[1].

라우팅이란 3장의 라우터 패킷을 전달하기 위한 경로 설정을 의미하고 NAT는 사설 IP 주소를 가지고 외부에서 인식할 수 있는 공인 IP 주소로 변경해서 통신할 수 있도록 해주는 기능을 말하며, ACL은 자원(내부망)에 대한 외부 트래픽의 접근 허용 여부를 제어하는 규칙을 말한다. 보안 장비의 목적은 불필요하거나 위험요소가 있는 서비스 또는 패킷의 출입을 막기 위한 것이다. 따라서 RNA를 제대로 설정해야 ASA 방화벽의 기능이 정상적으로 작동될 수 있다. ACL은 라우터에 있는 기능이기도 하지만 방화벽에도 있으므로 서로 비교해 가면서 공부하자.[2]

그림 5-1에서와 같이 패킷트레이서의 장치 타입 선택박스에서 [Network Devices] → [Security]를 선택하고 세부 장치 선택박스에서 ASA 장비 중의 하나인 [5505]를 선택해서 작업공간에 배치하자.

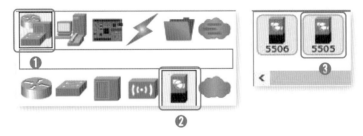

그림 5-1 방화벽 노드 선택

---

[1] RNA는 저자가 만든 용어로서 이 책에서만 통용되는 용어이다.
[2] 라우터에 NAT 기능도 있지만 보안 기능으로 보기는 어려우므로, 이 장에서는 설명하지 않는다.

그림 5-2처럼 노드들을 작업영역에 가져다 놓고 연결해보자. "outPC"라고 명명된 PC는 외부
망에 연결된 PC이고 "inPC"라고 명명된 PC는 내부망의 PC를 의미한다.

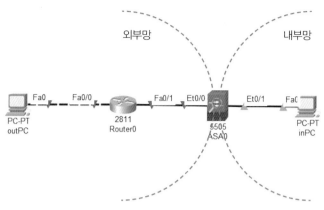

그림 5-2 방화벽을 연결한 네트워크 구성

3장에서 노드들의 연결 순서에 규칙을 두고 연결해야 한다고 했지만, 이 규칙을 따르지 않는다
고 해서 관리할 때 혼동스러울 뿐 특별히 문제될 것은 없었다. 그러나 여기서는 매우 중요하다.
노드들을 연결할 때 ⚡을 이용할 경우, 케이블뿐만 아니라 연결할 인터페이스도 자동으로 선
택하게 되는데 사용가능한 가장 낮은 번호의 인터페이스를 선택하게 된다. 방화벽에서는 내부
망과 외부망의 인터페이스가 정해져 있는데, 연결 순서에 따라 내외부망의 인터페이스가 뒤바
뀔 수 있기 때문이다. 실수를 방지하기 위해 표 5-1에 연결 순서를 정리하였다. 이 순서를 지킨
다면 ⚡를 사용해도 무방하지만 앞에서 설명한 그 이유를 이해하고 사용하자.

표 5-1 노드 연결 순서와 인터페이스

순서	연결 노드			연결 인터페이스		
1	outPC	↔	Router0	FastEthernet0	↔	FastEthernet0/0
2	Router0	↔	ASA0	Ethernet0/1	↔	Ethernet0/0
3	inPC	↔	ASA0	FastEthernet0	↔	Ethernet0/1

IP 주소 설정

그림 5-3과 같이 IP 주소를 할당할 것이므로 이 그림을 참고하여 노드별로 할당해보자.

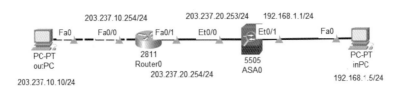

203.237.10.254/24   203.237.20.253/24   192.168.1.1/24

Fa0   Fa0/0   Fa0/1   Et0/0   Et0/1   Fa0

PC-PT   2811   5505   PC-PT
ou:PC   Router0   ASA0   inPC

203.237.10.10/24   203.237.20.254/24   192.168.1.5/24

그림 5-3 노드별 IP 주소

ASA0

그림 5-4와 같이 ASA0을 클릭하여 [Config] 탭을 선택해보면, 대부분의 방화벽과 같이 여러 개의 인터페이스가 제공된다는 것을 알 수 있다. 하지만 여기서는 내부망과 외부망을 연결하기 위한 2개의 인터페이스만 사용한다.

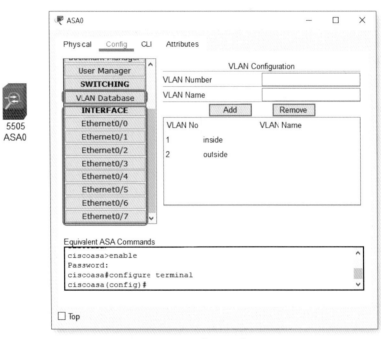

그림 5-4 ASA0의 [Config] 화면

그림 5-4의 왼쪽 창에서 [VLAN Database]를 볼 수 있는데 4장 스위치에서 배운 VLAN 개념을 사용한다. ASA 방화벽은 3장의 라우터와 4장의 스위치가 합해진 장비라고 생각하면 이해하기 쉬울 것이다. [VLAN Database]를 클릭하면 스위치와는 달리 기본적으로 2개의 VLAN이 생성되어 있다. 1번 VLAN의 이름은 "inside"이고 2번 VLAN의 이름은 "outside"로 지정되어 있는 것을 확인할 수 있다. 일반적으로 inside(내부망) → outside(외부망)로의 연결은 허용하지만 outside → inside로의 연결은 허용하지 않음으로써 내부망을 보호한다. 이것은 방화벽의 아주 중요한 기본 개념이므로 기억해 두기를 바란다.

ASA0의 디폴트로 설정된 VLAN 상태를 확인해보자. 그러기 위해서는 관리자 모드로 진입해야 하는데, 그림 5-5처럼 CLI에서 관리자 모드로 진입하기 위해 "enable"을 입력하면 패스워드를 묻는다. 초기값은 없으므로 엔터키를 누르면 된다. 보안을 위한 방화벽이므로 관리자 패스워드부터 설정하자. 그림 5-5에서 라우터나 스위치에서 설정했던 것처럼 글로벌 모드에서 "enable password" 명령어를 이용하여 "ASApwd"로 설정하였다. 설정 후 "show running-config"를 입력하여 설정된 패스워드를 확인해보면 입력한 패스워드가 아니라 암호화된 값으로 출력되는 것을 볼 수 있다.[3] 이제 관리자 모드에서 "show switch vlan" 명령어로 VLAN 상태를 출력해보면 Ethernet0/1 등은 VLAN 1번인 "inside"로 지정되어 있고, Ethernet0/0은 VLAN 2번인 "outside"로 지정되어 있다. 보통 내부망부터 연결하게 되는데, 그러면 자동으로 Ethernet0/0에 내부망이 연결되고 Ethernet0/1에 외부망이 연결된다. 그 결과 내외부망이 반대로 연결되어 방화벽이 제대로 작동되지 않으므로 조심해야 한다.

그림 5-5 관리자 모드 진입, 패스워드 설정 및 디폴트 VLAN 확인

---

[3] 라우터나 스위치에서는 "enable password"로 패스워드를 설정하면 "show running-config"에서 평문으로 출력되고 "enable secret"로 설정해야만 암호문으로 설정되었다. 방화벽에서는 "enable secret"은 사용되지 않으며 "enable password"로 설정해도 암호화되어 저장된다.

연결 후 15초 정도 지나면 내부망에 있는 방화벽과 inPC의 연결은 주황색에서 녹색으로 변경되지만 외부망에 있는 방화벽, 라우터(Router0), outPC의 연결은 주황색에서 아무런 변화가 없다. inPC에서 outPC로 ping을 보내보면 제대로 통신이 되지 않는다. 방화벽은 라우터와 스위치의 기능이 합해진 장비라고 했으니, 방화벽에도 라우터에서와 같이 라우팅을 설정해야 하고 스위치에서와 같이 VLAN을 설정해야 제대로 연결되기 때문이다.

첫 번째 설정 단계는 ASA0 방화벽 인터페이스에 IP 주소를 설정하는 것이다. 관리자 모드에서 "show ip"를 입력하면 그림 5-6과 같이 inside VLAN의 IP 주소에는 192.168.1.1이 설정되어 있고 outside VLAN에는 설정되어 있지 않다.

그림 5-6 ASA0의 디폴트 IP 주소 설정 상태

외부망에 연결된 outside VLAN에 표 5-2에서 정한대로 203.237.20.253을 할당하자. 스위치에서와는 달리, VLAN의 이름과 연결 인터페이스까지 이미 설정되어 있으므로 해당 VLAN에 IP 주소를 할당하고 활성화시키기만 하면 된다. 또 라우터에서는 인터페이스 모드에서 IP 주소를 설정하였지만, 방화벽에서는 그림 5-7과 같이 VLAN 모드에서 설정한다.

표 5-2 ASA 인터페이스와 VLAN

VLAN	인터페이스	IP 주소	용도
1	Ethernet0/1	192.168.1.1	내부망과 연결
2	Ethernet0/0	203.237.20.253	WAN(외부망)과 연결

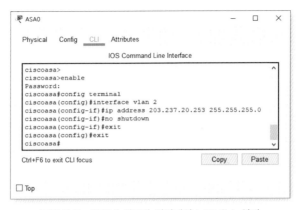

그림 5-7 방화벽 외부망 인터페이스 IP 주소 설정

그림 5-8에서와 같이 관리자 모드에서 "show running-config"를 입력하면 현재 설정되어 있는 여러 가지 값들이 출력된다. 설정된 IP 주소 외에 주의 깊게 살펴볼 것은 ❶은 내부망으로서 보안 레벨(security-level)이 디폴트 100으로 설정되어 있고 ❷는 외부망으로서 보안 레벨이 0으로 설정되어 있다는 것이다. 보안 레벨이 높은 곳에서 낮은 곳으로는 통신 패킷이 이동할 수 있지만 반대로는 불가능하기 때문에, 이 설정 값을 통해 방화벽의 역할을 한다. ❸은 내부망에 연결된 노드들에 대해서 DHCP(Dynamic Host Configuration Protocol)를 이용하여 192.168.1.5 ~ 192.168.1.36 사이의 IP 주소를 할당한다는 의미이다.

그림 5-8 ASA0의 설정 값 확인

inPC

내부망의 PC는 ASA0 방화벽이 DHCP로[4] IP 주소를 할당하기 때문에, inPC에서 DHCP로 IP 주소를 할당받도록 설정해야 한다. 그림 5-9에서와 같이 [Desktop]탭 → [IP Configuration]에서 [DHCP]를 선택하자. 그러면 그림 5-8의 ❸에서 설정된 규칙대로 IP 주소에는 192.168.1.5가 할당되고, 서브넷 마스크는 255.255.255.0로 설정되며 게이트웨이는 방화벽 ASA0의 inside VLAN에 할당된 IP 주소인 192.168.1.1로 설정되어 있으며 수정이 불가능한 것을 볼 수 있다.

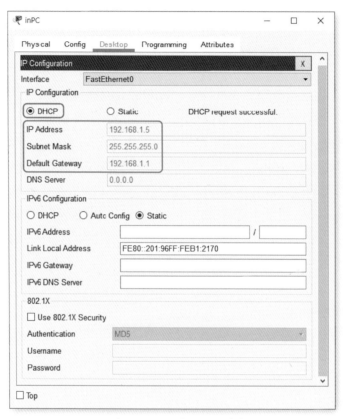

그림 5-9 inPC의 IP 주소 설정

outPC

외부망에 있는 outPC에서는 고정 IP 주소를 사용할 것이므로 그림 5-10과 같이 [Static]을 선택한 후, IP 주소와 서브넷 마스크에 203.237.10.10과 255.255.255.0을 할당하고, 게이트웨이에는 Router0에 할당할 IP 주소인 203.237.10.254를 할당한다.

---

[4] 2장에서 잠깐 언급했듯이 DHCP 서버가 클라이언트들에게 동적으로 IP 주소를 할당하는 프로토콜이다.

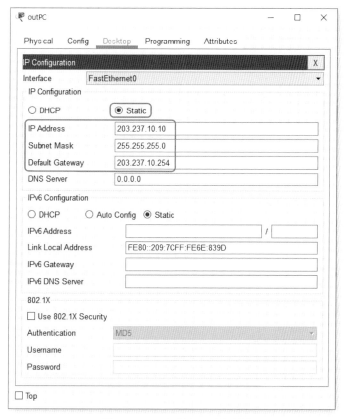

그림 5-10 outPC의 IP 주소 설정

Router0

3장에서 배웠던 라우터 설정 명령어를 기억하며 표 5-3처럼 방화벽 ASA0이 연결된 FastEth-ernet0/1에 203.237.20.254로 설정하고 활성화시키자. 마찬가지 방법으로 outPC가 연결된 FastEthernet0/0의 IP 주소를 203.237.10.254로 설정한 후 인터페이스를 활성화하자. 이 주소는 outPC의 게이트웨이 주소가 된다.

표 5-3 Router의 IP 주소 실정

단계	명령어
1	**Router>** enable
2	**Router#** config terminal
3	**Router (config) #** interface fa0/1
4	**Router (config-if) #** ip address 203.237.20.254 255.255.255.0
5	**Router (config-if) #** no shut
6	**Router (config) #** interface fa0/0
7	**Router (config-if) #** ip address 203.237.10.254 255.255.255.0
8	**Router (config-if) #** no shutdown

ASA0의 RNA(Routing+NAT+ACL) 설정

라우팅

5장의 가장 중요한 부분이다. 설정 단계별로 설정하지 않았을 때 발생하는 문제점을 확인해 봄으로써 라우팅의 필요성을 이해하도록 하자.

라우터에서 배웠던 정적 라우팅 설정 명령어를 기억해보면 다음과 같다.

ip route 목적지_네트워크_주소 목적지_서브넷_마스크 출력_인터페이스
ip route 목적지_네트워크_주소 목적지_서브넷_마스크 상대_IP_주소

방화벽에서의 명령어는 그림 5-11과 같다. 라우터와 유사하면서도 약간 다르므로 비교해서 기억해 두기 바란다. 그림 5-12처럼 외부망인 "outside"에 라우팅을 설정해보자.

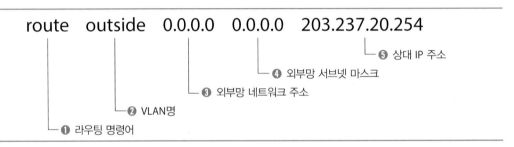

그림 5-11 방화벽 정적 라우팅 명령 구성

그림 5-12 ASA0의 라우팅 설정

outside는 출력 인터페이스의 VLAN 이름이고 0.0.0.0 0.0.0.0은 모든 네트워크를 의미한다. 그러므로 어떤 목적지 주소를 갖는 패킷이든 무조건 외부망의 Router0인 203.207.20.254로 내보내라는 뜻이 된다. 관리자 모드에서 "show route"를 입력해보면 그림 5-13과 같이 정적 라우팅

이 설정되어 있는 것을 볼 수 있다.[5]

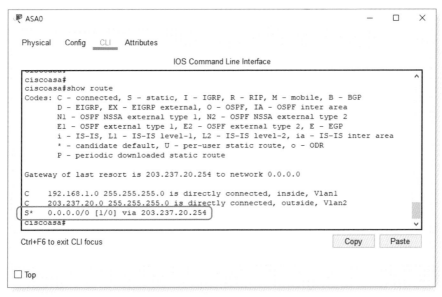

그림 5-13 ASA0의 정적 라우팅 설정 상태

inPC와 ASA0과의 연결 확인을 위해 "ping 192.168.1.1"을 보내보자. 응답을 잘 받는 것을 확인할 수 있을 것이다. 이번에는 outPC와의 연결을 확인하기 위해 "ping 203.237.10.10"을 시도해보자. "Request Timeout"이 출력되는 것을 볼 수 있을 것이다. 어디에 문제가 있는 것인지 다음 절에서 알아보자.

NAT(Network Address Translation)

문제가 발생한 위치를 알아보기 위해 Simulation 기능을 이용하여 패킷이 도달되지 못하는 구간을 확인해보자. 그림 5-14에서 보면 inPC가 보낸 ICMP 요청 패킷이 outPC까지 잘 전달되는 것을 볼 수 있다. 이제 outPC가 ICMP 응답 패킷을 보낼 것이다. 그런데 그림 5-15처럼 이 응답 패킷이 Router0까지 전달된 후 더 이상 ASA0으로 전달되지 않는 것을 볼 수 있다.

---

[5] 라우터의 라우팅 설정은 필요하지 않다. 왜냐하면 outPC와 ASA0이 직접 연결되어 있고 inPC는 사설 IP 주소를 사용하므로 라우팅 대상이 아니기 때문이다.

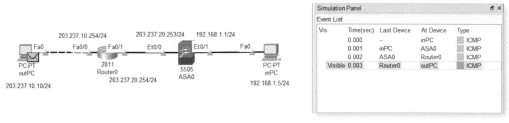

그림 5-14 inPC → outPC로의 ICMP 요구 패킷

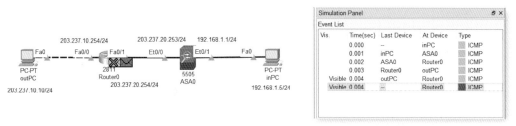

그림 5-15 outPC → inPC로의 ICMP 응답 패킷

그 이유를 알아보기 위해 그림 5-16과 같은 시뮬레이션의 이벤트 목록에서 ❶번 Router0 → outPC로의 ICMP 요청 패킷을 확인해보자. 그러면 그림 5-17과 같은 화면이 나온다. 출발지 주소(SRC IP)는 inPC인 192.168.1.5이고 목적지 주소(DST IP)는 outPC인 203.237.10.10인 것을 알 수 있다. 그림 5-16에서 ❷번 outPC → Router0으로의 ICMP 응답 패킷을 확인해보자. 응답 패킷인 그림 5-18을 살펴보면 당연히 출발지 주소와 목적지 주소가 반대로 적혀 있다. 당연한 일이다. 하지만 문제는 여기서 발생한다.

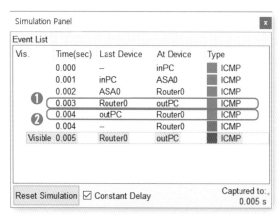

그림 5-16 시뮬레이션 이벤트 목록

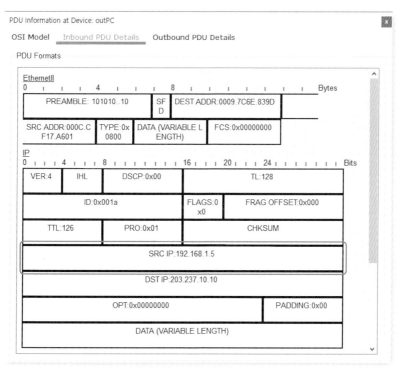

그림 5-17 Router0 → outPC로의 ICMP 요청 패킷

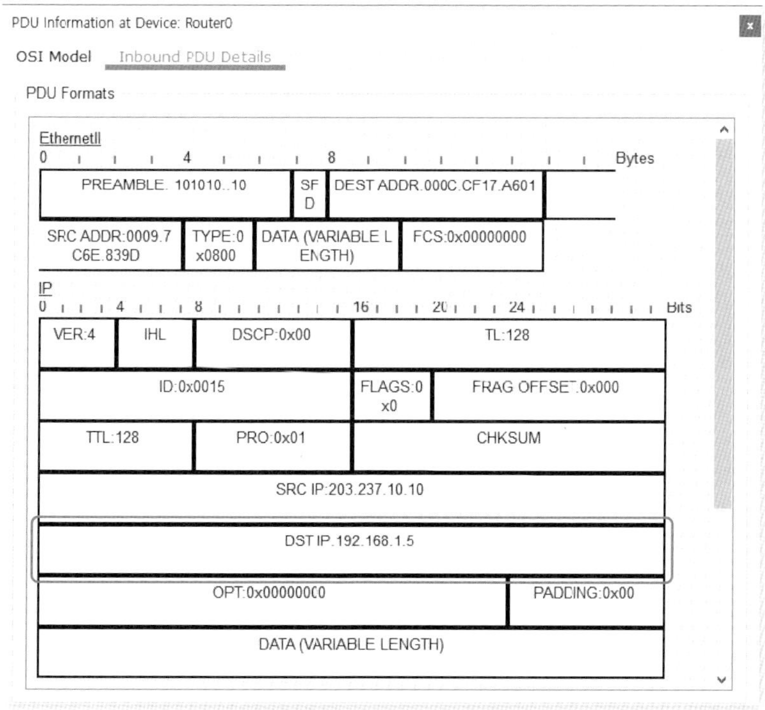

그림 5-18 outPC → Router0으로의 ICMP 응답 패킷

이 목적지 주소는 사실 IP 주소이고 사설 IP 주소는 외부에서는 인식될 수 없는 IP 주소이기 때문에, 그림 5-19처럼 Router0은 이 패킷을 어디로 전달해야 할지 알 수 없다. 사실 inPC와 동일한 사설 IP 주소를 갖는 노드들은 전 세계에 엄청나게 많을 것이다.

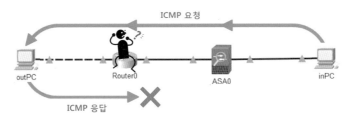

그림 5-19 목적지가 사설 IP 주소인 패킷의 라우팅 실패

해결책은 게이트웨이 역할을 하는 ASA0에 있다. ASA0이 사설 IP 주소를 가지는 노드가 보내는 패킷의 출발지 주소를 자신의 공인 IP 주소로 바꾸어서 내보내는 것이다. 이 기능을 NAT(-Network Address Translation)라고 한다. 그러면 내부망에 여러 PC가 연결되어 있을 경우, 모두 자신의 공인 IP 주소로 패킷을 내보내면 되돌아오는 응답 패킷은 누구에게 전달해야 하는지 어떻게 알까? 이를 위해서 ASA0은 NAT 테이블에 누가, 어디로, 무슨 프로토콜로 패킷을 보냈는지 저장해놓고, 응답 패킷이 오면 이 테이블을 참조하여 목적지로 전달해준다.[6] 여기서는 깊이 다루지 않는다.

NAT 설정 단계는 표 5-4와 같다.[7] 각 단계에서의 옵션은 매우 다양하므로 여기서 다 기술하는 것은 적합하지 않다. 우리 예에 적합한 명령어만을 알아보자.

표 5-4 ASA0에 대한 단계별 IP 주소 설정 명령어

단계	기능	명령어
1	관리자 모드 진입	**ciscoasa>** enable
2	글로벌 모드 진입	**ciscoasa#** configure terminal
3	네트워크 객체 모드 진입	**ciscoasa (config)#** object network in2out
4	서브넷 지정	**ciscoasa (config-network-object)#** subnet 192.168.1.0 255.255.255.0
5	NAT 지정	**ciscoasa (config-network-object)#** nat (inside, outside) dynamic interface
6	네트워크 객체 모드 종료	**ciscoasa (config-network-object)#** exit (혹은 ctrl-Z)
7	글로벌 모드 종료	**ciscoasa (config)#** exit (혹은 ctrl-Z)
8	관리자 모드 종료	**ciscoasa#** exit (혹은 ctrl-Z)

---

[6] 여러 PC가 동일한 목적지로 동일한 프로토콜의 패킷을 보낼 경우를 구분하기 위하여, 포트 번호를 달리하고 이 포트 번호까지 NAT 테이블에 저장하여 구분한다.

[7] 설정 방식에는 "Twice NAT", "Object NAT", "Manual NAT" 방식이 있는데, 기본적으로는 Object NAT 방식을 사용하고 나머지 2개는 예외적으로 처리할 때 사용한다.

표 5-4에서 핵심 명령어인 3~5단계의 명령어의 의미를 그림 5-20, 그림 5-21, 그림 5-22에 각 각 설명하였다. 단계 3에서는 "in2out"라는 이름의 네트워크 객체를 만든다. 이후의 명령어는 in2out 객체를 정의하는 명령어들이다.

그림 5-20 단계 3의 명령어

단계 4에서는 대상 서브 네트워크를 정의한다. 여기서는 사설 IP 주소를 가지는 내부망에 대한 네트워크 주소를 지정한다. 네트워크 주소와 함께 서브넷 마스크도 지정한다.

그림 5-21 단계 4의 명령어

단계 5는 NAT를 설정하는 단계이다. 내외부망을 연결하는 인터페이스 쌍인 (inside, outside) 간에 동적으로 주소를 매핑시키며, 매핑시키는 공인 IP 주소는 인터페이스에 할당된 IP 주소를 사용한다는 의미이다. 이 책의 예에서는 ASA0의 outside에 지정된 203.237.20.253을 사용하게 될 것이다.

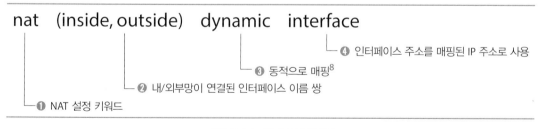

그림 5-22 단계 5의 명령어

그림 5-23은 NAT를 설정하고 "show nat"를 통해 설정 상태를 확인한 결과이다.

---

8 "static"으로 설정할 경우 내부 사설 IP 주소를 정적으로 할당할 수 있다.

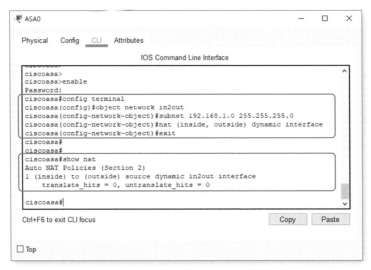

그림 5-23 NAT 설정 및 상태 확인

NAT까지 설정했으니 inPC에서 outPC로 다시 ping을 실행해보자. 불행하게도 그림 5-24와 같이 시간 초과로 또 실패하고 만다.

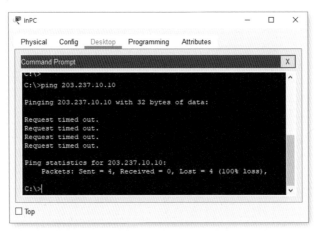

그림 5-24 inPC → outPC로의 ping 실패

이번에도 시뮬레이션 기능을 활성화시킨 후 다시 한 번 inPC에서 outPC로 다시 ping을 실행해보자. 그러면 그림 5-25처럼 방화벽에서 실패한 것을 볼 수 있다.

그림 5-25 inPC → outPC로의 ICMP 응답 실패 위치

우선 시뮬레이션에서 전송된 패킷을 보면서 주소가 제대로 변환되었는지부터 확인해보자. 그림 5-26은 첫 번째 ping의 수행에 대한 이벤트 로그이다.

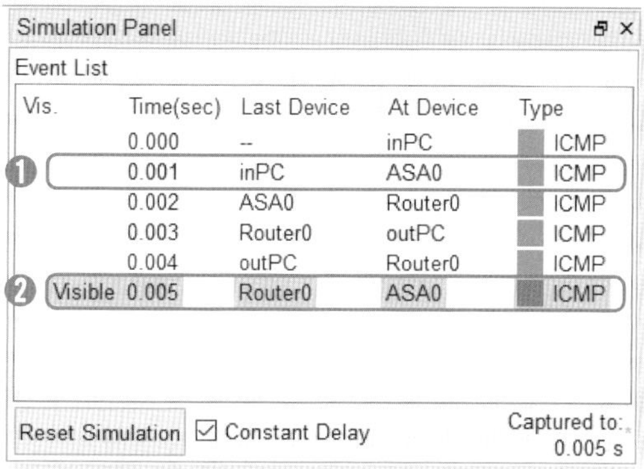

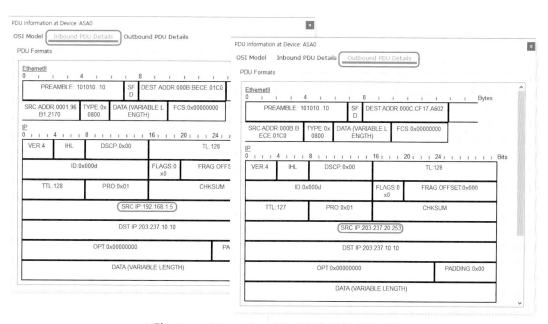

그림 5-26 inPC → outPC로의 첫 번째 ping 패킷

❶번 이벤트를 열어서 inPC → ASA0으로 전송된 ICMP 요청 패킷을 살펴보면 그림 5-27과 같다. [Inbound PDU Details] 탭을 클릭해서 ASA0으로 들어온 패킷을 보면 출발지 IP 주소가 inPC의 IP 주소인 192.168.1.5로 설정되어 있다. [Outbound PDU Details] 탭을 클릭해서 ASA0이 내보내는 패킷을 보면 출발지 주소가 ASA0의 outside 주소인 203.237.20.253으로 변경되어 있는 것을 확인할 수 있다.

그림 5-27 inPC → ASA0으로 전송된 ICMP 요청 패킷

이번에는 ❷번 이벤트를 열어서 Router0 → ASA0으로 전송된 ICMP 응답 패킷을 살펴보면

그림 5-28과 같다. [Inbound PDU Details] 탭을 클릭해서 ASA0으로 들어온 패킷을 보면 목적지 IP 주소가 ASA0의 outside 주소인 203.237.20.253으로 설정되어 있다. [Outbound PDU Details] 탭을 클릭해서 ASA0이 내보내는 패킷을 보면 출발지 주소가 192.168.1.5로 변경되어 있는 것을 확인할 수 있다. 그런데도 이 패킷은 inPC로 전달되지 못했다. 그 이유는 다음 절에서 알아보자.

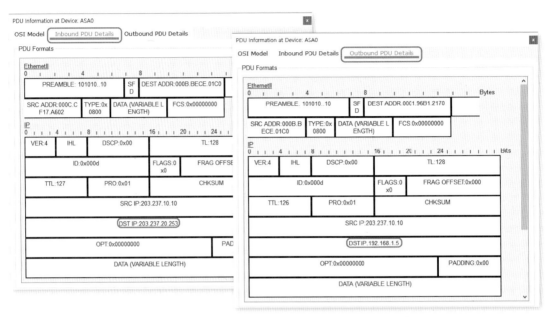

그림 5-28 Router0 → ASA0으로 전송된 ICMP 응답 패킷

ACL(Access Control List)

NAT 기능을 통해 목적지 주소가 내부 IP 주소로 잘 변경된 패킷이 inPC로 전달되지 못하는 이유는 방화벽 때문이다. 그림 5-29와 같이 방화벽 ASA0이 내부망에서 외부망으로 나가는 패킷에 대해서는 허용하지만 내부망으로 들어오는 외부 패킷을 허용하지 않고 있기 때문이다. 그렇다면 일단 방화벽이 제 기능을 잘 수행하고 있다는 것은 확인된 셈이다.

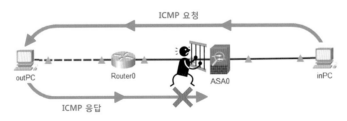

그림 5-29 외부 패킷에 대한 방화벽의 거부

하지만 방화벽은 "불필요"하거나 "악의적인" 패킷을 막기 위한 것이지 내부망을 외부망으로부터 완전히 단절시키는 것이 아니다. ICMP 패킷을 허용하려면 어떻게 해야 할까?

ACL은 주어진 인터페이스마다 어떤 출발지와 목적지를 가지는 어떤 트래픽을[9] 허용하거나 거부할지를[10] 정의하는 "접근제어 목록"이다. 첫 번째로 글로벌 모드에서 목록 이름과 함께 ACL을 정의하고, 두 번째로 이 ACL을 어느 인터페이스에 적용할 것인지를 결정한다.

ACL을 정의하는 방법과 예는 그림 5-30과 같으며, 각 항목에 대한 세부 설명은 표 5-5와 같다. 예에서 out2in이라는 ACL은 확장된(extended)[11] 정책을 사용하며, 임의의 출발지로부터 임의의 목적지로 가는 ICMP 패킷을 허용한다. 즉 모든 ICMP 패킷을[12] 허용한다는 의미가 된다. 출발지와 목적지를 지정하는 방법은 다음 절에서 배우게 될 라우터에서의 지정 방법과 동일하다. 여기서는 간단한 개념만 이해하고 IP 주소 범위 지정을 위한 와일드카드에 대한 것은 라우터에서 배우도록 하자.

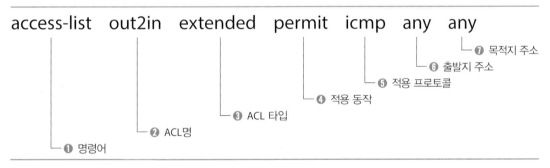

그림 5-30 방화벽 ACL 정의 명령 구성

---

[9] 계층마다 데이터 전송 단위의 이름이 다르다. 2계층에서는 프레임(frame), 3계층에서는 패킷(packet), 4계층에서는 세그먼트(segment)나 데이터그램(datagram)이라고 부른다. 트래픽(traffic)은 네트워크 전송 데이터를 통칭하는 용어이다. 그러나 정확한 명칭을 사용하지 않고 계층 구분 없이 패킷이라고 부르기도 한다.

[10] 허용할 패킷만 걸러서 전달한다고 해서 패킷 필터링(packet filtering)이라고 한다.

[11] 디폴트로 표준(standard) 정책을 사용한다. 확장 정책은 목적지 주소, 서브넷, 프로토콜과 포트 등을 이용하여 표준 정책에 비해 좀 더 세분화하여 필터링 대상을 설정할 수 있다. 방화벽에서는 확장 ACL만 사용할 수 있다.

[12] 마지막에 "echo", "echo-reply"를 지정하면 ICMP 요청과 ICMP 응답 패킷을 구분하여 지정할 수도 있다. 프로토콜이 tcp나 udp일 경우에는 포트 번호를 지정할 수도 있다.

표 5-5 방화벽 ACL 정의 명령 옵션

항목	설명	설정 가능한 값
❶ 명령어	ACL 정의 명령어	access-list
❷ ACL명	ACL 이름	식별 가능한 이름. 대소문자 구분
❸ 타입	ACL 정책과 옵션	extended
❹ 동작	적용할 동작	permit: 트래픽 허용
		deny: 트래픽 거부
❺ 프로토콜	대상 프로토콜	icmp, icmp6, tcp, udp, ip
❻ 출발지	출발지 IP 주소	any: 모든 IP 주소
		host *nnn.nnn.nnn.nnn*: 특정 호스트의 IP 주소
		nnn.nnn.nnn.nnn nnn.nnn.nnn.nnn: IP 주소와 와일드카드[13]
❼ 목적지	목적지 IP 주소	any: 모든 IP 주소
		host *nnn.nnn.nnn.nnn*: 특정 호스트의 IP 주소
		nnn.nnn.nnn.nnn nnn.nnn.nnn.nnn: IP 주소와 와일드카드

정의된 ACL을 언제 어느 인터페이스에 적용할 것인지를 설정하는 방법과 예는 그림 5-31과 같으며, 각 항목에 대한 세부 설명은 표 5-6과 같다. 예시된 명령어는 out2in이라는 이름의 ACL을 outside로 설정된 인터페이스로 들어오는 트래픽에 대해 적용하도록 한다. 결과적으로 outside 인터페이스, 즉 외부망에서 내부망으로 들어오는 모든 ICMP 패킷을 허용하게 된다.

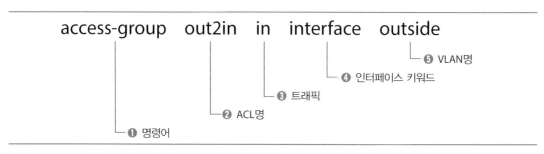

그림 5-31 방화벽 ACL 적용 명령 구성

---

[13] 와일드카드를 생략할 경우 "0.0.0.0"으로 간주한다.

표 5-6 ACL 적용 명령

항목	설명	설정 가능한 값
❶ 명령어	ACL 적용 명령어	access-group
❷ ACL명	적용할 ACL 이름	정의되어 있는 ACL 이름
❸ 트래픽	ACL을 적용할 트래픽	in: 들어오는 트래픽
		out: 나가는 트래픽
❹ 인터페이스 키워드	적용할 인터페이스(VLAN)를 지정하기 위한 키워드	interface
❺ VLAN명	ACL을 적용할 VLAN 이름	inside: 내부망 인터페이스
		outside: 외부망 인터페이스

그림 5-32와 ASA0에 ACL을 설정한 후, 관리자 모드에서 "show access-list"를 입력해보면 그림 5-33과 같이 설정되어 있음을 확인할 수 있다. 설정했으니 당연히 잘 되어있을 것이라고 생각하고 번거로운 확인 작업을 생략하고 싶을 것이다. 그런데 설정 명령어가 잘못되어서가 아니라 다른 이유로 설정이 적용되지 않을 경우도 있으니, 설정한 후에는 상태를 항상 확인해보는 습관을 들이는 것이 좋다.

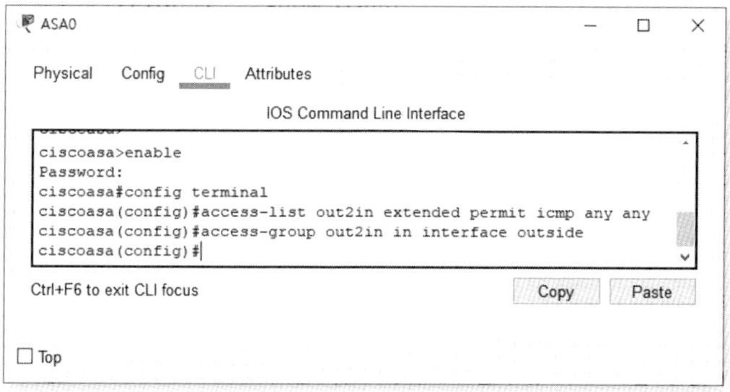

그림 5-32 ASA0의 ACL 설정

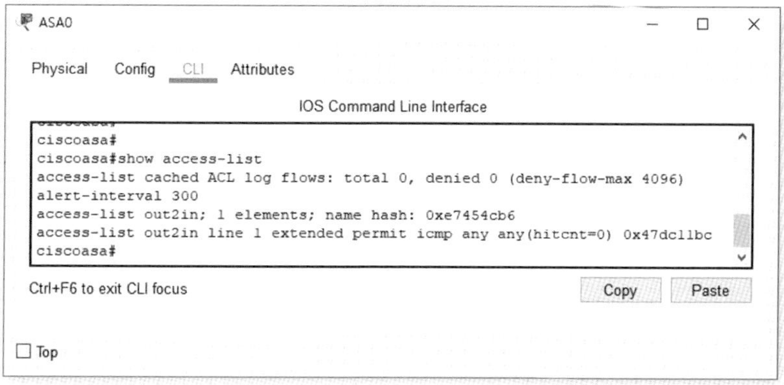

그림 5-33 ASA0의 ACL 설정 상태

다시 한 번 inPC → outPC로 ping을 보내보면, 그림 5-34와 같이 성공적으로 응답을 받는 것을 볼 수 있다.

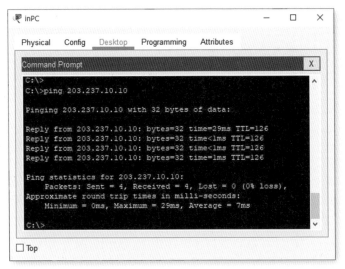

그림 5-34 inPC → outPC로의 ping 성공

긴 여정을 잘 이해하고 따라왔다. 표 5-7에 앞에서 공부한 내용을 요약하여 명령어만 정리하였으니, 각 단계가 왜 필요한지와 설정되지 않으면 어떤 문제가 발생하는지를 되짚어 보면서 복습하기 바란다.

표 5-7 ASA 방화벽 설정 요약

설정 항목	명령어
외부망 인터페이스 IP 주소	**ciscoasa#** config terminal **ciscoasa (config)#** interface vlan 2 **ciscoasa (config-if)#** ip address 203.237.20.253 255.255.255.0 **ciscoasa (config-if)#** no shutdown **ciscoasa (config-if)#** exit
라우팅	**ciscoasa (config)#** route outside 0.0.0.0 0.0.0.0 203.237.20.254
NAT	**ciscoasa (config)#** object network in2out **ciscoasa (config-network-object)#** subnet 192.168.1.0 255.255.255.0 **ciscoasa (config-network-object)#** nat (inside, outside) dynamic interface **ciscoasa (config-network-object)#** exit
접근제어 목록	**ciscoasa (config)#** access-list out2in extended permit icmp any any **ciscoasa (config)#** access-group out2in in interface outside

PC 및 서버 보안

이 절에서는 PC와 서버에서 지원하는 방화벽에 대해서 알아보자. 두 가지가 동일하므로 PC의
경우만 살펴볼 것이다. 그림 5-35와 같이 망을 구성하자. 여기서 Server0은 웹서버 기능을 수
행할 것이다. 서버를 선택하면 디폴트로 웹서비스가 활성화되어 있으므로 별도의 설정은 필요
없고, PC0과 같이 IP 주소와 서브넷 마스크만 설정하면 된다.

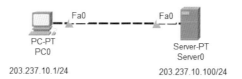

그림 5-35 PC 방화벽 설정용 네트워크

예를 가지고 적용해보자. 근무 시간 중에 웹 서핑을 하거나 채팅하는 것을 금지하는 회사들이
많다. 혹은 부모들이 자녀가 특정 사이트에 접속하지 못하도록 할 수도 있다.

그림 5-36 PC0의 웹브라우저 접속

이와 유사하게 IP 주소가 203.237.10.1인 PC가 203.237.10.100인 웹서버에 접속하지 못하도록 하는 방화벽을 설정해보자. 방화벽을 설정하기 전에 먼저 웹서버에 잘 접속되는지 확인해보자. 그림 5-36처럼 PC에서 [Web Browser]를 선택하고 URL에 203.237.10.100을 입력하면 서버로부터 간단한 웹페이지를 가져와서 보여준다.

이제 방화벽을 설정해보자. 그림 5-37처럼 PC0에서 Firewall을 클릭하면 그림 5-38과 같은 화면을 볼 수 있다. 디폴트로 방화벽 서비스가 꺼져 있으니 [On] 시키자.

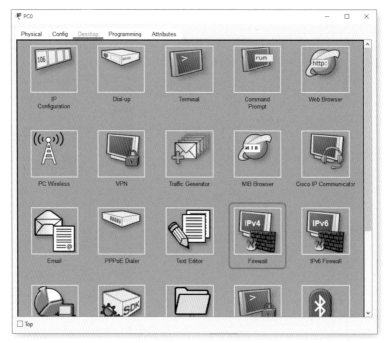

그림 5-37 PC0 방화벽

그림 5-38 PC 방화벽 설정 화면

Inbound Rules에 적용할 방화벽 정책을 등록해야 한다. 시뮬레이션의 이벤트에서 "Inbound PDU"와 "Outbound PDU"를 본 적이 있으니 잘 알겠지만, Inbound는 외부로부터 들어오는 트래픽을 말하고 Outbound는 외부로 나가는 트래픽을 말한다. PC에서는 ASA 방화벽과 달리 Inbound 트래픽에 대해서만 정책을 설정할 수 있다. ASA 방화벽에서 설정한 경험이 있으니 빠르게 이해할 수 있을 것이다. 하나의 정책은 표 5-8과 같은 항목으로 구성된다.

표 5-8 PC의 방화벽 정책 설정 항목

설정 항목	설정 값	PC0 설정 예
Action	대상 트래픽에 대한 동작. 허용 혹은 거부	deny
Protocol	동작 대상 프로토콜	tcp
Remote IP	동작 대상 IP 주소(기준 IP 주소)	203.237.10.100
Remote Wildcard Mask	동작 IP 주소 범위 지정 마스크[14]	0.0.0.0
Remote Port	트래픽을 보낸 원격(상대) 포트	80
Local Port	내 PC의 들어오는 포트	any

웹 프로토콜은 HTTP이지만 그 하위에서 데이터 전송이나 제어를 위해 사용되는 프로토콜은 TCP이다. 일반적으로 웹서버는 80번 포트를 이용하여 웹서비스를 지원한다. 하지만 클라이언트가 웹서버에 접속할 때는 임의의 포트를 이용한다. 따라서 웹서버의 포트를 의미하는 "Remote Port"는 80으로 설정하고, PC의 포트를 의미하는 "Local Port"는 "any"로 설정하면 된다. 이것을 바탕으로 표 5-8과 같이 PC0의 설정 값을 정하였다. 이 값들을 그림 5-39와 같이 정책 설정 값에 입력하고 [Add] 버튼을 눌러서 정책 목록에 추가한 후 [Save] 버튼을 눌러서 저장하자. 그런데 그림 5-39를 보면 정책이 하나 더 추가되어 있다. ACL 정책에서 부합되는 것이 없으면 디폴트로 "deny"를 적용하기 때문에, 두 번째 정책이 없으면 사실상 모든 패킷이 거부된다. 두 번째 정책은 서버로의 ping을 허용하기 위한 것이다. 예에서는 PC0과 Server0만 있지만, 만약 다른 모든 노드들로부터의 ping을 허용하고 싶다면 "Remote IP"는 "0.0.0.0"을 지정하고 "Remote Wild Card"에는 "255.255.255.255"를 설정하면 된다. 이 부분은 라우터의 ACL에서 좀 더 자세히 설명할 것이다. 마지막으로 상단에 있는 [Service]를 "On" 시켜서 기능을 활성화하자.

---

[14] 이 장의 후반부에서 다룰 라우터의 ACL에서 좀 더 자세히 다룰 것이다.

그림 5-39 PC0 방화벽 정책 추가

이제 다시 한 번 PC0에서 웹서버로 접속해보면 그림 5-39의 첫 번째 정책에 의해 그림 5-40과
같이 접속이 불가능한 것을 확인할 수 있다. 하지만 PC0에서 웹서버로 ping을 했을 때는 잘 수
행되는 것을 볼 수 있는데 이것은 두 번째 정책에 의해 허용되기 때문이다. 두 번째 정책이 있
을 때와 없을 때 각각 ping을 수행해서 그 결과를 확인해보기 바란다.

그림 5-40 웹서버로의 접속 거부

03 스위치 및 라우터의 원격 접속 보안

라우터에는 당연히 사용하는 인터페이스마다 IP 주소를 할당해야 하지만 스위치에는 IP 주소가 필요하지 않다. 그러나 관리자가 원격으로 접속하여 관리하기 위해서 IP 주소를 할당할 수 있다고 한 것을 기억할 것이다. 3장에서 라우터 제어를 위해서 콘솔로 사용했으나 라우터 역시 원격 접속이 가능하다. 스위치와 라우터의 원격 접속 설정과 보안 방법은 동일하므로, 여기서는 스위치를 가지고 설명하기로 한다. 그림 5-41은 스위치 보안을 위해 구성한 네트워크이다. 스위치 Switch0에 연결된 2개의 PC 중 PC0은 관리자용이고 PC1은 일반 사용자용이다.

IP 주소 설정

PC0, PC1 그리고 Router0의 IP 주소를 설정하자(이제 독자는 당연하게 서브넷 마스크와 게이트웨이도 설정할 것이라고 믿는다).

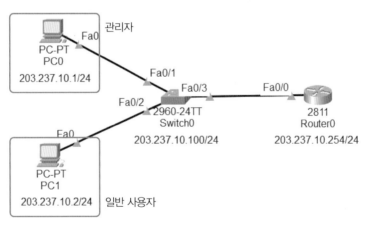

그림 5-41 스위치 보안 설정용 네트워크

스위치는 2계층 장비로서 MAC 주소를 이용해서 패킷을 전달하기 때문에 IP 주소를 사용하지 않는다. 하지만 관리자가 원격으로 스위치를 접속하기 위해서는 스위치에 IP 주소를 할당해야 한다고 했다. 그런데 스위치의 경우에는 PC나 라우터와 달리 디폴트 VLAN 1번에 IP 주소를 설정해야 한다. 4장에서 VLAN의 개념에 대해 배웠으니, 그림 5-42와 같이 Switch0에 IP 주소를 설정하자.

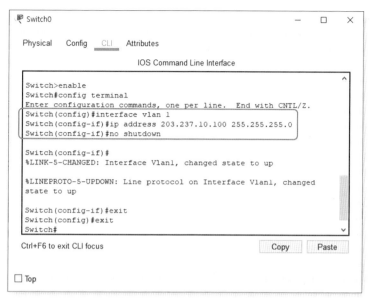

그림 5-42 Switch0의 IP 주소 설정

텔넷(TELNET) 접속

Switch0에 IP 주소를 설정했으니 외부에서 인식할 수 있도록 준비되었다. 그렇다면 관리자는 어떻게 접속할 것인가? 접속하는 방법 중의 하나가 TELNET 프로토콜을 사용하는 것인데, TELNET을 이용하기 위해서는 스위치에서 이를 허용하도록 설정해야 한다. 3장과 4장에서 라우터와 스위치에 직접 연결된 콘솔에서 접속할 때 필요한 패스워드와 관리자 모드로 들어가기 위한 패스워드 설정을 기억할 것이다. TELNET 접속을 위한 설정 단계를 표 5-9에 기술하였으니 비교하면서 공부하자. TELNET 접속 설정은 "line console 0" 대신 "line vty 0 4"를 사용하는 것 외에는 동일하다. 예에서 패스워드는 "Upwd"를 사용하였다.

표 5-9 TELNET 접속 설정

단계	기능	명령어
1	line 모드 진입	**Switch (config)#** line vty 0 4
2	패스워드 설정	**Switch (config-line)#** password Upwd
3	로그인 시 패스워드 적용	**Switch (config-line)#** login

TELNET 프로토콜을 통해 스위치나 라우터에 접속하기 위해 생성되는 인터페이스를 vty(Virtual Teletype)라고 한다. 표 5-9의 1단계는 허용할 vty를 지정하는 명령어로서 그림 5-43과 같다. "line vty" 다음에 나오는 2개의 숫자는 접속할 수 있는 최대 사용자 수이다. 예에서 "0 4"는 5명을 의미한다.

line vty 0 4
└ ❸ 최대 접속 사용자 수
└ ❷ 가상 터미널(Virtual Terminal) 사용
└ ❶ 접속 설정

그림 5-43 line vty 명령어

2단계는 TELNET으로 접속할 때 사용할 패스워드를 설정하는 것이다. 3단계는 설정한 패스워드를 로그인 시에 적용하라는 의미인데, 만약 "no login"이라고 설정하면 로그인 시에 패스워드를 묻지 않으므로 패스워드를 설정한 보람이 없다. 사실 "login"이 디폴트이기 때문에 설정하지 않아도 되지만 의미 파악을 위해 설정하였다.

라우터와 스위치에서 관리자 패스워드를 설정하는 방법도 이미 3장과 4장에서 배웠다. 라우터나 스위치에서 콘솔 접속을 할 경우 관리자 패스워드를 설정하지 않으면 "enable" 입력 시 곧바로 관리자 모드로 전환이 가능했다. 그러나 원격 접속에서는 관리자 패스워드를 설정하지 않으면 관리자 모드로 들어갈 수 없다.

그림 5-44는 PC0에서 TELNET으로 Switch0에 접속에는 성공했으나, "enable"을 입력했을 때 관리자 패스워드가 설정되어 있지 않다는 오류 메시지와 함께 관리자 모드로의 전환이 실패하는 것을 보여준다. 그러므로 관리자 모드에서 작업하기 위해서는 반드시 관리자 패스워드를 설정해야 한다. 패스워드를 설정하는 방법으로는 표 5-10과 같이 평문으로 저장하는 패스워드(예에서는 MPpwd)와 암호문으로 저장하는 패스워드를 설정하는 방법이 있으며, 암호문으로 저장하는 패스워드(예에서는 MEpwd)를 설정하면 평문으로 설정한 패스워드는 사용할 수 없다는 것을 배웠다. 그러므로 암호문으로 저장하는 패스워드를 사용하기를 권장하며, 패스워드는 주기적으로 변경하고 특수문자를 조합해서 8글자 이상의 길이로 만들 것을 권장한다.

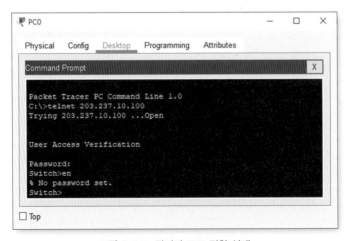

그림 5-44 관리자 모드 전환 실패

표 5-10 관리자 패스워드 설정

구분	명령어
평문 저장	**Switch (config)#** enable password MPpwd
암호문 저장	**Switch (config)#** enable secret MEpwd

그림 5-45는 Switch0에서 TELNET 접속과 관리자 패스워드를 설정하는 화면이다.

그림 5-45 Switch0에 TELNET 접속 및 관리자 모드를 위한 패스워드 설정

그림 5-46은 PC0에서 Switch0으로 접속한 화면이다. 로그인할 때 설정한 패스워드 "Upwd"를 입력하여 접속한 후, 관리자 모드로 들어갈 때 암호화된 패스워드 "MEpwd"를 사용하였고, 관리자 모드에서 "show vlan"을 수행한 결과이다.

그림 5-46 PC0에서 Switch0으로 TELNET 접속 및 관리자 모드 명령 수행

그런데 관리자 모드에서 "show running-config"를 실행해보면, 그림 5-47에서와 같이 맨 마지막에 TELNET으로 설정한 경우에는 패스워드가 그대로 평문으로 출력되는 것을 볼 수 있다.

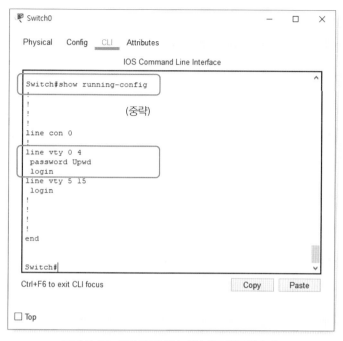

그림 5-47 TELNET 접속 패스워드의 평문 노출

SSH 접속

스위치나 라우터에 원격으로 접속하는 또 다른 방법은 SSH 프로토콜을 이용하는 것이다. TEL-NET은 통신 트래픽이 암호화되지 않아 스니핑 공격에[15] 취약하므로 SSH 접속을 권장한다. SSH 접속을 위한 설정 방법은 표 5-11과 같다. 예에서 사용자 이름을 "hong", 패스워드는 "Hpwd"를 사용하였으며 호스트명은 "OurSwitch", 도메인명은 "OurDomain.ac.kr"을 사용하였다.

표 5-11 SSH 접속 설정

단계	기능	명령어
1	line 모드 진입	**Switch (config)#** line vty 0 4
2	접속 시 사용자 로그인 계정 사용	**Switch (config-line)#** login local
3	서버 접속 시 SSH만 허용	**Switch (config-line)#** transport input ssh
4	라인 모드 종료	**Switch (config-line)#** exit
5	사용자 계정 생성	**Switch (config)#** username hong password Hpwd
6	스위치 이름 설정	**Switch (config)#** hostname OurSwitch
7	스위치 도메인명 설정	**OurSwitch (config)#** ip domain-name OurDomain.ac.kr
8	암호키 생성	**OurSwitch (config)#** crypto key generate rsa
9	SSH 접속 옵션 설정	**OurSwitch (config)#** ip ssh time-out 120

---

[15] 통신 트래픽을 가로채어 엿보는 공격을 스니핑(sniffing)이라고 한다.

SSH가 TELNET보다 안전한 이유는 접속 사용자를 제한하고 인증하며 트래픽을 암호화하여 스니핑에 안전하기 때문이다. 따라서 로그인에 사용되는 사용자 계정과 트래픽 암복호화에 사용되는 키(key)가 필요하다. 이를 위해 2단계에서 접속 시 등록된 계정을 사용하도록 설정한다. 3단계에서 스위치로 접속하는(들어오는) 통신은 SSH 프로토콜만 허용한다고 지정한다. 이 설정을 하지 않으면 TELNET과 SSH 모두 허용된다. TELNET이 보안상 취약한 프로토콜이라고 했으므로 SSH만 허용하도록 설정하는 것이 좋다. 5단계에서 로그인 시 사용할 사용자 계정과 패스워드를 생성한다[16],[17]. 이 계정 패스워드는 그림 5-47과 같이 "show running-config"를 해도 드러나지 않는다. 8단계에서 트래픽 암복호화에 사용되는 암호키를 생성하는데, 이 키가 호스트 이름과 도메인명을 가지고 식별하기 때문에 6단계에서 스위치의 이름과 7단계에서 도메인명을 설정해야 한다[18]. 이 설정이 끝나면 8단계에서 RSA[19] 암호키를 생성한다. 마지막으로 9단계에서 접속 시의 옵션을 설정할 수 있다. 접속이 끊기는 시간을 최대 120초까지 설정할 수 있다.

TELNET에서와 마찬가지로 관리자 패스워드를 설정하지 않으면, 원격 접속 시 관리자 모드로 진입할 수 없으므로 관리자 패스워드 설정이 필요하다. 그림 5-48은 SSH 접속을 위한 설정과 관리자 패스워드를 설정하는 화면이다.

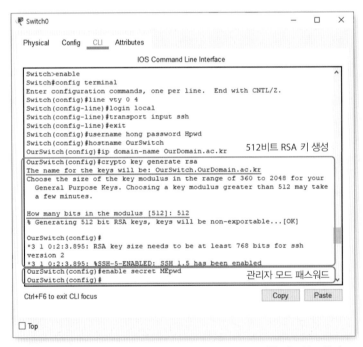

그림 5-48 Switch0에 SSH 접속 및 관리자 모드를 위한 패스워드 설정

---

[16] 계정을 설정하면 TELNET에도 적용된다. TELNET 접속을 시도하면 접속 패스워드가 있더라도 접속 패스워드를 묻지 않고, "username"과 "password"를 입력받아 검증한다.

[17] 계정을 여러 개 생성하여 패스워드를 각각 설정해 놓으면 원격 단말이나 사용자마다 다르게 사용할 수 있다.

[18] hostname을 설정하고 나면, 표 5-11의 단계 7에서와 같이 프롬프트의 호스트 이름이 바뀐다.

[19] RSA는 Rivest, Shamir와 Adleman이 만든 대표적인 공개키 암호 알고리즘이다. 다양한 암호 알고리즘이 존재하나 현재는 RSA만 지원된다. 암호 알고리즘을 사용하기 위해서는 추측이 불가능한 랜덤값인 키(key)가 필요하다.

출력 메시지에 나타나 있듯이 RSA 암호키의 이름이 앞에서 입력한 hostname과 domain-name으로부터 만들어지기 때문에 hostname과 domain-name의 설정이 필요하다. 그 다음으로 키의 길이를 요구하는데, 360~2048 비트까지 가능하다. 키의 길이가 길수록 키의 생성과 암복호화 시간이 길어지지만 그만큼 안전하다. 예에서는 512비트를 선택하였다. SSH 버전 2를 사용하려면 최소 768비트 이상이어야 하므로 SSH 버전 1.5를 사용할 수 있다는 메시지가 출력된 것을 볼 수 있다. 마지막으로 관리자 패스워드를 "MEpwd"로 설정하였다.

관리자 PC에서 접속하는 방법은 그림 5-49와 같다. 사용자 로그인명은 표 5-11과 그림 5-48에서 생성한 사용자 계정의 로그인명이다. 그림 5-50은 PC0에서 Switch0로 SSH를 이용하여 접속하는 화면이다. 그림 5-49와 같이 접속 명령어를 입력하면 사용자 "hong"에 대한 패스워드를 요구하므로 앞에서 설정한 "Hpwd"를 입력하면 사용자 모드로 접속된다. 관리자 모드로 접속하려면 관리자 패스워드를 요구한다. 관리자 모드에서 "show ip ssh"를 수행하여 현재 사용하고 있는 SSH 버전, 타임아웃, 로그인 재시도 횟수 등을 확인할 수 있다. 프롬프트에 표시되는 호스트명도 앞에서 설정한 "OurSwitch"로 변경된 것을 볼 수 있다.

그림 5-49 SSH 접속 명령어

그림 5-50 PC0에서 Switch0으로 SSH 접속 및 관리자 모드 명령 수행

---

[20] 숫자 "1"이 아니라 알파벳 소문자 "l"이다.

방화벽을 설치한다거나 원격 접속 보안을 설정한다고 해서 내부망이 완전한 안전지대가 되는 것은 아니다. 스위치 포트 보안은 지정 포트에서는 안전한 MAC 주소를 가진 호스트만 접속을 허용하거나, 특정 MAC 주소를 가진 호스트는 지정된 포트에서만 접속하도록 제한하는 데 사용될 수 있다. 회사에서 포트마다 사용자를 정의해 놓고, 사용하지 않는 포트는 비활성화 시켜 놓음으로써, 허용되지 않은 누군가가 자신의 PC로 내부망에 접속해서 부적절한 행위를 하지 못하도록 막을 수 있다. 물론 새로운 누군가가 혹은 임시로 PC를 연결하려면 일일이 관리자가 설정을 해주어야하기 때문에 불편하고 번거롭다. 보안성과 편리성은 이율배반적인(trade-off) 관계이기 때문에 적절한 조율은 선택하는 사람의 몫이다.

표 5-12는 그림 5-41에서 Switch0의 FastEthernet0/1에 관리자용 호스트인 PC0만 허용하기 위한 절차이다.

표 5-12 포트 보안 설정

단계	기능	명령어
1	인터페이스 모드 진입	**Switch (config)#** interface fa0/1
2	모드 변경	**Switch (config-if)#** switchport mode access
3	포트 보안 기능 활성화	**Switch (config-if)#** switchport port-security
4	최대 동시 접속 수	**Switch (config-if)#** switchport port-security maximum 1
5	허용 MAC 주소	**Switch (config-if)#** switchport port-security mac-address 0026.2F26.222B
6	위반 시 조치	**Switch (config-if)#** switchport port-security violation restrict
7	MAC 주소 학습 주기	**Switch (config-if)#** switchport port-security aging time 10

1단계에서 포트 보안을 설정하고자 하는 인터페이스의 설정 모드로 진입하고, 2단계에서 포트의 모드를 "access"로 설정한다.[21] 3단계에서 해당 포트의 포트 보안 기능을 활성화한다. 4단계에서 해당 포트에 여러 대의 호스트를 허용할 수 있는데, 최대 허용 호스트 수를 지정한다. 디폴트는 1이고 최대 132까지 줄 수 있다. 5단계에서 이 포트에 허용할 호스트의 MAC 주소를 지정한다. 허용 호스트의 MAC 주소를 지정하는 방법에는 표 5-13과 같이 2가지가 있다. 예에

---

[21] 포트 보안은 호스트 포트(host port)에만 적용할 수 있는데, access모드로 설정하면 호스트 포트가 된다.

서는 직접 MAC 주소를 관리자가 지정하였는데, 만약 "sticky"라고 지정하면 허용된 최대 호스트 수만큼 접속 호스트로부터 MAC 주소를 학습하여 저장한다. 그 이후에 접속하는 호스트에 대해서는 접속을 허용하지 않으며 더 이상 학습하지 않는다. 수집된 MAC 주소는 표 5-14와 같이 2가지 방법으로 저장된다. 관리자가 지정하거나 sticky 모드에서 최대 호스트 수까지 학습된 MAC 주소는 정적으로 유지된다. 그러나 sticky 모드가 아닌 경우, 관리자가 최대 호스트 수보다 적게 지정하면 나머지는 스위치가 자동으로 학습하되 동적으로 관리된다. 동적으로 관리되는 MAC 주소들은 aging time(예에서는 7단계에서 10분으로 설정)이 경과했거나 포트가 비활성화 되면 자동으로 삭제되고 다시 학습한다. 6단계에서는 허용되지 않은 MAC 주소의 호스트로부터 패킷이 들어왔을 때의 조치 방법을 설정한다. 조치 방법으로는 표 5-15와 같이 3가지가 있다. 디폴트는 "shutdown"이다. 7단계에서 동적으로 수집된 MAC 주소를 삭제하는 주기로서 1~1440분까지 설정할 수 있다.

표 5-13 허용 MAC 주소 설정 방법

옵션	동작
(MAC 주소)	특정 MAC 주소를 직접 수동으로 지정
sticky	허용된 최대 호스트 수가 찰 때까지 접속하는 호스트 주소를 동적으로 학습하여 저장

표 5-14 허용 MAC 주소 저장 정책

옵션	동작
정적(static)	직접 수동으로 지정한 MAC 주소나 sticky 모드에서 최대 허용된 호스트 수가 찰 때까지 학습한 MAC 주소를 정적으로 유지
동적(dynamic)	sticky 모드가 아닌 경우, 최대 호스트 수가 찰 때까지 학습한 MAC 주소를 동적으로 유지

표 5-15 포트 보안 위반 시 조치 방법

옵션	동작
protect	sticky 옵션에서만 동작. 최대 허용 호스트 수까지 MAC 주소를 학습하고 이후부터 다른 호스트로부터의 패킷은 무시. 이 경우에 로그를 남기지 않음
restrict	허용되지 않은 주소로부터의 패킷을 무시. 로그를 남기고 경고를 발생시킴
shutdown	경고를 발생시키고 해당 포트를 비활성화시킴. "no shutdown" 명령어를 통해서만 다시 활성화됨(디폴트).

그림 5-51은 Switch0의 FastEthernet0/1에 PC0만 접속할 수 있도록 설정하는 예이다. PC0의 MAC 주소를 확인하여 "switchport port-security mac-address"명령어와 함께 지정하였다.

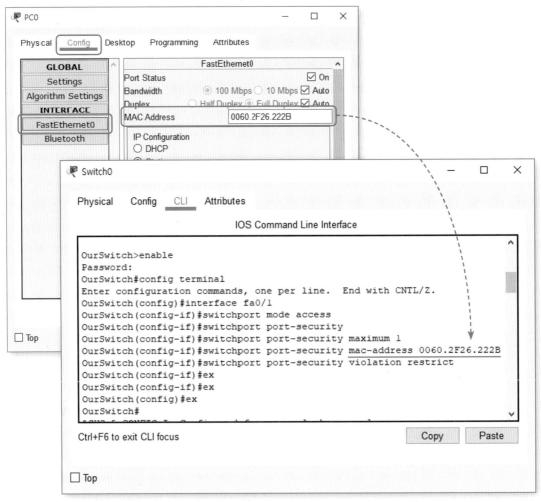

그림 5-51 Switch0의 FastEthernet0/1에 대한 포트 보안 설정

그림 5-52는 Switch0의 관리자 모드에서 "show port-security address"를 입력하여 포트 보안이 설정된 포트와 저장된 MAC 주소들을 보여준다. 앞에서 설정한 값이 잘 저장되어 있는지 확인하자. 그림 5-53은 "show port-security"를 입력하여 FastEthernet0/1에 대한 포트 보안 위반 시 적용할 동작이 "restrict"로 설정되어 있음을 확인한 것이다.

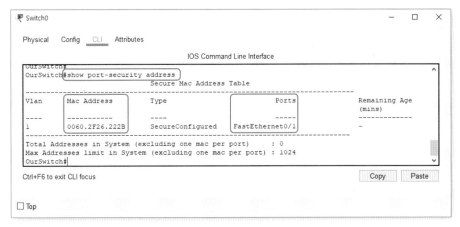

그림 5-52 Switch0의 FastEthernet0/1 포트 보안에 설정된 MAC 주소

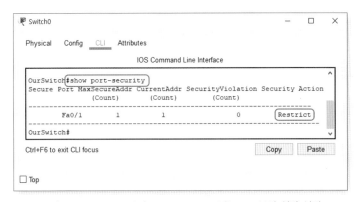

그림 5-53 Switch0의 FastEthernet0/1 포트 보안 위반 설정

그림 5-54는 Switch0의 FastEthernet0/1을 통해 연결된 PC0이 포트 보안 설정 후 SSH로 접속하여 성공한 화면이다.

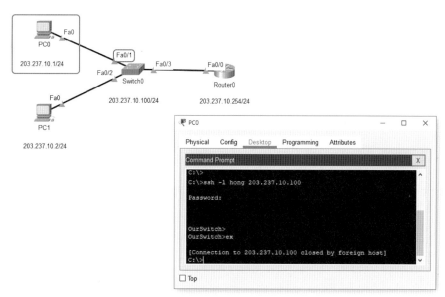

그림 5-54 PC0의 FastEthernet0/1을 통한 Switch0 접속

그림 5-55는 Switch0의 FastEthernet0/1에 새로운 PC2를 연결하여 Switch0에 접속하는 화면으로서, 접속에 실패한 것을 확인할 수 있다. 그러나 PC1은 포트 보안이 설정되지 않은 Switch0의 FastEthernet0/2를 통해 접속이 허용되는 것도 확인할 수 있다.

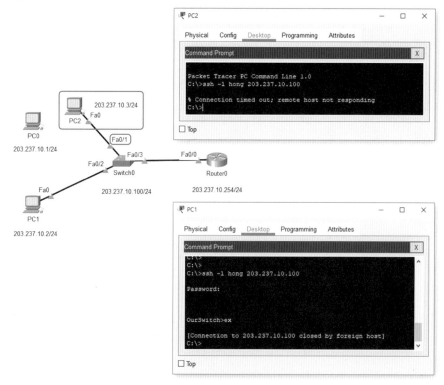

그림 5-55 포트 보안 위반 사례

그림 5-56은 Switch0의 관리자 모드에서 "show port-security interface fa0/1"로 FastEthernet0/1의 포트 보안 설정 상태를 확인한 화면이다. 그림 5-48에서 설정한 값들과, 저장되어 있는 MAC 주소들 현황 그리고 이 포트로 접속했던 위반 정보를 보여준다. 마지막 위반 사례에 표시된 MAC 주소가 PC2인지 확인해보도록 하자.

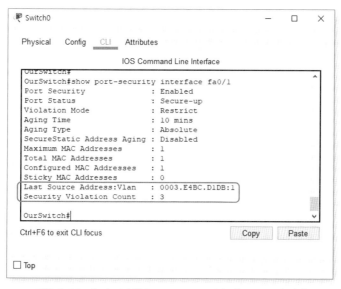

그림 5-56 Switch0의 FastEthernet0/1의 포트 보안 상태

라우터 보안

라우터에서도 방화벽에서 다루었던 ACL과 NAT 기능을 제공한다. 그러나 라우터의 NAT 기능은 원래 보안을 목적으로 한 것이 아니며 방화벽과 거의 유사하므로 이 장에서 기술하지 않는다.

라우터의 ACL

일반 사용자가 SSH를 이용하여 라우터에 접속하면 어떻게 될까? 물론 패스워드를 설정해 놓았기 때문에 아무나 접속할 수는 없다. 하지만 자물쇠 하나 채웠다고 안심할 수는 없지 않는가? ACL은 패스워드가 설정된 계정뿐만 아니라 접속하는 컴퓨터의 IP 주소로 접속을 제어하는 방법이다. 스위치에 포트 보안이 있다면 라우터에는 ACL이 있다. 스위치는 2계층 장비여서 포트 보안이 MAC 주소를 인식하고 이를 이용하였으며, 라우터는 3계층 장비이므로 ACL에서는 IP 주소를 인식하고 이용하는 것이다. 우리는 5.1절과 5.2절에서 이미 ACL을 간단히 다루었다. 여기서 조금 더 자세하고 다양한 옵션을 배워보자.

방화벽에서 언급한 바와 같이 ACL에는 표준(standard) ACL과 확장(extended) ACL이 있다. ACL을 정의할 때는 식별자인 번호를 부여하는데, 번호를 사용하지 않고 이름을 부여한 ACL을 named ACL이라고 한다. 표준 ACL에 이름을 부여하면 named 표준 ACL이고 확장 ACL에 이름을 부여하면 named 확장 ACL이다.[22]

우선 표준 ACL에 대해 알아보자. 방화벽에서 본 바와 같이 먼저 ACL을 정의하고, 어디에 어떤 ACL을 적용할 것인지 지정해야 한다. ACL 생성 방법은 그림 5-57과 같다.

그림 5-57 라우터 표준 ACL 정의 명령 구성

---

[22] 방화벽에서 사용했던 ACL이 named 확장 ACL이었다.

명령어의 각 항목에 대한 세부 설명은 표 5-16과 같다. 표준 ACL의 경우 번호는 1~99 사이의 값을 사용해야 한다. permit이나 deny는 지정된 출발지 주소로부터 들어오는 트래픽에 대해 어떻게 처리할 지를 나타낸다.

표 5-16 라우터 표준 ACL 정의 명령 옵션

항목	설정 가능한 값
❶ access-list	access-list
❷ ACL 번호	1~99
❸ 적용 동작	permit: 트래픽 허용
	deny: 트래픽 거부
❹ 출발지 주소	0.0.0.0: 모든 IP 주소
	any: 0.0.0.0과 동일
	host *nnn.nnn.nnn.nnn*: 특정 호스트의 IP 주소
	nnn.nnn.nnn.nnn nnn.nnn.nnn.nnn: 범위를 지정하는 IP 주소와 와일드카드

출발지를 지정하는 방법은 3가지가 있다. "any"는 모든 출발지를 의미하고, "host"는 이어 나오는 IP 주소를 가진 하나의 출발지를 의미한다. 마지막으로 IP 주소와 와일드카드를 사용하는 방법이 있다. 와일드카드를 사용하는 경우에는 주어진 IP 주소를 기준으로 범위를 지정하고자 할 때 사용한다. 와일드카드의 비트값이 0이면, 출발지 주소가 주어진 IP 주소의 해당 비트와 일치하는지 검사하라는 의미이고 1이면 무시하라는 의미이다. 와일드카드를 생략할 경우에는 "0.0.0.0"을 설정한 것과 같아서 특정 IP 주소 하나만 지정하게 되므로 "host"를 사용하는 것과 같다.

만약 한 대역대의 모든 IP 주소를 지정하고 싶다면, 와일드카드는 해당 서브넷 마스크의 비트를 반전시키면 된다[23]. 왜냐하면, 그림 5-58에 나타낸 바와 같이 서브넷 마스크와 와일드카드의 성질 때문이다. 서브넷 마스크는 네트워크 ID 부분만 1로 설정하고 호스트 ID 부분은 0으로 설정한다. 반면에 와일드카드는 네트워크 ID만 비교하고 호스트 ID 부분은 무시하기 위해 네트워크 ID 부분은 0으로 설정하고 호스트 ID 부분은 1로 설정한다.

표 5-17의 예에서 203.237.20.0/24의 서브넷 마스크는 255.255.255.0이다. ACL에서 이 대역대의 모든 IP 주소를 지정하고 싶다면 203.237.20.0 0.0.0.255로 지정하면 된다. 또 다른 예로 203.237.20.0/26에 대해 지정하고 싶을 경우, 이 대역대에 대한 서브넷 마스크가 255.255.255.192이므로 와일드카드는 0.0.0.63이 된다.

---

[23] 각 비트를 반전시키는 대신 각 옥텟별로 255에서 서브넷 마스크 값을 빼도 결과는 같다.

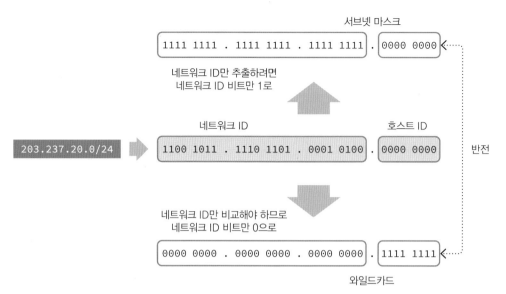

그림 5-58 서브넷 마스크와 와일드카드의 관계

표 5-17 한 대역대에 대한 서브넷 마스크와 와일드카드 예

지정 IP 주소 대역대	구분	이진수/십진수			
203.237.20.0/24	서브넷 마스크	1111 1111	1111 1111	1111 1111	0000 0000
		255	255	255	0
	와일드카드	0000 0000	0000 0000	0000 0000	1111 1111
		0	0	0	255
203.237.20.0/25	서브넷 마스크	1111 1111	1111 1111	1111 1111	1000 0000
		255	255	255	128
	와일드카드	0000 0000	0000 0000	0000 0000	0111 1111
		0	0	0	127
203.237.20.0/26	서브넷 마스크	1111 1111	1111 1111	1111 1111	1100 0000
		255	255	255	192
	와일드카드	0000 0000	0000 0000	0000 0000	0011 1111
		0	0	0	63

만약 지정하고자 하는 IP 주소 범위가 여러 대역대에 걸쳐 있거나, 한 대역대의 일부에 해당
된다면 어떻게 해야 할까? 예를 들어, 203.237.20.48 ~ 203.237.20.63만 지정하고자 할 경우를
고려해보자. 표 5-18과 같이 이들의 첫 3개 옥텟은 모두 동일하고 마지막 옥텟만 다르다. 이 4
번째 옥텟을 살펴보면 지정하고자 하는 값들은 모두 "0011"로 시작하고 나머지 4비트는 각각
다르다. 따라서 와일드카드를 IP 주소에서 지정한 4번째 옥텟값 48과 첫 4비트만 일치하는지

검사하면 되므로 와일드카드는 "00001111"로 설정해야 한다. 따라서 와일드카드 값은 0.0.0.15 가 되므로[24] 출발지 주소를 "203.237.20.48 0.0.0.15"라고 설정하면 된다.[25]

표 5-18 와일드카드 계산을 위한 공통 비트 추출

4번째 옥텟값									비트 형태
10진수	2진수								
47	0	0	1	0	1	1	1	1	0010 *nnnn*
48	0	0	1	1	0	0	0	0	
49	0	0	1	1	0	0	0	1	
50	0	0	1	1	0	0	1	0	
…	0	0	1	1	…	…	…	…	0011 *nnnn*
61	0	0	1	1	1	1	0	1	
62	0	0	1	1	1	1	1	0	
63	0	0	1	1	1	1	1	1	
64	0	1	0	0	0	0	0	0	0100 *nnnn*

서브넷 마스크의 1은 항상 왼쪽부터 채워져서 중간에 나타나는 법이 없지만, 와일드카드에서 는 0과 1이 섞여 나올 수 있다. 활용도가 높지는 않지만 만약 203.237로 시작하는 짝수 IP 주소 만 지정하는 예를 든다면 "203.237.0.0 0.0.255.254"으로 설정하면 된다.

그러면 라우터는 이 와일드카드 값을 가지고 들어오는 트래픽에 ACL 규칙을 적용해야 할지를 어떻게 판단할까? ACL의 IP 주소(IP_{ACL})와 와일드카드(W)와 비트논리합(OR)을 계산한 값을 $ADDR_{ACL}$이라고 하고, 도착한 트래픽의 출발지 IP 주소(IP_{SRC})와 ACL에 있는 주소에 와일드 카드와 비트논리합을 계산한 값을 $ADDR_{SRC}$라고 하자. 논리합을 계산하면 검사해야 하는 비 트들은 원래 비트 그대로 유지되고, 무시해도 되는 비트들은 모두 1이 된다. 따라서 $ADDR_{ACL}$ 과 $ADDR_{SRC}$가 같으면, 즉 (IP_{ACL} | W) == (IP_{SRC} | W)이면 ACL의 동작을 적용하게 된다.

표 5-19의 예를 보면, 적용 대상인 "203.237.20.50"과 "203.237.20.63"은 와일드카드 적용 값 이 ACL IP 주소에 적용한 값과 같이 "203.237.20.63"이 되어 일치하는 것을 볼 수 있다. 반면 적용 범위에 포함되지 않는 "203.150.20.50"과 "203.237.20.95"는 와일드카드 적용 값이 각각 "203.150.20.63"과 "203.237.90.95"로서 ACL IP 주소에 적용한 값과 다르다는 것을 알 수 있다.

---

[24] IP 주소의 범위가 연속적이지 않거나 공통 비트들이 한 그룹으로 묶이지 않을 경우에는 그룹별로 여러 개의 ACL로 구분해서 설정해야 한다.

[25] 하나의 대역대를 모두 지정하는 와일드카드는 간단하다. 그 대역대의 서브넷 마스크의 각 비트를 반전시키면 된다. 즉 255.255.255.0인 경우에는 0.0.0.255라고 설정하면 된다.

표 5-19 출발지 IP 주소에 따른 ACL 적용 여부 예

대상 IP 주소와 논리합		1번 옥텟	2번 옥텟	3번 옥텟	4번 옥텟	검사 결과
와일드카드	0.0.0.15	0000 0000	0000 0000	0000 0000	0000 1111	-
ACL IP 주소	203.237.20.48	1100 1011	1110 1101	0001 0100	0011 0000	
ADDR$_{ACL}$	203.237.20.63	1100 1011	1110 1101	0001 0100	0011 1111	
출발지 IP 주소	203.150.20.50	1100 1011	1001 0110	0001 0100	0011 0010	불일치
ADDR$_{SRC}$	203.150.20.63	1100 1011	1001 0110	0001 0100	0011 1111	
출발지 IP 주소	203.237.20.50	1100 1011	1110 1101	0001 0100	0011 0010	일치
ADDR$_{SRC}$	203.237.20.63	1100 1011	1110 1101	0001 0100	0011 1111	
출발지 IP 주소	203.237.20.61	1100 1011	1110 1101	0001 0100	0011 1101	일치
ADDR$_{SRC}$	203.237.20.63	1100 1011	1110 1101	0001 0100	0011 1111	
출발지 IP 주소	203.237.20.90	1100 1011	1110 1101	0001 0100	0101 1010	불일치
ADDR$_{SRC}$	203.237.20.95	1100 1011	1110 1101	0001 0100	0101 1111	

작성한 ACL을 적용하기 위해서는 방화벽에서와 같이 적용할 특정 인터페이스와 들어오는 트래픽에 적용할 것인지 나가는 트래픽에 적용할 것인지를 지정해야 한다. 명령어는 그림 5-59와 같다.

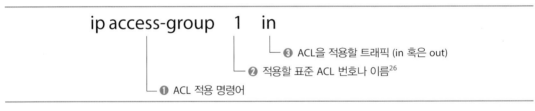

그림 5-59 라우터 표준 ACL 적용 명령 구성

그림 5-41에서는 스위치의 포트 보안을 적용하여 관리자의 스위치 접속을 제한했었다. 동일한 네트워크 토폴로지를 갖는 그림 5-60에서는 ACL을 적용해서 관리자 PC인 PC0에서만 라우터에 접속할 수 있도록 해보자. 표 5-20과 같이 관리자 PC의 IP 주소인 203.237.10.1은 FastEthernet0/1로 들어올 수 있도록 허용하고 다른 모든 주소는 거부하도록 ACL 1을 설정하고 FastEthernet0/0에 적용해보자. 그림 5-61은 Router0에 ACL을 적용하고 "show access-lists"를 통하여 설정 상태를 확인한 화면이다.

---

26 named ACL을 사용할 경우에는 번호 대신 ACL 이름을 사용한다.

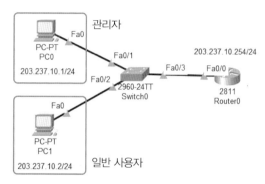

그림 5-60 ACL 보안 설정용 네트워크

표 5-20 Router0의 ACL 설정

단계	기능	명령어
1	PC0을 허용하는 ACL 규칙	Router(config)# access-list 1 permit 203.237.10.1 0.0.0.0
2	다른 노드는 거부하는 ACL 규칙	Router(config)# access-list 1 deny any
3	FastEthernet0/0 설정 모드 진입	Router(config)# interface fa0/0
4	입력 트래픽에 ACL 1 적용	Router(config-if)# ip access-group 1 in

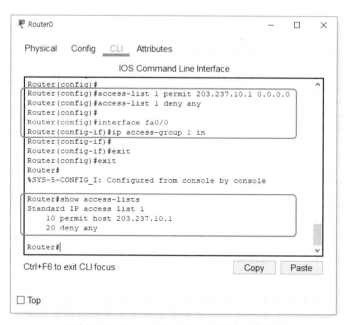

그림 5-61 Router0의 ACL 1 설정과 상태 확인

그림 5-62는 관리자용 PC0에서 ACL 설정 전후에 Router0으로의 ping과 SSH로 접속이 가능함을 보여준다. 그림 5-63은 ACL 설정 전에는 Router0으로 접속이 가능했으나 설정 후에는 접속이 불가능함을 보여준다.

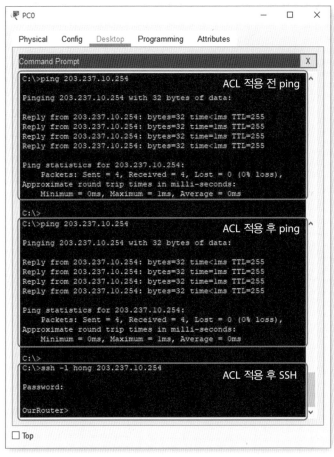

그림 5-62 PC0에서 Router0으로의 접속 확인

하나의 ACL에는 여러 개의 규칙을 지정할 수 있다. 표 5-20에서도 ACL 1에 2개의 규칙을 정의하였다. 트래픽이 도착했을 때 ACL을 적용하는 흐름은 그림 5-64와 같다. 적용할 ACL이 없을 경우에는 디폴트로 허용한다. ACL이 있을 경우에는 첫 번째 규칙부터 순서대로 적용해 본다. 만약 트래픽의 출발지 주소가 규칙 대상에 해당되면 정의된 동작(허용 또는 거부)을 적용하고 나머지 규칙을 무시한다. 규칙 대상이 아니면 다음 규칙 적용을 시도한다. 만약 더 이상 남아 있는 규칙이 없으면 디폴트로 거부를 적용한다. 따라서 "deny"로 이루어진 규칙들 마지막에는 그 외의 모든 트래픽을 허용한다는 "permit any"를 추가해주어야 한다.

그림 5-63 PC1에서 Router0으로의 접속 확인

ACL 규칙은 순서대로 적용을 시도하고 적용되는 규칙이 있을 경우, 나머지 규칙을 무시하기 때문에 규칙의 순서가 매우 중요하다. 예를 들어서 203.237.10.2를 제외한 모든 트래픽을 허용하고자 할 때는 표 5-21의 ❶과 같이 설정해야 한다. 그런데 순서를 바꾸어서 ❷와 같이 설정하면 1번째 규칙에서 모든 트래픽을 허용해버리기 때문에 2번째 규칙은 절대 적용될 수 없다. 이와 같은 이유로 표 5-20에서 2번째 규칙도 사실상 쓸모가 없다. 왜냐하면 2번 규칙이 없어도 1번째 규칙에 해당되지 않는 패킷은 디폴트로 거부할 것이기 때문이다. 즉 "permit"으로 이루어진 규칙 마지막에는 "deny any"와 같은 규칙을 추가할 필요가 없다.

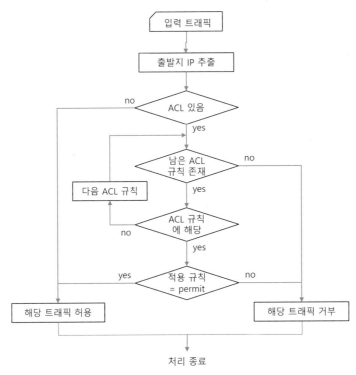

입력 트래픽

출발지 IP 추출

ACL 있음

남은 ACL
규칙 존재

다음 ACL 규칙

ACL 규칙
에 해당

적용 규칙
= permit

해당 트래픽 허용

해당 트래픽 거부

처리 종료

그림 5-64 표준 ACL 적용 흐름도

표 5-21 ACL 규칙 순서 차이에 따른 결과

사례	ACL 규칙	적용 결과
❶	deny 203.237.10.2 0.0.0.0 permit any	203.237.10.2를 제외한 모든 트래픽 허용
❷	permit any deny 203.237.10.2 0.0.0.0	203.237.10.2를 포함한 모든 트래픽 허용

ACL 번호를 100~199로 지정함으로써 확장 ACL을 선언할 수 있으며 표준 ACL보다 상세하게 접근제어를 할 수 있다. 그림 5-65에서와 같이 모든 트래픽에 대해서 적용하지 않고 특정 프로토콜(❺)을 지정할 수 있다. 또한 지정한 프로토콜에 따라 상세한 옵션(❼)을 지정할 수 있다. 이 옵션은 ❺에서 지정한 프로토콜에 따라 설정 항목이 다르다. 프로토콜이 TCP나 UDP일 경우에는 이 프로토콜을 사용한 응용 프로그램을 구분하기 위하여 포트 번호를 비교할 수 있다. ICMP일 경우에는 ICMP 요청 패킷과 이에 대한 응답 패킷을 상세하게 구분하여 지정할 수 있다. IP 주소일 경우에는 해당되는 옵션이 없다. 각 항목에 지정할 수 있는 값들을 표 5-22에 요약하였다. 이 외에도 설정할 수 있는 값들이 더 있지만, 이 책의 범위를 벗어나기 때문에 포함시키지 않았다.

그림 5-65의 예에서 첫 번째 규칙 "access-list 100 permit tcp host 203.237.10.1 host 203.237.10.254 eq telnet"은 TELNET을 이용하여 203.237.10.1에서 203.237.10.254로 TCP 통신을 하는 경우 허용한다는 의미이다. 두 번째 규칙 "access-list 100 permit icmp host 203.237.10.1 host 203.237.10.254 echo"은 203.237.10.1에서 203.237.10.254로 보내는 ICMP 요청 패킷을 허용한다는 의미이다. 각 옵션의 설정 가능한 값은 표 5-22에 있다.

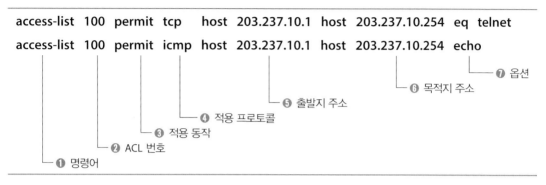

그림 5-65 라우터 확장 ACL 정의 명령 구성

표 5-22 라우터 확장 ACL 정의 명령 옵션

항목	설정 가능한 값		
❶ 명령어	access-list		
❷ ACL 번호	100~199		
❸ 적용 동작	permit: 트래픽 허용		
	deny: 트래픽 거부		
❹ 적용 프로토콜	ICMP, IP, TCP, UDP 등		
❺ 출발지 주소	any: 모든 IP 주소 host *nnn.nnn.nnn.nnn*: 특정 호스트의 IP 주소 *nnn.nnn.nnn.nnn nnn.nnn.nnn.nnn*: 범위를 지정하는 IP 주소와 와일드카드		
❻ 목적지 주소	any: 모든 IP 주소		
	host *nnn.nnn.nnn.nnn*: 특정 호스트의 IP 주소		
	nnnn.nnn.nnn.nnn nnn.nnn.nnn.nnn: 범위를 지정하는 IP 주소와 와일드카드		
❼ 옵션	TCP UDP	포트 비교 연산자	eq: *의 포트 번호와 같은 트래픽
			gt: *의 포트 번호보다 큰 트래픽
			lt: *의 포트 번호보다 작은 트래픽
			neq: *의 포트 번호와 다른 트래픽
			range *n m*: 포트 번호가 *n*과 *m* 사이인 트래픽 *n, m*은 0~65535 혹은 프로토콜 이름

	포트(*)	적용 트래픽이 사용하는 포트 번호나 프로토콜 이름. range로 설정할 경우 불필요
ICMP	echo: ICMP 요청 패킷	
	echo-reply: ICMP 응답 패킷	
	host-unreachable: 호스트 무응답 패킷	
	net-unreachable: 네트워크 무응답 패킷	
	port-unreachable: 포트 무응답 패킷	
	protocol-unreachable: 프로토콜 무응답 패킷	
	unreachable: 모두 무응답 패킷	

표준 ACL을 사용했을 때 관리자 PC인 PC0은 Router0으로 모든 트래픽이 허용되고, 그 외 PC 인 PC1은 Router0으로의 모든 트래픽이 차단되었다. 그림 5-66처럼 Router0에서 TELNET을 허용하고 확장 ACL을 이용하여 PC0도 Router0으로 TELNET만 가능하도록 설정해보자. 그림 5-67에서 보는 바와 같이 PC0에서 Router0으로 TELNET은 가능하지만 PING은 불가능함을 확인할 수 있다.

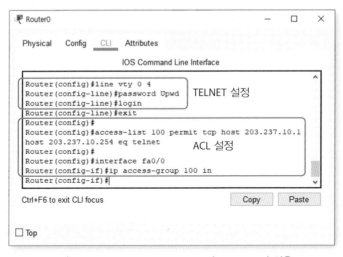

그림 5-66 PC0 → Router0으로의 TELNET만 허용

named ACL은 정의할 때는 "access-list"라는 키워드 대신 "ip access-list"라는 키워드를 사용하고 번호 대신 이름을 지정한다. 따라서 번호로 표준 ACL인지 확장 ACL인지 구분할 수 없으므로 이름 앞에 "standard"나 "extended"라는 키워드를 사용함으로써 구분한다. 또한 규칙들을 정의 명령어와 함께 정의하지 않고 별도의 줄에서 입력한다. 규칙 정의 항목들은 동일하다. 인터페이스에 ACL을 적용할 때도 "access-list"라는 키워드 대신 "ip access-list"라는 키워드를 사용하며 ACL 번호가 아니라 이름을 사용한다.

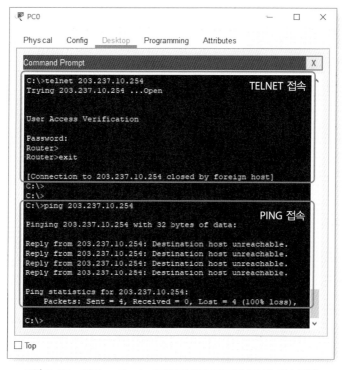

그림 5-67 PC0 → Router0으로의 TELNET과 PING 접속 결과

그림 5-68에서는 그림 5-61과 그림 5-66에서 사용했던 ACL을 각각 "SACL"과 "EACL"이라는 이름으로 정의하고 FastEthernet0/0에 적용하는 예를 보였다.

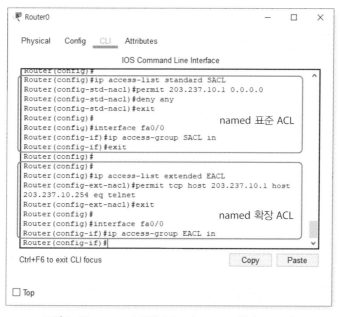

그림 5-68 named 표준 ACL과 named 확장 ACL 예

번호로 식별하는 ACL에서는 맨 마지막에 추가만 가능했기 때문에 수정하려면 처음부터 다시 작성해야 했다. named ACL의 장점은 규칙의 삽입과 삭제가 가능하다는 것이다. 그림 5-69에 서와 같이 관리자 모드에서 "show access-lists"를 입력하면 현재 설정되어 있는 ACL들이 출력되는데, 각 규칙들에는 10단위로 번호가 붙어 있다. 예를 들어서 앞에서 정의한 SACL의 10번과 20번 규칙 사이에 "permit 203.237.10.2"를 추가하고 싶으면 10과 20 사이의 적절한 번호(예에서는 15) 뒤에 규칙을 설정하면 된다. 삭제하고 싶은 규칙이 있으면 번호 앞에 "no"를 붙여주면 된다. 그림 5-69에서 15번 규칙을 추가하고 20번 규칙을 삭제하였다. 수정 후 다시 "show access-lists"를 해보면 수정사항이 ACL에 잘 반영되어 있는 것을 볼 수 있다.

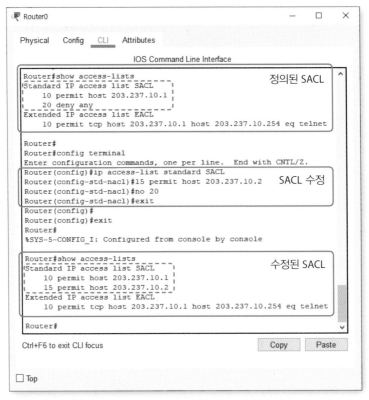

그림 5-69 named ACL 수정

06 주요 명령어 요약

Computer Network with Packet Tracer

이 장에서 새로 추가된 주요 명령어를 요약하였다.

방화벽 설정

표 5-23 방화벽 ACL 관련 명령어

명령어		동작 모드	기능 및 옵션
route	[VLAN명] [외부망 네트워크 주소] [외부망 서브넷 마스크] [상대 IP 주소]	글로벌	라우팅 설정 - 상대 IP 주소: 해당 VLAN에 연결된 상대 노드의 IP 주소

access-list
extended
	[ACL명]
	[적용 동작]
	[적용 프로토콜]
	[출발지 주소]
	[목적지 주소]
		글로벌	ACL 리스트 정의
			- 적용 동작: **p**ermit | **d**eny
			- 적용 프로토콜:
			  • **icmp** | **icmp6** | **tcp** | **udp** | **ip**
			- 출발지/목적지 주소:
			  • **h**ost IP 주소
			  • IP 주소와 와일드카드
			  • **a**ny

access-**g**roup [ACL명] [트래픽] interface [VLAN명]		글로벌	ACL 리스트 적용 - 트래픽: **in** | **out**
show **ac**cess-list		관리자	설정된 ACL 출력

표 5-24 방화벽 NAT 관련 명령어

명령어		동작 모드	기능 및 옵션
object	[객체 종류] [객체명]	글로벌	객체 생성 명령 - 객체 종류: **n**etwork
subnet	[내부 사설 IP 주소 대역] [서브넷 마스크]	객체	객체 서브넷 설정
nat	([내부망 인터페이스명], [외부망 인터페이스명]) [NAT 타입] interface	객체	NAT 설정 - 내부망 인터페이스명: inside - 외부망 인터페이스명: outside - NAT 타입: **d**ynamic | **s**tatic
show **na**t		관리자	설정된 NAT 상태 출력

스위치와 라우터의 원격 접속 설정

표 5-25 원격접속(TELNET, SSH) 관련 명령어

명령어	동작 모드	기능 및 옵션
line **vty** 0 [최대 접속자 수]	글로벌	원격 접속자 수 지정 - 최대 접속자 수: 동시 최대 접속자 수 − 1
password [접속 패스워드]	라인	TELNET 접속 패스워드 설정
login	라인	원격 로그인 시 패스워드 검사
login **l**ocal	라인	SSH 접속 시 계정명 사용
transport [입출력] [프로토콜]	라인	원격 접속에 사용할 프로토콜 설정 - 입출력: **in**put | **o**utput - 프로토콜: **a**ll | **n**one | **s**sh | **t**elnet
username [사용자 ID] **pa**ssword [패스워드]	글로벌	접속 사용자 ID와 패스워드 설정
hostname [호스트명]	글로벌	스위치/라우터의 이름 설정
ip domain-name [도메인명]	글로벌	스위치/라우터의 도메인 이름 설정
crypto **k**ey **g**enerate **r**sa	글로벌	RSA 키 생성
ip ssh **t**ime-out [초]	글로벌	SSH 접속 타임아웃 시간 설정

스위치 설정

표 5-26 스위치 포트 보안 관련 명령어

명령어	동작 모드	기능 및 옵션
switchport **m**ode **a**ccess	인터페이스	스위치 접근 모드 변경
switchport **po**rt-security	인터페이스	포트 보안 기능 정의
switchport **po**rt-security **max**imum [최대 수]	인터페이스	포트의 최대 동시 접속 호스트 수
switchport **po**rt-security **mac**-address [허용 주소]	인터페이스	접근허용 MAC 주소 설정 - MAC 주소 | sticky
switchport **po**rt-security **v**iolation [위반 조치]	인터페이스	포트 보안 위반 시 적용할 동작 - **p**rotect: 최대 허용 수까지 MAC 주소 학습 - restrict: 패킷 무시 - shutdown: 해당 포트 비활성화
switchport **po**rt-security **a**ging **t**ime [분]	인터페이스	동적 MAC 주소를 학습하는 주기
show **po**rt-security **a**ddress	관리자	포트에 지정된 MAC 주소와 타입 출력
show **po**rt-security **i**nterface [인터페이스 번호]	관리자	해당 포트에 대한 포트 보안 설정값과 위반 정보 출력
show **po**rt-security	관리자	보안 포트별로 접속한 성공/위반/현대 수, 위반 조치 방법 출력

라우터 ACL

표 5-27 라우터 ACL 관련 명령어

명령어		동작 모드	기능
access-list	[ACL 번호] [적용 동작] [출발지 주소]	글로벌	표준 ACL 정의 - 번호: 1~99 - 적용 동작: permit | deny - 출발지 주소: 출발지_IP 서브넷_마스크 | any | host IP
access-list	[ACL 번호] [적용 동작] [적용 프로토콜] [출발지 주소] [목적지 주소] [옵션]	글로벌	확장 ACL 정의 - 번호: 100~199 - 적용 동작: permit | deny - 적용 프로토콜: ICMP | IP | TCP | UDP - 출발지/목적지 주소: 출발지_IP 서브넷_마스크 　　　　　　　　　　　　　　　| any | host IP - 옵션: 트래픽 상세 구분
ip access-list **s**tandard	[ACL명] [적용 동작] [출발지 주소]	글로벌	named 표준 ACL 정의 - ACL명: ACL 이름 - 적용 동작: permit | deny - 출발지 주소: 출발지_IP 서브넷_마스크 | any | host IP
ip access-list **e**xtended	[ACL명] [적용 동작] [적용 프로토콜] [출발지 주소] [목적지 주소] [옵션]	글로벌	named 확장 ACL 정의 - ACL명: ACL 이름 - 적용 동작: permit | deny - 적용 프로토콜: ICMP | IP | TCP | UDP - 출발지/목적지 주소: 출발지_IP 서브넷_마스크 　　　　　　　　　　　　　　　| any | host IP - 옵션: 트래픽 상세 구분
ip access-group	[적용 ACL] [적용 트래픽]	인터페이스	정의된 ACL을 특정 인터페이스에 적용 - 적용 ACL: ACL번호 | ACL명 - 적용 트래픽: in | out
show **ac**cess-list		관리자	정의되어 있는 ACL 목록 출력

연/습/문/제

선택형 문제

01 외부망으로부터 내부망을 보호하기 위해 설치하는 시스템 혹은 장치는?

❶ 방화벽 ❷ 차단망 ❸ 라우터 ❹ DNS

02 다음 중 방화벽 ASA에 대한 설명으로 옳지 않은 것은?

❶ 시스코 보안 장비 ❷ 스위치 장비

❸ ACL 기능 지원 ❹ VLAN으로 내외부망 구분

03 방화벽을 이해하기 위한 3가지 요소(RNA)가 아닌 것은?

❶ Routing ❷ Access List ❸ Network ❹ NAT

04 방화벽이 기본적으로 방어하고자 하는 트래픽 흐름은 무엇인가?

❶ 내부망 → 내부망 ❷ 내부망 → 외부망 ❸ 외부망 → 내부망 ❹ 외부망 → 외부망

05 방화벽 ASA에서 설정된 VLAN을 출력하는 명령어는?

❶ show vlan ❷ show firewall ❸ show configure ❹ show switch vlan

06 내부 IP 주소를 외부 IP 주소로 변환해주는 프로토콜은?

❶ ACL ❷ NAT ❸ DNS ❹ FireWall

07 다음 중 스위치와 라우터로의 TELNET 접속에 대한 설명으로 옳지 않은 것은?

❶ line vty 0 4로 설정을 시작한다.

❷ 사용자 패스워드 설정이 필요하다.

❸ 관리자 패스워드 설정해야만 관리자 모드로 진입 가능하다.

❹ 관리자 패스워드는 평문으로만 저장 가능하다.

08 스위치나 라우터로의 SSH 접속에 관한 설명으로 옳지 않은 것은?

❶ TELNET 보다 안전하다.　　　　　　　❷ 트래픽 암호화를 위한 키값을 지정해야 한다.

❸ 패스워드가 암호문으로 저장된다.　　　❹ TELNET 보다 우선 적용된다.

09 SSH 설정 상태를 확인하는 명령어는?

❶ show ipconfig　　❷ show runnng config　❸ show ssh　　　　❹ shw vlan

10 스위치 포트 보안에 대한 설명으로 옳지 않은 것은?

❶ MAC 주소로 설정한다.

❷ 포트에 허용하는 호스트를 지정할 수 있다.

❸ 허용되지 않은 호스트가 접속하면 스위치가 다운된다.

❹ 포트에 허용되는 호스트 수를 지정할 수 있다.

11 스위치 포트 보안 설정 시 최대 호스트 수가 찰 때까지 호스트를 동적으로 학습하여 저장하는 옵션은 무엇인가?

❶ sticky　　　　　❷ dynamic　　　　❸ learning　　　　❹ any

12 스위치 포트 보안 위반 시 취할 수 있는 조치가 아닌 것은?

❶ protect　　　　　❷ restrict　　　　❸ shutdown　　　　❹ alarm

13 다음 중 스위치 포트 보안에 대한 설명이 아닌 것은?

❶ 특정 포트에 허용된 호스트는 다른 포트로 접속할 수 없다.

❷ 한 포트에 여러 호스트를 허용할 수 있다.

❸ 허용되지 않은 호스트는 TELNET이나 SSH로 접속할 수 없다.

❹ 설정하지 않으면 아무나 접속할 수 있다.

14 "패킷 필터링"이라고도 불리는 보안 기능은?

① ACL   ② NAT   ③ 포트 보안   ④ FireWall

15 라우터의 ACL에 대한 설명으로 옳은 것은?

① ACL의 규칙에 해당되지 않는 IP 주소는 허용한다.

② 확장 ACL은 표준 ACL보다 상세하게 규칙을 정할 수 있다.

③ 와일드카드의 1인 비트에 해당하는 IP 주소 비트를 반드시 검사한다.

④ 하나의 ACL에는 하나의 규칙만 정의할 수 있다.

16 라우터의 named ACL에 대한 설명으로 틀린 것은?

① ACL에 번호 대신 이름을 붙인 것이다.

② 규칙의 삽입과 삭제가 가능하다.

③ ip access-list라는 키워드를 사용하여 정의한다.

④ 확장 ACL에만 사용할 수 있다.

단답형 문제

01 방화벽 ASA에서 내부망으로 지정된 VLAN은 (　　　　　　　　)번이고, 외부망으로 지정된 VLAN은 (　　　　　　)번이다. [난이도 ★]

02 방화벽 ASA에서 내부망으로 지정된 VLAN의 이름은 (　　　　　　)이고, 외부망으로 지정된 VLAN 이름은 (　　　　　)이다. [난이도 ★]

03 방화벽에서 허용되는 트래픽은 보안 레벨이 (　　　　　　) 인터페이스에서 (　　　　　　) 인터페이스로의 트래픽이다. [난이도 ★]

04 내부망의 PC는 방화벽으로부터 IP 주소를 자동으로 할당받는데, 사용되는 프로토콜은 (　　　　　)이다. [난이도 ★]

05 방화벽에서 모든 패킷을 외부망이 연결된 노드(IP 주소가 203.237.30.254)로 내보내기 위한 라우팅 명령어는? [난이도 ★]

06 IP 주소가 203.237.30.200인 PC로부터의 tcp 패킷을 허용하도록 방화벽의 myACL이라는 확장 ACL 을 정의하시오. [난이도 ★]

07 방화벽에서 "in2out"이란 객체를 이용하여 NAT를 설정하는 단계이다. 빈칸을 채우시오. [난이도 ★]

```
ciscoasa (config)# object network in2out
ciscoasa (config-network-object)# subnet 192.168.1.0 255.255.255.0
ciscoasa (config-network-object)#
ciscoasa (config-network-object)# exit
```

08 스위치의 포트 보안을 설정하는 명령어를 쓰시오. [난이도 ★]

09 스위치의 포트 보안 상태를 출력하는 명령어를 쓰시오. [난이도 ★]

10 ACL에서 다음과 같은 IP 주소를 지정하기 위한 와일드카드 값을 구하시오.

IP 주소 범위	와일드카드
203.237.10.28	[난이도 ★]
203.237.30.0/24 대역대	[난이도 ★]
203.237.30.156/28 대역대	[난이도 ★★]
203.237.10.128 ~ 203.237.10.135	[난이도 ★★]
203.237.12.0/24 대역대와 203.237.15.0/24 대역대	[난이도 ★★★]

11 표준 ACL은 (   )의 번호를 이용하고, 확장 ACL은 (   )의 번호를 사용한다. [난이도 ★]

12 SSH를 이용하여 203.237.30.0/24 대역대로부터 들어오는 모든 TCP 패킷을 허용하도록 라우터의 named 확장 ACL인 myACL을 작성하시오. [난이도 ★]

13 라우터의 입력 트래픽에 대해 ACL 10번을 적용하는 명령어를 작성하시오. [난이도 ★]

14 다음과 같은 ACL 규칙에 대하여 다음 패킷을 허용할지 거부할지를 결정하고, 어떤 규칙에 의해 결정했는지를 쓰시오.

규칙 번호	규칙
10	access-list 1 permit 203.237.20.48 0.0.0.31
20	access-list 1 permit host 203.237.10.10
30	access-list 1 deny any

입력되는 패킷의 IP 주소	허용 여부	적용 규칙 번호
203.237.20.128		
203.237.20.49		
203.237.20.1		
203.237.10.10		
203.237.50.50		

실습 문제

※ SSH 접속과 포트 보안을 함께 구성해보고자 한다. 아래 그림을 참고하여 (1)~(12)까지 단계별로 구축하시오.

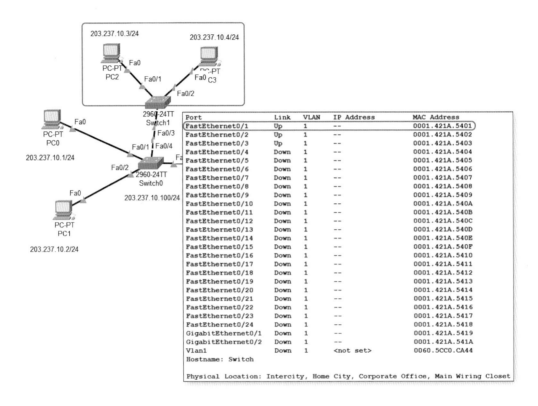

01 그림과 같이 노드들을 연결하고 IP 주소를 할당하시오(Switch1에는 불필요). [난이도 ★]

02 Switch0에 SSH 접속을 위해 다음과 같이 설정하시오. [난이도 ★]

- 허용 접속자 수를 2명으로 설정

- 사용 계정 charles / Cpwd 추가

- 호스트명과 도메인명은 exSwitch, exDomain.ac.kr 설정

- RSA 1024비트 암호화 키 재생성

- 타임아웃 시간은 1분 30초

- 암호화된 관리자 패스워드 Mpwd

03 PC2와 PC3 및 Switch1의 FastEthernet0/3(Switch0에 연결된 포트)의 MAC 주소를 확인하시오. 스위치의 포트마다 주소가 다르므로 스위치 위에 마우스를 가져다 놓으면 앞의 그림과 같이 주소가 출력되니 참고하시오. [난이도 ★]

호스트	MAC 주소
PC0	
PC1	
PC2	
Switch1의 FastEthernet0/3	

04 PC0, PC1, PC2에서 순서대로 하나씩 접속했다가 빠져 나오시오. 모두 잘 접속되는지 확인하시오. [난이도 ★]

05. PC0, PC1, PC2에서 동시에 스위치에 접속하시오. 즉, 빠져 나오지 말고 연결을 유지하시오. 모두 잘 접속되는지 확인하시오. 잘 안된다면 그 이유가 무엇인지 설명하시오. [난이도 ★]

06 Switch0의 FastEthernet0/2(Switch1이 연결된 포트)에 포트 보안을 다음과 같이 설정하시오. [난이도 ★★]

- 최대 허용 호스트 수는 3
- PC1과 PC2를 허용 호스트로 등록
- 위반 시 로그를 남기고 포트 차단
- 동적 MAC 주소 학습 주기는 2분

07 PC1과 PC2에서 계정 charles를 가지고 SSH로 Switch0에 접속이 가능한지 확인하시오. [난이도 ★]

08 Switch0에서 "show port-security address"를 통하여 등록된 MAC 주소와 타입을 확인하고 설명하시오. 지정하지 않은 주소가 저장된 이유를 설명하시오. [난이도 ★★★]

09 새로운 PC PC4를 Switch1에 연결하여 Switch0으로 접속을 시도하고 결과의 원인을 설명하시오. [난이도 ★]

10 PC1에서 Switch0으로 접속을 다시 시도하고 결과의 원인을 설명하시오. [난이도 ★★]

11 Switch0에 마우스를 올려놓거나, 관리자 모드에서 "show ip interface brief"를 입력하여 포트들의 활성화 상태를 확인하시오. [난이도 ★★]

12 (11)번의 문제를 해결하고 PC1에서 다시 접속을 시도하여 결과를 확인하시오. [난이도 ★★]

※ 아래 그림은 3장에서 사용했던 토폴로지에 방화벽을 연결한 것이다. 제공되는 실습문제 05-02.pkt를 이용하여 13~19번 문제에 답하시오.

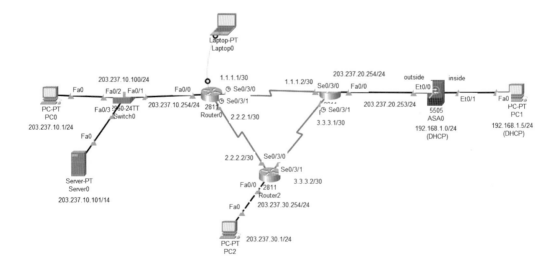

13 inside 영역에 있는 PC1에서 203.237.10.101 서버로 ping을 보내시오. [난이도 ★]

14 inside 영역에 있는 PC1에서 203.237.10.101(웹서버)로 접속을 시도하시오. [난이도 ★]

15 (13)이나 (14)에서 접속이 되지 않는다면 이유는 무엇인가? [난이도 ★★]

16 (15)번 문제를 해결하도록 방화벽을 설정하시오. [난이도 ★]

17 inside 영역에 있는 PC1에서 woosuk.ac.kr을 사용하여 웹서버(203.237.10.101)로 접속을 시도하시오.
[난이도 ★]

18 (17)에서 접속이 되지 않는다면 이유는 무엇인가? [난이도 ★★]

[힌트] 도메인명을 사용할 경우 DNS를 이용하여야 하므로, DNS 프로토콜이 사용하는 4계층 프로토콜을 확인하시오.

19 (18)번의 문제점을 해결하도록 방화벽을 설정하시오. [난이도 ★★]

무선 네트워크
(Wireless Network)

학습 목차

학습 목표

01. 무선랜의 개념과 구성 방법을 이해한다.
02. 무선랜의 IP 주소 설정 방식을 이해하고 설정할 수 있다.
03. 무선 인증 방식과 설정 방식을 이해하고 설정할 수 있다.
04. 무선랜을 구성하고 사용할 수 있다.

무선 네트워크란 케이블로 연결되는 유선 네트워크에 대비되는 용어로서 케이블 없이 (wireless) 무선 주파수로만 노드들이 연결되는 네트워크를 말한다. 그러므로 넓은 의미의 무선 네트워크는 Wi-Fi라고 알려진 무선랜, 휴대폰에서 사용되는 이동통신망을 비롯해서 소규모 네트워크 구성을 위한 블루투스, Zigbee, NFC 등이 모두 무선 통신방식을 이용한다.

이 장에서는 가장 널리 사용되고 좁은 의미의 무선 네트워크를 의미하는 무선랜에 대해서 알아본다. 또한 무선은 유선과 달리 수신기만 있으면 누구나 신호를 받아볼 수 있기 때문에 정보의 노출이 쉽다. 따라서 안전한 접속과 데이터 송수신을 위한 인증방법에 대해 배울 것이다. 패킷트레이서에서는 블루투스와 이동통신망도 실습할 수 있도록 지원하고 있으니 관심 있는 독자들은 경험해보기를 바란다.

01 무선랜이란

무선랜(WLAN: Wireless LAN)은 전기전자기술협회(IEEE: Institute of Electrical and Electronics Engineers)에서 제정한 802.11 표준에 기반하여 케이블 없이 무선으로 장치들이 통신할 수 있도록 하는 근거리 통신망이다. 스마트폰이 널리 보급되면서 와이파이(Wi-Fi)라는 이름으로 무선랜을 이미 익숙하게 사용하고 있는데, 사실상 이 와이파이는 와이파이 얼라이언스(Wi-Fi Alliance)라는 회사에서 등록한 하나의 상표이다.

무선을 사용할 경우에는 유선과 달리 "주파수 대역"의 개념을 알아야 한다. 공영 TV나 라디오 방송 채널을 떠올려 보면 이해할 수 있다. TV 방송은 7, 9, 11, 13 등으로 방송사마다 방송 채널이 구분되어 있고, 라디오 FM 방송은 91.9MHz, 97.3MHz, 103.5MHz 등의 주파수를 사용한다(지역마다 채널 번호와 주파수는 다르다). 컴퓨터 무선랜도 마찬가지이다. 802.11 표준은 계속 발전해 왔으며 802.11 표준의 종류와 사용하는 주파수 대역과 특징을 표 6-1에 정리하였다.

표 6-1 802.11 프로토콜의 종류

시기	프로토콜	주파수(GHz)	데이터 속도(Mbits/s)
1997.01.	802.11	2.4	1, 2
1999.09.	802.11b	2.4	1, 2, 5.5, 11
	802.11a	5	6, 9, 12, 18, 24, 36, 48, 54
2003.01.	802.11g	2.4	6, 9, 12, 18, 24, 36, 48, 54
2004.06.	802.11i	2.4	(802.11의 보안 강화)
2009.10.	802.11n	2.4	7.2, 14.4, 21.7, 28.9, 43.3, 57.8, 65, 72.2
		5	15, 30, 45, 60, 90, 120, 135, 150
2012.12.	802.11ac	5	~ 866.7
	802.11ad	2.4, 5, 60	~ 7,000
2016.	802.11ax	1, 2.4, 5, 6	600 ~ 9,608

02

무선 라우터

C o m p u t e r   N e t w o r k   w i t h   **P a c k e t   T r a c e r**

무선 라우터 구조

유선랜을 사용할 때는 스위치 포트에 컴퓨터를 케이블로 연결하여 사용하였다. 유선랜에 연결하기 위해서 컴퓨터에 랜카드가 필요했듯이, 무선랜에 연결하기 위해서도 노트북 등 단말 장치에 무선랜을 지원하는 무선랜카드가 장착되어 있어야 한다. 요즘 노트북이나 스마트폰에는 기본적으로 장착되어 있고, 데스크탑에도 무선랜카드를 추가로 장착하면 무선 통신이 가능하다. 무선랜에서도 스위치와 같은 연결 장치가 필요하게 되는데, 그것이 AP(Access Point)라고 불리는 장치이다(무선 라우터라고도 한다). 그림 6-1에서와 같이 보통 사무실이나 가정에서 사용하는 (유)무선공유기를 생각하면 된다. 일반적으로 벽에 나와 있는 랜 포트에 공유기를 랜선으로 연결하면, 공유기가 인터넷을 통해 유선으로 받은 신호를 무선으로 전파하고 단말 장치들로부터 무선으로 받은 신호를 유선을 통해 인터넷으로 전송한다. 물론 공유기를 랜선으로 연결하기만 하면 되는 것은 아니다. 가정에서는 ISP(Internet Service Provider, 인터넷 서비스 업체)에서 설정해 주었겠지만 사무실에서는 각자 설정해야 했을 것이다. 이 장에서 원리를 배워 직접 설정하는 방법을 알아보자.

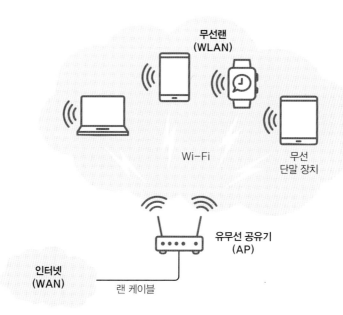

그림 6-1 유무선 공유기를 이용한 무선랜 통신

패킷트레이서에서는 그림 6-2에서와 같이 무선 라우터를 이용한다. 장치 타입 선택박스와 세부장치 선택박스에서 [Network Devices] → [Wireless Devices] → [WRT300N]을 선택하여 작업공간에 가져다 놓자. 이 장치 "Wireless Router0"을 클릭해서 물리 구조를 살펴보면 그림 6-3과 같다.

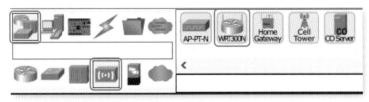

그림 6-2 무선 라우터

그림 6-3을 보면 우리가 사용하던 유무선 공유기와 매우 흡사한 것을 알 수 있다. 이 장치에는 인터넷에 연결하기 위한 WAN 포트가 1개 있고 내부 유선망을 연결하기 위한 LAN 포트가 4개 있다.

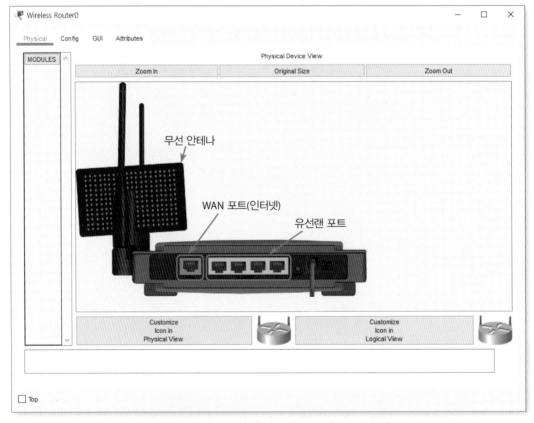

그림 6-3 무선라우터 Wireless Router0의 물리 구성

무선 라우터 설정

무선 라우터를 설정하는 방법은 2가지가 있다. 그림 6-4와 같이 [Config] 탭에서 인터넷, 네트워크(LAN, 내부망), 무선을 설정할 수도 있고, 그림 6-5와 같이 [GUI]를 통해서 설정할 수도 있다. [Config] 탭에서 설정할 수 있는 항목과 [GUI] 탭에서 설정할 수 있는 항목이 조금 다르고 용어도 다르다. [Config] 탭은 패킷트레이서가 제공하는 화면이고 [GUI] 탭은 우리가 많이 사용하는 유무선 공유기의 설정 화면처럼 구성되었다. 한 가지 유의해야 할 점은 [Config] 탭에서는 설정값의 입력과 동시에 반영이 되었지만, [GUI] 탭에서 설정할 때는 반드시 [Save Settings] 버튼을 눌러야만 반영이 된다는 점이다. 여기서는 향후 실제 유무선 공유기에서 사용할 수 있도록 [GUI]를 사용하자.

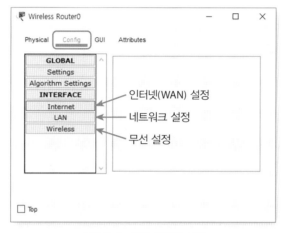

그림 6-4 무선 라우터 설정

그림 6-5에서 인터넷을 위한 설정 항목은 표 6-2와 같다. 만약 가정에서 사용한다면 DHCP 방식을 사용하여 ISP가 제공하는 IP 주소로 라우터의 IP 주소를 자동으로 동적 할당하도록 설정할 것이다. 우리는 고정 IP 주소를 사용하자. 디폴트 게이트웨이와 DNS 서버는 3장에서 구축한 그림 3-25와 그림 3-30 망과 향후 연결하기 위한 설정이다.

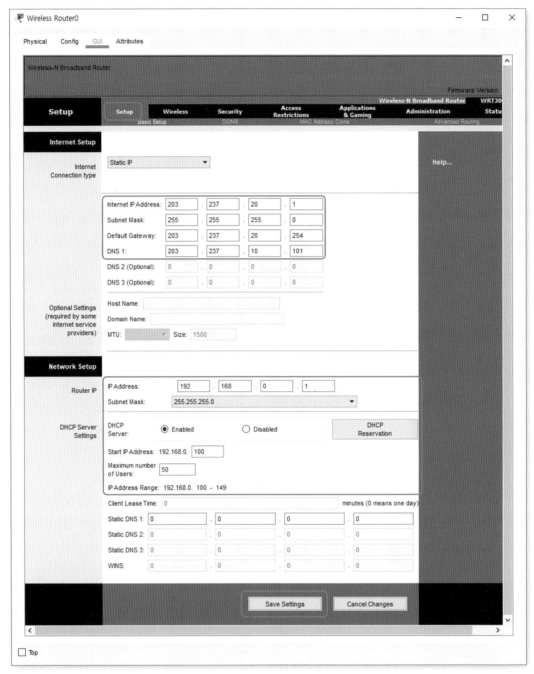

그림 6-5 GUI를 통한 인터넷과 네트워크 설정

표 6-2 인터넷 설정

항목	설정 값
인터넷 연결 타입 (Internet Connection Type)	고정 IP (Static IP)
인터넷 IP 주소 (Internet IP Address)	203.237.20.1
서브넷 마스크 (Subnet Mask)	255.255.255.0
디폴트 게이트웨이 (Default Gateway)	203.237.20.254
DNS 서버 (DNS Server)	203.237.10.101

그림 6-5에서 내부망(네트워크)을 위한 설정은 표 6-3과 같다. 내부망은 DHCP로 IP 주소를 할당할 것이며 무선 라우터가 내부망에 대한 DHCP 서버가 될 것이다. 그러기 위해서 "DHCP Server"를 "Enabled"로 설정한다. 무선 라우터의 내부망 주소는 일반적으로 사용하는 192.168.0.1으로 자동 설정되지만 다른 값으로 변경해도 된다. 서브넷 마스크는 자동으로 설정되어 변경할 수 없다. 무선 라우터에 연결될 무선 단말 장치들의 내부 IP 주소의 시작 주소를 100으로 설정하고, 최대 사용자 수를 50으로 설정하였다. 그러면 무선 단말 장치들에 할당될 IP 주소는 192.168.0.100 ~ 192.168.0.149가 되며 이 값은 자동 계산되어 수정할 수 없다.

표 6-3 네트워크 설정

항목		설정 값
라우터 IP (Router IP)	IP 주소 (IP Address)	192.168.0.1
	서브넷 마스크 (Subnet Mask)	255.255.255.0
DHCP 서버 설정 (DHCP Server Settings)	DHCP 서버 (DHCP Server)	Enabled
	시작 IP 주소 (Start IP Address)	100
	최대 사용자 수 (Maximum number of Users)	50
	IP 주소 범위 (IP Address Range)	192.168.0.100-149

다음은 무선에 관한 기본 설정 항목을 살펴보자. 그림 6-6처럼 [Wireless] → [Basic Wireless Settings]를 선택하면 6개의 설정 항목을 볼 수 있다. 표 6-4에 각 항목을 간략히 정리했지만 2번째 항목인 "네트워크 이름(SSID: Service Set IDentifier)"만 설정해서 사용하면 된다. SSID는 단말 장치들이 AP를 인식할 수 있도록 하는 식별자이다. 노트북이나 스마트폰에서 "연결 가능한 무선 네트워크"에 나타나는 이름들이 바로 주변 AP들의 SSID들이다. 예에서는 이 이름을 디폴트 값인 "Default"를 그대로 사용하였다. 하지만 여러 대의 무선 라우터를 사용한다면 구분할 수 있는 이름으로 변경해야 할 것이다. 변경 후에는 [Save Settings] 버튼을 눌러서 저장해야 한다는 것을 잊지 말자. 마지막 6번째 항목인 "네트워크 식별자 브로드캐스트"는 주변의 단말 장치들에게 자신의 SSID를 알릴 것인지를 선택하는 것이다. 이것을 "Disabled"라고 설정할 경우, 무선 단말 장치에서 "연결 가능한 무선 네트워크"에 나타나지 않으므로 이 이름을 아

는 사람만이 이름으로 검색해서 연결할 수 있을 것이다. 하지만 패킷트레이서에는 연결 가능한 AP를 검색하는 기능이 없기 때문에 의미가 없다. PC나 스마트폰 등 단말 장치를 연결할 때, 연결하고자 하는 SSID를 직접 입력해야 한다(그림 6-10 참조).

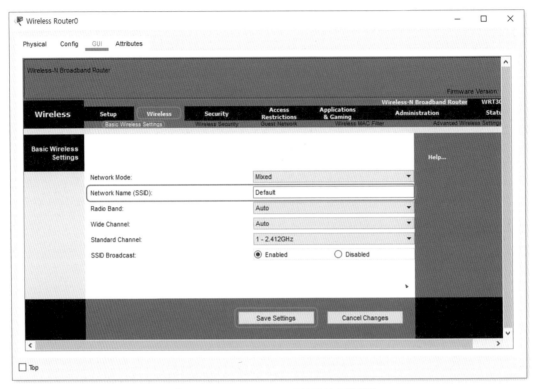

그림 6-6 Wireless Router0의 무선 속성 설정

표 6-4 Wireless Router0의 설정 항목

항목	설정 값	설명
네트워크 모드 (Network Mode)	Mixed	802.11g, 802.11b, 802.11n 사용 설정. 디폴트는 혼합 방식(Mixed)
네트워크 이름 (Network Name (SSID))	MyWLAN	무선랜의 식별자
무선 밴드 (Radio Band)	Auto	표준(Standard) 채널과 광역(Wide) 채널 중 선택. 디폴트는 자동(Auto)
와이드 채널 (Wide Channel)	Auto	무선 밴드가 Auto일 경우에는 Auto 무선 밴드가 표준일 때는 3 무선 밴드가 Wide일 경우에는 3-9 선택
표준 채널 (Standard Channel)	1~2.412GHz	표준 채널 주파수 대역
네트워크 식별자 브로드캐스트 (SSID 브로드캐스트)	Enabled	단말 장치에서의 무선랜의 이름 인식 허용 여부. 디폴트는 허용(Enabled)

PC 연결

이제 PC를 무선 라우터에 무선으로 연결하기 위해 PC를 작업영역에 가져다 놓고 이름을 "PC3"으로 설정하자. 일반적으로 PC는 FastEthernet 포트만 가지고 있기 때문에 유선으로만 연결이 가능하다. 앞에서 설명한 바와 같이 PC에는 별도로 무선랜카드를 설치해야 한다. 실제 시중에는 USB 타입의 무선랜카드도 있지만 패킷트레이서에서는 그러한 타입이 제공되지 않으므로, 3장 라우터에서 모듈을 추가하듯이 무선랜 모듈을 추가하면 된다. PC3을 클릭해서 물리적 구조를 보면 그림 6-7과 같으며, 작업 단계는 표 6-5와 같다. ❶ PC3의 전원을 끈다. ❷ PC에는 모듈을 넣을 수 있는 슬롯이 하단에 하나만 있기 때문에 기존의 FastEthernet ("PT-HOST-NM-ICFE" 모듈)을 드래그해서 왼쪽 모듈 영역으로 제거한 후 ❸ 왼쪽의 지원하는 모듈 중에서 1개의 2.4GHz 무선 인터페이스를 지원하는 "PT-HOST-NM-1W"를 드래그하여 슬롯에 끼워 넣는다. 그 아래 각각 802.11a와 802.11ac를 지원하는 모듈인 "PT-HOST-NM-1W-A"와 "PT-HOST-NM-1W-AC"를 사용해도 된다. 왼쪽의 WMP300N(❸-1)이 오른쪽 아래 (❸-1) 후보로 대기하고 있는데 둘 중 하나를 사용해도 된다. ❺ 다시 전원을 켜면 준비가 완료된다.

표 6-5 PC3의 무선랜 설치

단계	작업
❶	전원 off
❷	슬롯에 장착된 FastEthernet 모듈 제거
❸	PT-HOST-NM-1W를 슬롯에 장착
❹	전원 on

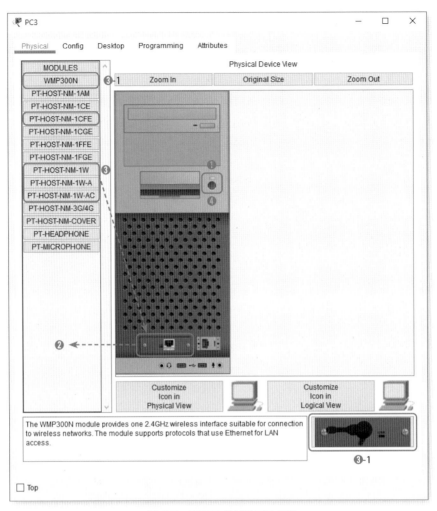

그림 6-7 PC3의 무선랜 모듈 장착

그림 6-8처럼 [Config] 탭에서 확인해보면 인터페이스가 "FastEthernet"에서 "Wireless0"으로
바뀌어 있음을 볼 수 있다.

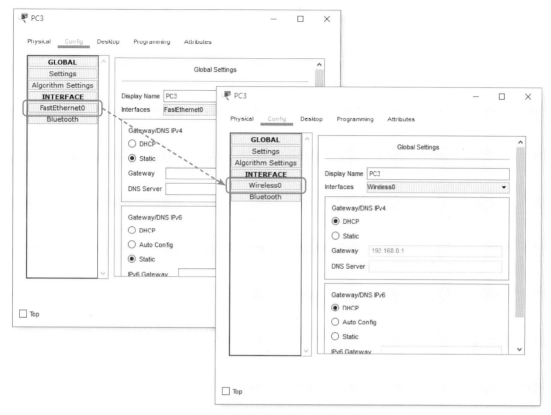

그림 6-8   PC3에 장착된 모듈 변경 확인

만약 그림 6-6에서 Wireless Router0의 SSID를 변경하지 않았다면("Default"), 잠시 후 그림 6-9처럼 PC3이 Wireless Router0에 무선(점선)으로 자동 연결되는 것을 볼 수 있다. 만약 Wireless Router0의 SSID를 "MyWLAN"과 같이 변경한다면, PC3이 자동으로 연결되지 않을 것이다. PC3에서도 그림 6-10과 같이 [Config] → [Wireless0]에서 연결하고자 하는 무선 라우터의 SSID를 "MyWLAN"으로 설정하면 된다.

그림 6-9   PC3와 Wireless Router0 연결

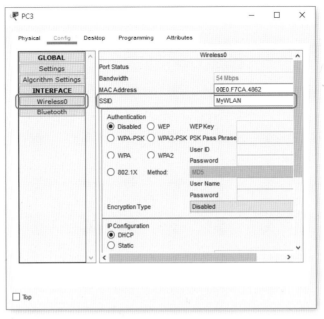

그림 6-10 PC3의 SSID 선택

PC3을 클릭하여 [IP Configuration]을 확인해보면 그림 6-11과 같이 DHCP로 192.168.0.100 으로 할당되어 있음을 알 수 있다. Wireless Router0에서 시작 할당 주소를 100으로 설정했기 때문에(그림 6-5, 표 6-3 참조) IP 주소의 마지막 값이 100으로 할당되었다. 게이트웨이는 연결 된 무선 라우터인 Wireless Router0의 IP 주소인 "192.168.0.1"로 자동으로 설정되어 있다.

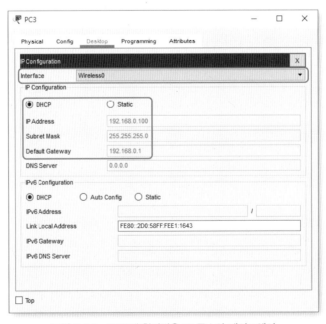

그림 6-11 PC3에 할당받은 IP 주소와 게이트웨이

스마트 장치 연결

이제 기본적으로 무선으로 통신하는 스마트 장치들을 연결해보자. 그림 6-12에서와 같이 장치 타입 선택박스와 세부 장치 선택박스에서 [End Devices] → [End Devices] → [Wireless Tablet]과 [Smart Device]를 선택하여 작업공간에 가져다 놓자. 이 장치들은 우리가 잘 알고 있는 태블릿과 스마트폰이다. PC에서와 마찬가지로 [Config] → [Wireless0]에서 SSID를 변경해서 연결하고자 하는 무선 라우터를 선택할 수 있으므로, Wireless Router0과 SSID를 동일하게 설정하자. 그러면 스마트 장치들이 Wireless Router0에 무선으로 연결될 것이다.

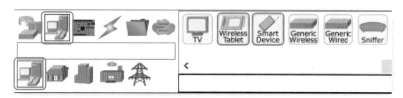

그림 6-12 스마트 장치

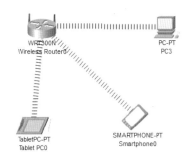

그림 6-13 무선으로 연결된 스마트 장치들

접근제어 및 보안

Computer Network with Packet Tracer

인증 프로토콜

태블릿과 스마트폰을 연결할 때는 아무런 설정도 필요하지 않았다. PC도 무선랜 모듈만 장착했을 뿐 아무런 설정을 하지 않아도 자동 연결되었다. 즉, 누구나 Wireless Router0에 연결하여 무선랜을 사용할 수 있다는 뜻이다. 하지만 실제 우리가 Wi-Fi가 가능한 스마트폰이나 노트북을 사용할 때 아무 무선 네트워크(AP)에 연결할 수 있었던 것은 아니다. 보통 패스워드를 설정해서 허가된 사람이나 장치만 연결할 수 있도록 하고 있다. 가정에서 유무선 공유기를 사용하거나 스마트폰을 테더링/핫스팟으로 사용하는 경우 아무나 우리집 공유기나 스마트폰에 연결해서 사용한다면 어떻게 되겠는가? 속도가 느려질 뿐만 아니라 악의적인 누군가가 나의 무선 통신 내용을 캡처하여 알아낼 수도 있다. 따라서 AP 접속을 제어하기 위한 사용자 인증과 AP와의 데이터를 보호하기 위한 보안 방법이 존재한다.

현재 Wireless Router0에는 인증 방식이 활성화 되어 있지 않다. 인증 방식은 그림 6-14와 같이 Wireless Router0의 [GUI] → [Wireless] → [Wireless Security]에서 "Security Mode"에서 설정할 수 있다.

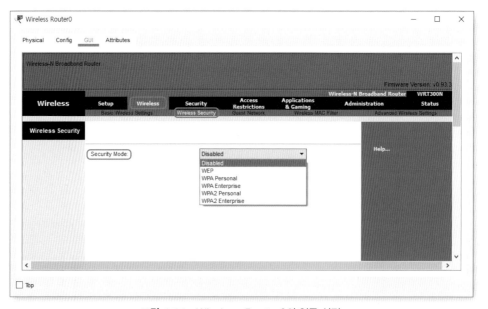

그림 6-14 Wireless Router0의 인증 설정

그림에서 보는 바와 같이 인증 방식은 크게 WEP(Wired Equivalent Privacy), WPA(Wi-Fi Protected Access), WPA2가 있으며 WPA와 WPA2는 각각 개인용(Personal)과 기업용(Enterprise)으로 구분할 수 있다. [Config] → [Wireless0]에서는 WAP와 WAP2의 개인용 인증 방식을 WPA-PSK와 WPA2-PSK(Pre Shared Key)라고 하고 기업용 인증 방식을 WAP와 WAP2라고 구분하고 있다.

그림 6-15는 인증 프로토콜을 이용한 인증 및 보안 절차를 개괄적으로 나타낸 것이다. 보통 AP는 자신의 SSID나 인증 방식 등을 담아 대상 없이 주위에 브로드캐스트 한다. 이를 비콘(Beacon) 메시지라고 한다(혹은 무선 단말 장치에서 탐사(Probe) 메시지를 보내기도 한다). 그러면 무선 단말 장치가 수신할 수 있다. 비콘 중에서 가장 세기가 큰 AP를 자동으로 선택하거나 연결하고자 하는 AP를 수동으로 선택한다. 이 때 사용자가 무선 단말 장치에 인증 정보(사전 공유키, 패스 구문 등)를 입력하면, 단말 장치와 AP는 서로 세션키(Session Key)를[1] 생성하기 위한 난수를 교환한다. 공유한 인증 방식에 따라 인증 정보와 교환한 난수 등을 이용하여 동일한 세션키를 생성한다. 이후부터는 이 생성한 키를 가지고 송신하는 데이터를 암호화하여 전송하고, 수신한 쪽에서 복호화하여 원래의 메시지를 알아낸다.

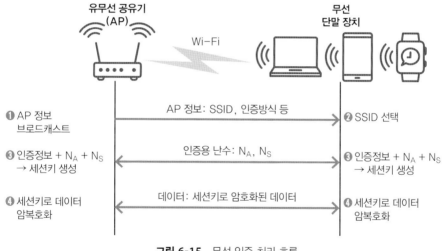

그림 6-15 무선 인증 처리 흐름

선택하는 인증 방식에 따라 사용자의 입력값, 구체적인 송수신 정보, 그리고 세션키를 생성하는 방법 등이 다르다. WEP과 WPA는 취약점이 노출되어 안전하지 않기 때문에 요즘은 WPA2를 권장하고 있다. 그러므로 여기서는 WPA2만 기술하기로 한다. 자세한 보안 방식은 매우 복잡하므로, 여기서는 사용법만 알아보자. WPA2에서 통신 내용을 보호하기 위해 권고하는 안전한 암호 알고리즘은 AES(Advanced Encryption Standard)이다.

---

[1] 안전을 위하여 영구적으로 사용하지 않고 일정 기간(세션) 동안 사용하고 폐기하는 키를 세션키라고 한다.

WPA2-PSK

WPA2 방식에서는 통신 내용을 보호하기 위해 AES라는 암호화 방식을 사용한다고 하였다. 5장에서 잠깐 언급했듯이 암호화/복호화를 위해서는 서로 비밀키를 공유해야 한다. WAP2에서는 자동으로 키를 생성하여 단말 장치와 안전하게 비밀리에 공유하고 안전을 위해 주기적으로 변경한다. 그러므로 통신 내용은 암호화해서 보호할 수 있지만, 여전히 아무나 사용할 수 있다. AP에 접속이 허용된 사용자(단말 장치)인지를 인증하기 위해서 사전공유키(PSK: Pre-Shared Key) 혹은 패스 구문(Pass Phrase)을 사용한다. 단말 장치가 AP에 접속할 때 입력하는 이 값은 AP에 설정된 값과 동일해야 한다. 그림 6-16에서와 같이 "Security Mode"를 [WPA2 Personal]로 선택하면 아래 "Passphrase"를 입력할 수 있는데, 예에서는 "Wpa2PskPwd"라고[2] 입력하였다. 이렇게 입력하고 나면 연결되어 있던 단말 장치들의 연결이 모두 끊어지는 것을 볼 수 있다.

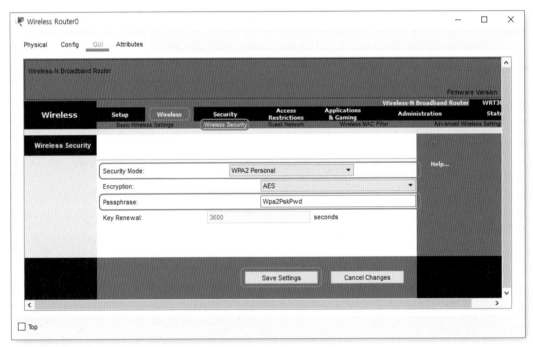

그림 6-16 Wireless Router0의 WPA2-PSK 설정

그림 6-17에서와 같이 PC3의 [Config] → [Wireless0]에서 인증 방식(Authentication)을 "WPA2-PSK"로 선택한 후 오른쪽에 "PSK Pass Phrase"에 "Wpa2PskPwd"를 입력하면 다시 자동으로 Wireless Router0에 연결되는 것을 볼 수 있을 것이다. 다른 스마트 장치들도 동일한 방법으로 SSID와 인증 방식을 동일하게 설정하면 된다. 스마트폰에서 보안이 설정된 Wi-Fi에 접속해 본 독자들은 쉽게 이해할 수 있을 것이다.

---

[2] PC에서 패스 구문을 8글자 이상으로 설정하도록 제한하고 있으므로 여기서도 8자 이상 설정해야 한다(그림 6-17 참조).

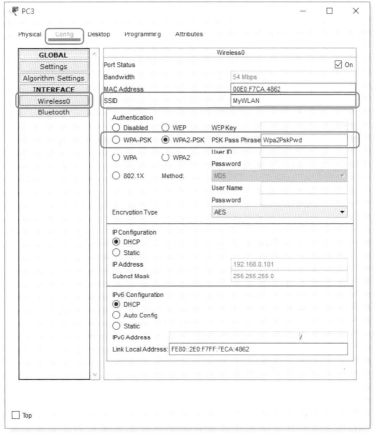

그림 6-17 PC3의 인증 방식 설정

WPA2

기업용으로 사용할 때는 PSK가 아니라 RADIUS(Remote Authentication Dial In User Service)라고 하는 인증 서버(AAA Server: Authentication, Authorization and Accounting Server)를 구축해야 한다. 인증 서버, 무선 라우터와 무선 단말 장치간의 인증 관계는 그림 6-18과 같다. 인증 서버와 무선 라우터 간의 계정(무선 라우터 이름)과 패스워드가 설정되고, 무선 단말 장치들이 인증 서버의 인증을 받아 무선 라우터에 접속하기 위한 계정과 패스워드가 설정되어야 한다. 그림에서 볼 수 있듯이 우리는 인증 서버와 무선 라우터 간의 계정은 Wireless Router0/WRpwd를 사용하고, 무선 단말 장치들의 계정은 PC/Ppwd와 Mobile/Mpwd를 사용하기로 한다.

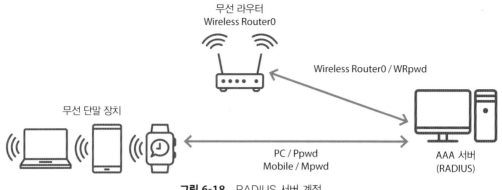

그림 6-18 RADIUS 서버 계정

RADIUS 인증 서버를 위해 Server-PT와 이들을 연결하기 위한 스위치 2960-24TT를 가져다가 그림 6-19와 같이 구성하자.

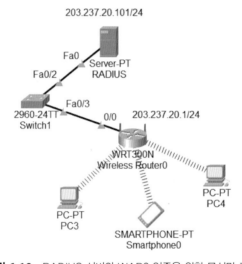

그림 6-19 RADIUS 서버와 WAP2 인증을 위한 무선망 구성

나중에 유선망과의 통합을 위해 스위치의 이름은 "Switch1", 두 PC의 이름은 각각 "PC3"과 "PC4"로 변경하자. 인증 서버는 편의를 위해 그림 6-20과 같이 이름을 "RADIUS"로 바꾸고 IP 주소를 203.237.10.101으로 설정하자.

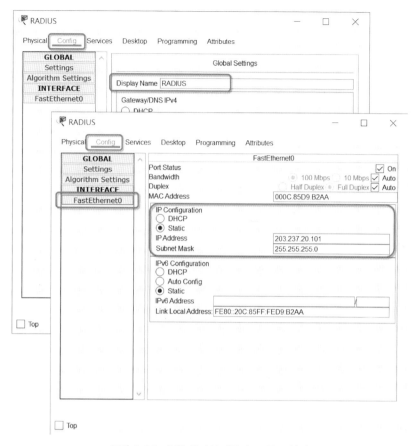

그림 6-20 인증 서버의 이름과 IP 주소 설정

다음은 RADIUS 인증 서버 기능을 설정할 차례이다. 우선 AAA 서비스를 활성화시키고, 무선 라우터와 무선 단말 장치들을 위한 계정을 생성해야 한다. 표 6-6을 참조하여 그림 6-21과 같이 AAA 서비스를 활성화시키고 무선 라우터의 계정을 생성하자. 여기서 주의할 점은 무선 라우터의 계정은 무선 라우터의 이름과 같아야 한다는 것이다. 새로운 계정을 입력한 후에는 [Add] 버튼을 눌러야 계정 목록에 추가된다. 무선 단말 장치 계정도 표 6-6을 참조하여 그림 6-22와 같이 생성하자.

표 6-6 RADIUS 인증 서버 설정

항목	설정 값
활성화 서비스	AAA
무선 라우터 계정 / 패스워드	Wireless Router0 / WRpwd
무선 라우터 IP 주소	203.237.20.1
무선 단말 장치 계정 / 패스워드	PC / Ppwd, Mobile / Mpwd

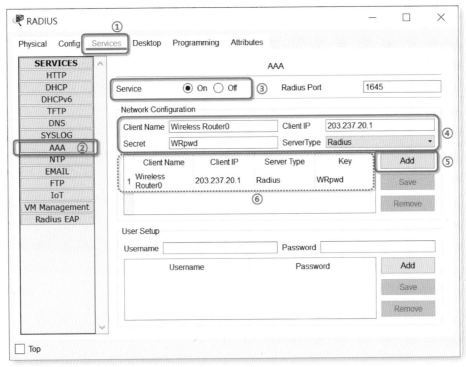

그림 6-21 RADIUS 인증 서버의 AAA 서비스 활성화와 무선 라우터 계정 설정

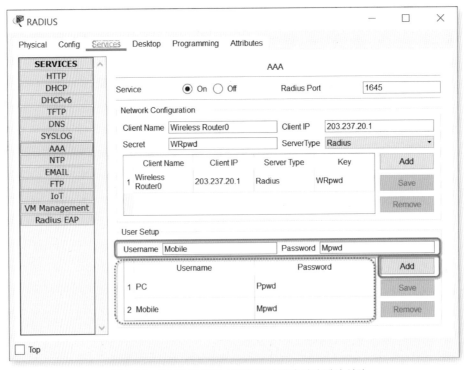

그림 6-22 RADIUS 인증 서버의 무선 단말 장치 계정 설정

무선 라우터 Wireless Router0에서도 인증 프로토콜을 WPA2로 설정하고 RADIUS 서버의 주소와 접속 패스워드를 설정해야 한다. 표 6-7을 참조하여 그림 6-23과 같이 설정하자.

표 6-7 Wireless Router0의 WPA2 설정

항목	설정 값
인증 프로토콜(Security Mode)	WPA2 Enterprise (WPA2)
RADIUS 서버 IP 주소	203.237.20.101
무선 라우터 패스워드(Shared Secret)	WRpwd

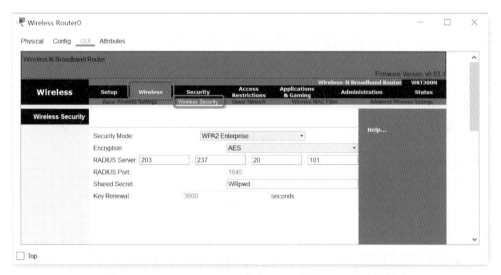

그림 6-23 Wireless Router0에서 WPA2 인증 프로토콜 속성 설정

마지막으로 무선 단말 장치들을 설정하자. 그림 6-24는 PC3과 PC4의 설정 화면이다. 인증 프로토콜 WPA2로 설정하고 계정과 패스워드를 PC/Ppwd로 설정하였다. 그림 6-25는 Smart-phone0의 설정 화면이다. 인증 프로토콜 WPA2로 설정하고 계정과 패스워드를 Mobile/Mpwd로 설정하였다. 계정은 하나를 공통으로 사용해도 되지만, 여러 개 사용하는 예를 보여주기 위하여 구분하였다.

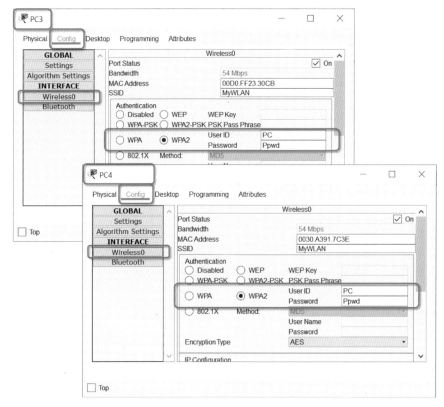

그림 6-24 PC3과 PC4의 인증 프로토콜 및 계정 설정

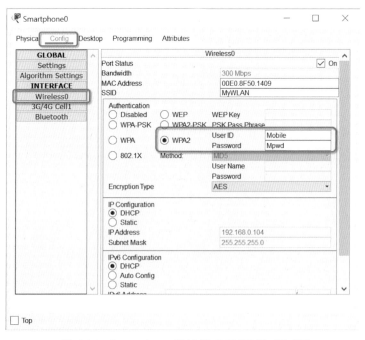

그림 6-25 Smartphone0의 인증 프로토콜 및 계정 설정

MAC 주소를 이용한 접근제어

인증 프로토콜을 이용하여 무선 연결을 제어하는 방법은 필요한 패스 구문 등 필요 정보만 알면 접속할 수 있다. 그러나 아예 특정 단말 장치들만 연결할 수 있도록 제한할 수 있다. 스위치의 포트 보안에서 연결이 가능한 MAC 주소를 설정하는 것과 유사하다. 이 기능은 그림 6-26처럼 Wireless Router0의 [GUI] → [Wireless] → [Wireless MAC Filter]에서 "Enabled"를 선택하면 "Wireless Client List"에서 연결을 허용할 장치들의 MAC 주소를 입력할 수 있다.

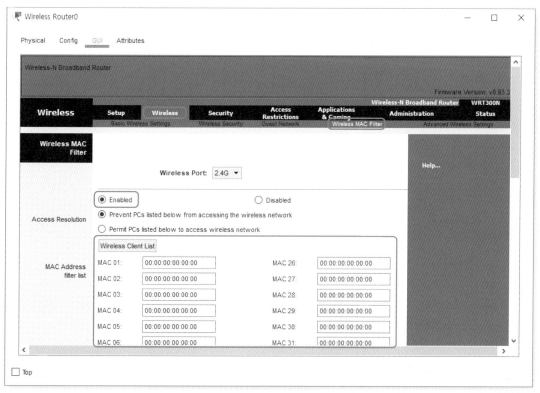

그림 6-26 MAC 주소를 이용한 무선 연결 제어

MAC 주소를 이용하여 PC3과 Smartphone0을 Wireless Router0에 연결하지 못하도록 설정해보자. 우선 그림 6-27에서와 같이 PC3과 Smartphone0의 [Config] → [Wireless]에서 MAC 주소를 확인하자.

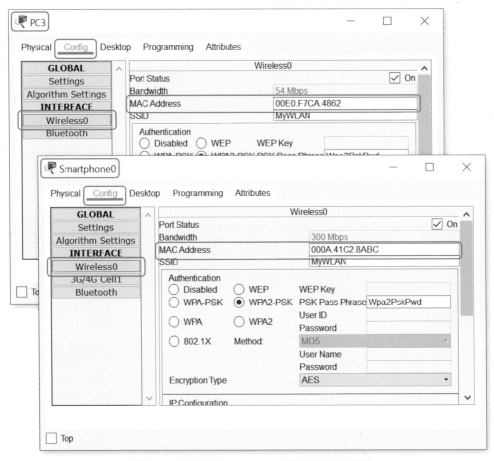

그림 6-27 PC3과 Smartphone0의 MAC 주소 확인

두 단말 장치를 접속하지 못하도록 할 것이므로 "Access Resolution"에서 [Prevent PCs listed below from accessing the wireless network]를 선택하고, PC3과 Smartphone0의 MAC 주소를 그림 6-28처럼 Wireless Router0에서 MAC 주소 목록에 입력하자. [Save Settings]를 눌러서 설정을 마치면 그림 6-29처럼 PC3과 Smartphone0의 연결이 끊기고 나머지 Tablet PC0만 연결 상태로 남아 있게 된다. 만약 [Permit PCs listed below to access wireless network]를 선택한다면 목록에 있는 단말 장치들만 접속을 허용하므로, PC3과 Smartphone0은 연결되고 나머지 모든 단말 장치들은 접속이 불가능하게 된다. 이 부분은 실습 문제를 통해 독자들 스스로 해보기 바란다.

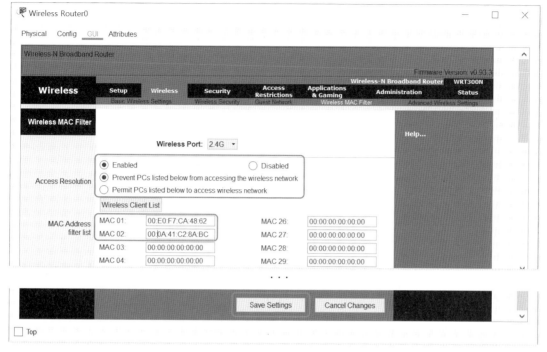

그림 6-28 PC3과 Smartphone0의 MAC 주소를 Wireless Router0에 입력

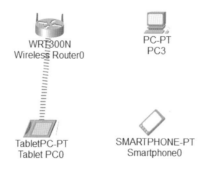

그림 6-29 MAC 주소로 연결이 거부된 PC3과 Smartphone0

가정에서 유무선 공유기를 사용하는 독자는 좀 더 이해하기 쉬울 것이므로, 그림 6-30과 그림 6-31에 IPTIME 유무선 공유기 화면을 예로 보였다. 각자 사용하고 있는 공유기 화면과 비교하고 실제로 설정해보기 바란다.

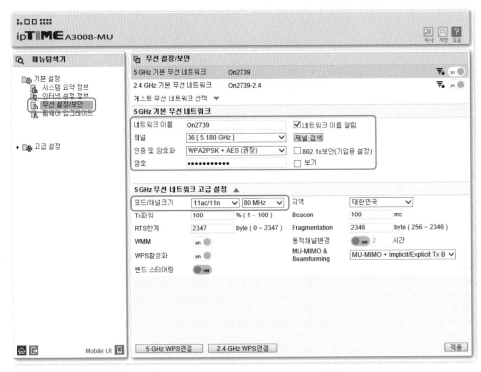

그림 6-30 IPTIME 유무선 공유기의 설정

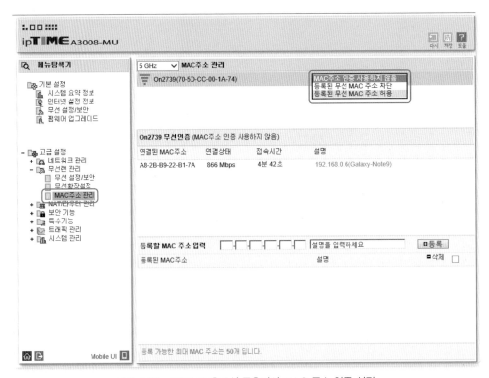

그림 6-31 IPTIME 유무선 공유기의 MAC 주소 인증 설정

유무선 통합망

마지막으로 그동안 구축했던 유선망과 이 장에서 구축한 무선망을 연결해보자.

WPA2-PSK

그림 6-32처럼 3장에서 구축해 놓은 그림 3-25~그림 3-30의 유선망에서 PC1 대신에 그림
6-13의 Wireless Router0을 연결해서 그림 6-33처럼 구성하자.

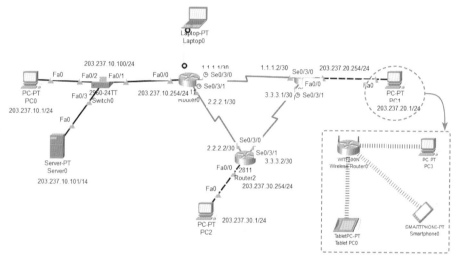

그림 6-32 유선망과 WPA2-PSK 무선망 연결

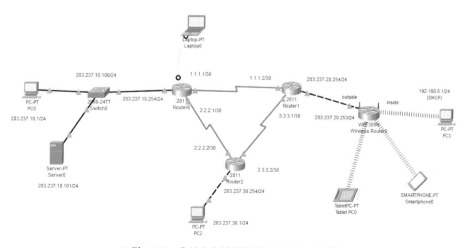

그림 6-33 유선망과 연결된 WPA2-PSK 무선망

PC의 이름을 PC3으로 바꾸고 Wireless Router0의 IP 주소를 203.237.20.253, 게이트웨이를 203.237.20.254로 설정한 이유가 바로 기존 유선망과 연결하기 위한 것이었다. 연결되었는지 확인해보기 위해서 PC3에서 명령어창을 실행시켜 PC0으로 ping을 보내면, 그림 6-34와 같이 잘 응답하는 것을 볼 수 있다.

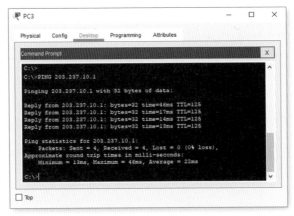

그림 6-34 PC3 → PC0으로의 통신 확인

이번에는 Server0이 웹서비스를 하고 있으니 웹브라우저를 실행시켜서 Server0으로 접속해보면, 그림 6-35와 같이 웹페이지가 출력되는 것도 확인할 수 있다.

그림 6-35 PC3 → Server0으로의 웹 접속

WPA2

이번에는 그림 6-36처럼 3장에서 구축해 놓은 그림 3-25~그림 3-30의 유선망에서 PC1 대신에 그림 6-19의 Switch1을 연결해서 그림 6-37처럼 구성하자. 연결되었는지 확인해보기 위해서 PC3에서 명령어창을 실행시켜 PC0으로 ping을 보내보고, Server0으로 웹 접속을 해서 확인해보기 바란다.

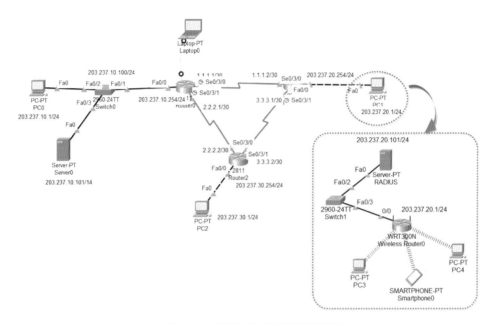

그림 6-36 유선망과 WPA2 무선망 연결

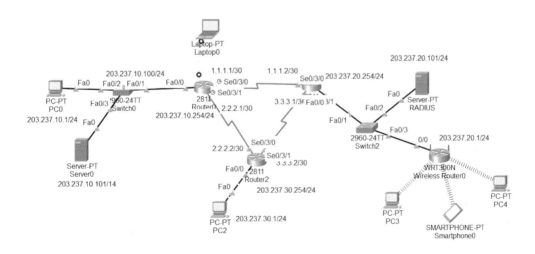

그림 6-37 유선망과 연결된 WPA2 무선망

연/습/문/제

선택형 문제

01 다음 중 무선 네트워크와 관계 없는 것은?

❶ Wi-Fi   ❷ 핫스팟   ❸ USB   ❹ 블루투스

02 다음 중 성격이 다른 하나는?

❶ 이더넷   ❷ 무선 라우터   ❸ 핫스팟   ❹ AP

03 개인용 무선망을 구성하고자 할 때 무선 라우터에 설정할 필요가 없는 정보는?

❶ 인터넷 IP 주소   ❷ 인증 서버   ❸ 무선망 DHCP 서버   ❹ 게이트웨이

04 무선 단말 장치들이 여러 AP를 구분할 때 사용하는 정보는?

❶ SSID   ❷ IP 주소   ❸ MAC 주소   ❹ 서브넷 마스크

05 AP가 무선 단말 장치들에게 자신의 정보를 보내는 브로드캐스트 메시지를 무엇이라고 하는가?

❶ 인증 메시지   ❷ 탐사 메시지   ❸ 릴레이 메시지   ❹ 비콘 메시지

06 다음 중 올바른 설명은?

❶ AP는 인터넷망으로의 접속은 허용하지 않는다.

❷ 무선 라우터에 무선으로 접속하는 단말 장치들은 고정 IP 주소를 가져야 한다.

❸ 무선망에 접속하기 위해서는 무선 단말 장치들이 무선랜카드와 같은 장치를 가지고 있어야 한다.

❹ 가장 안전한 무선 인증 방식은 IEEE 802.11에서 정한 WEP이다.

07 다음 중 무선랜의 인증 프로토콜이 아닌 것은?

❶ WEP   ❷ WPA   ❸ WPA2   ❹ AES

단답형 문제

01 무선 라우터에서 설정해야 하는 3가지 종류는 크게 인터넷, (   ), (   ) 관련 정보이다. [난이도 ★]

02 개인용 무선랜의 보안을 위해 권고되는 가장 안전한 인증 방식은 (   )이며, 사용하는 암호화 방식은 (   )이다. [난이도 ★]

03 기업용 무선랜의 보안을 위한 WPA2 방식에서는 인증 서버인 (   )를 사용해야 한다. [난이도 ★]

04 AP에 접속이 허용된 장치들의 (   )를 등록하면, 등록된 기기들만 AP에 접속할 수 있도록 제어할 수 있다. [난이도 ★]

실습 문제

01 아래 표를 이용하여 아래 그림과 같이 2개의 무선 라우터를 이용하여 독립된 무선망을 구축하시오. [난이도 ★]

무선망 번호	AP				연결 단말 장치	
	이름	SSID	인증 방식	패스구문	이름	종류
1	AP1	MyWLAN1	WAP2-PSK	firstAP!	PC1	PC
					Smartphone1	스마트폰
					Tablet PC1	태블릿
2	AP2	MyWLAN2	WAP2-PSK	secondAP!	PC2	PC
					Smartphone2	스마트폰
					Tablet PC2	태블릿

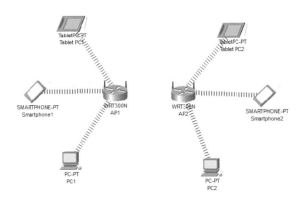

02 다음 그림처럼 MAC 주소를 이용하여 PC3과 Tablet PC0만 Wireless Route0에 접속할 수 있도록 설정하시오. [난이도 ★]

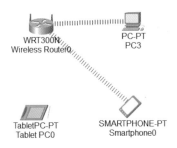

03 5장 실습문제 (13)~(19)번에서 사용했던 방화벽이 있는 유선망에 그림 6-13의 무선망을 통합하여 아래 그림과 같이 완성하시오. [난이도 ★★]

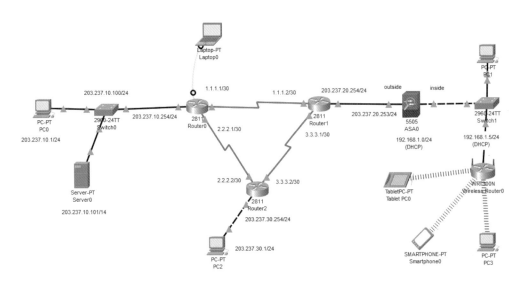

IoT
(Internet of Things)

학습 목차

학습 목표

01. IoT망의 구성 요소를 이해한다.
02. 보드, 센서, 액추에이터, IoT 장치, 서버 등의 기능을 이해한다.
03. 보드에 IoT 센서와 액추에이터를 제어하는 프로그램을 작성할 수 있다.
04. IoT망을 설계하고 인터넷에 연결할 수 있다.

사물인터넷(IoT: Internet of Things)이란 각종 사물에 센서와 통신 장비를 부착하여 인터넷에 연결하는 기술을 말한다. 유무선 통신을 통해 온도나 연기 등의 환경 데이터를 수집하고, 이를 바탕으로 자동 혹은 사람에 의한 원격 제어 방식으로 에어컨이나 스프링클러를 작동시키는 등의 서비스를 구현할 수 있다.

최근 아파트에서는 집안에서 건물 출입문을 열어주거나 엘리베이터를 호출하는 것은 물론 집밖에서 가스밸브나 전등을 제어할 수 있고, 웨어러블(Wearable) 기기를 통해 생체 정보를 실시간으로 병원에 전송하여 건강 상태를 모니터링하기도 한다. 이 장에서는 이러한 서비스를 제공하기 위한 IoT 네트워킹과 제어의 기본 개념을 배우고 간단한 실습을 통해 IoT망을 구성하고 제어할 것이다.

IoT 사례

IoT 기술을 이용하면 센서와 통신 장비를 부착하여 인터넷에 연결된 사물들이 데이터를 주고받아 스스로 분석하고 학습한 정보를 사용자가 받아보고 이를 원격 조정할 수 있다. 가정의 가전제품을 제어하는 스마트홈, 농사에 관련된 정보를 센싱하고 제어하는 스마트팜, 바이오정보를 센싱하고 건강 상태를 체크하거나 응급조치를 취할 수 있도록 하는 헬스케어 시스템이 그 대표적인 예일 것이다. 여기에 최근 급부상하고 있는 인공지능 기술까지 접목된다면 우리는 공상과학 영화에서 보았던 환경에서 살게 될 것이다.

그림 7-1은 우리가 다루게 될 IoT 보드와 센서를 이용하여 집안의 온습도, 현관문의 상태, 창문의 상태, 미세먼지의 상태 등을 웹에서 모니터링하고 있는 실례이다. 궁금한 독자는 http://woosuk.izerone.co.kr:8230/에 접속해서 확인해보기 바란다.

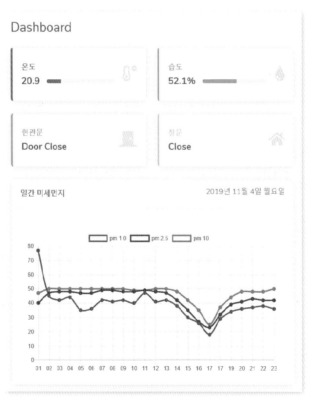

그림 7-1 센서를 통한 집안 데이터의 모니터

우리가 제어하고자 하는 사물은 그림 7-2와 같이 크게 4가지 방식으로 작동시킬 수 있다. 커피메이커를 예로 든다면, 첫 번째로 (a)와 같이 커피메이커에 부착된 전원 스위치를 이용하여 단독으로 동작시킬 수 있다(물론 LED와 같이 제어 스위치 없이 단독으로는 작동될 수 없는 사물도 있다). 두 번째는 (b)와 같이 IoT 보드에 센서/스위치와 사물을 연결하고, 보드가 센서나 스위치로부터 입력을 받아 사물을 제어하는 방식이다. 세 번째는 (c)와 같이 홈게이트웨이에 연결하여, PC에서 홈게이트웨이를 통해 사물을 제어하는 방식이다. 네 번째는 (d)와 같이 PC에서 서버를 통해 제어하는 방식이다. 자세한 것은 다음 절에서 각각 살펴보기로 하자.

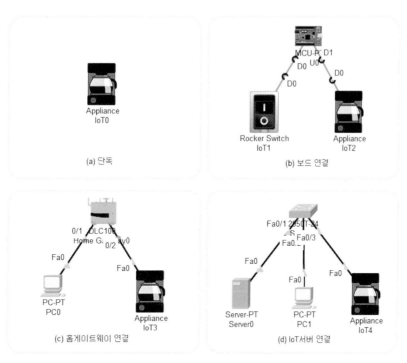

그림 7-2 IoT 구성 방법

03

장치 단독 구성

어떤 장치를 사용할 때는 사용 방법과 연결 방법 등 장치의 규격을 확인해야 한다. 그림 7-3과 같이 [End Devices] → [Home] → [Appliance]를 선택하여 커피메이커를 작업공간에 가져다 놓은 후, 커피메이커를 클릭하면 그림 7-4와 같이 상세 정보가 출력된다.

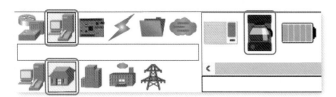

그림 7-3 커피메이커 선택

[Physical] 탭을 클릭하면 물리적 구성이 출력되는데, 커피메이커의 경우 on/off 스위치와 1개의 FastEthernet 포트를 가지고 있음을 알 수 있다.

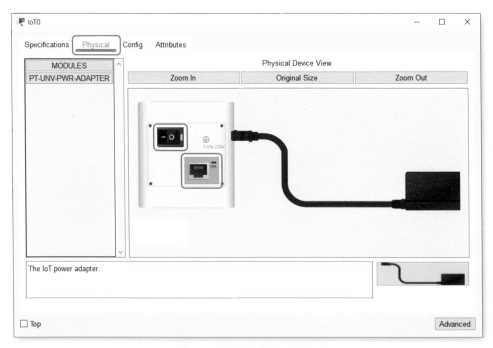

그림 7-4 커피메이커의 물리적 구성

[Specifications] 탭을 선택하면 그림 7-5와 같이 입출력 동작 규격 등 사용법에 대한 상세한 설명을 볼 수 있다. 각 설명에 대한 의미는 표 7-1과 같다.

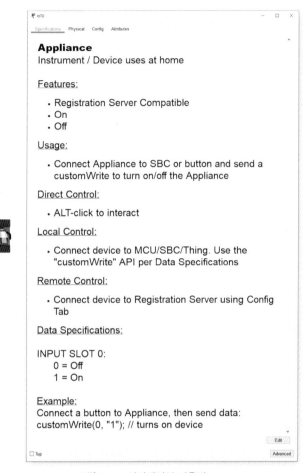

그림 7-5 커피메이커 사용법

표 7-1 커피메이커 사용법 설명

항목	설명
이름	"가전제품(Appliance)". 가정에서 사용할 수 있는 장치
특징(Features)	등록 서버와 연결 가능. On/Off 기능
사용법(Usage)	SBC 보드나 버튼에 연결하여 customWrite()를 전송하여 장치를 On/Off
직접 제어(Direct Control)	ALT+클릭으로 장치의 On/Off 스위치 작동
로컬 제어(Local Control)	MCU/SBC/Thing에 연결하여 로컬 제어. 데이터 전송 시 "customWrite()" 사용
원격 제어(Remote Control)	Config 탭을 이용하여 등록 서버에 연결하여 원격 제어
데이터 규격(Data Specifications)	슬롯 0의 입력이 0이면 Off, 1이면 On
예제(Example)	장치에 버튼 연결한 후 customWrite(0, "1")로 장치 On

표 7-1에서 설명한 바와 같이 ALT키를 누른 상태에서 커피메이커를 클릭하면 토글로 전원이 on/off 되는 것을 볼 수 있다. 그림 7-6과 같이 커피메이커 외에도 로커 스위치(Rocker Switch)와 같이 직접 제어가 가능한 장치들은 모두 이러한 방법으로 작동시킬 수 있다.

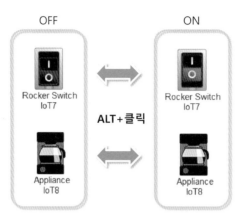

그림 7-6 장치의 직접 제어

04 보드를 이용한 IoT 구성

Computer Network with Packet Tracer

구성 요소

보드

IoT에 관심 있는 독자라면 아두이노(Arduino)를 이용한 IoT를 경험해 보았을 것이다. 아두이노는 세계적으로 널리 사용되고 있는 가장 친숙한 보드이고, 메이크존, 마이크로비트, 나도메이커, 팅커보드, Lattepanda, 초코파이보드, 마스보드, 큐비보드, 비글보드, RIOT보드, RK보드, 바나나파이, 오렌지파이, 갈릴레오, 에디슨, Radxa 등 매우 많다. 아두이노와 호환되도록 우리나라의 코코아팹에서 제작한 오렌지보드(OrangeBoard)도 많이 사용되고 있다(그림 7-7 참조).

　　　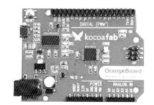

(a) 아두이노　　　　　　　　　(b) 오렌지보드

그림 7-7　아두이노와 오렌지보드

만약 스위치로 LED를 제어하도록 구성하고 싶다면 그림 7-8에서와 같이 PC에 IoT 보드(예에서는 오렌지보드)를 연결하고, IoT 보드에 스위치와 LED를 연결한다. 보드가 스위치 입력을 받아 LED가 켜지거나 꺼지도록 제어한다. 그러기 위해서는 PC에서 제어 프로그램을 작성하여 오렌지보드로 업로드시키고 프로그램을 실행시킨다.[1] 스위치를 누르면 신호가 오렌지보드로 전달되어 제어 프로그램이 동작하고, 그에 따라 오렌지보드는 LED가 꺼지거나 켜지도록 LED로 신호를 보내어 제어한다.

---

[1] 아두이나 오렌지보드의 경우 스케치(Sketch)라는 무료 통합개발환경(IDE: Integrated Development Environment)에서 개발하고 업로드(개발 환경에 따라 다운로드라고도 한다)하여 실행시킬 수 있다.

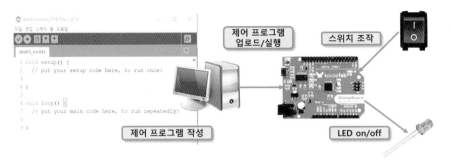

그림 7-8 오렌지보드를 이용하여 스위치로 LED 제어하기 위한 구성 및 흐름

패킷트레이서에는 MCU(Micro Controller Unit) 보드와 SBC(Single Boarded Computer) 보드를 제공한다. 그림 7-9에서와 같이 장치 타입 선택박스에서 [Components]를 선택하면 보드(Boards), 액추에이터(Actuators), 센서(Sensors)를 선택할 수 있다. 센서는 입력장치이고 액추에이터는 출력장치이며 보드는 제어장치라고 생각하면 된다.

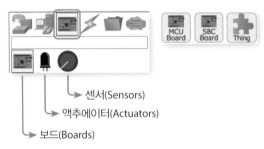

그림 7-9 컴포넌트와 보드

장치 타입 선택박스에서 [Board]를 선택하고 세부 장치 선택박스에서 MCU나 SBC 보드를 작업영역에 갖다 놓은 후 클릭하여 [Physical] 탭을 눌러보면, 그림 7-10과 같이 D0~D6까지 디지털 슬롯 6개, A0~A4까지 아날로그 슬롯 4개로 구성되어 있는 것을 볼 수 있다. 실제 보드에서는 이 슬롯에 센서나 액추에이터를 꽂아 연결하여 사용한다. 앞에서 설명했듯이 보드에는 센서로부터 데이터가 입력되었을 때 액추에이터를 제어하기 위한 프로그램이 필요한데, 자바스크립트(Javascript)나 파이썬(Python) 등을 사용한다.

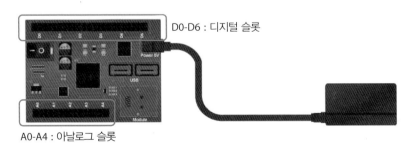

그림 7-10 MCU/SBC 보드의 물리적 구성

액추에이터

액추에이터는 보드로부터 신호를 받아 동작하는 출력장치이다. 그림 7-9에서 [Actuators]를 선택하면 표 7-2와 같은 액추에이터들을 선택할 수 있다. 각 액추에이터의 기능은 여기서 일일이 구체적으로 설명하지는 않겠지만 직관적으로 그 기능을 짐작할 수 있을 것이다.

표 7-2 패킷트레이서에 사용되는 액추에이터

번호	액추에이터	아이콘	기능
1	Air Cooler		공기 냉각기
2	Alarm		경보기
3	Ceiling Sprinkler		천정 스프링클러
4	Dimmable LED		조광성 LED
5	Floor Sprinkler		바닥 스프링클러
6	Heating Element		가열기
7	LCD		LCD 모니터
8	LED		단색 LED
9	Motor		모터
10	Piezo Speaker		피에조 스피커
11	RGB LED		RGB 3색 LED
12	Servo		서보 모터
13	Smart LED		스마트 LED
14	Speaker		스피커

센서

센서는 사용자로부터 입력을 받거나 외부 환경 데이터를 감지하여 보드로 신호를 보내는 입력 장치이다. 그림 7-9에서 [Sensors]를 선택하면 표 7-3과 같은 센서들을 선택할 수 있다. 각 센서의 기능도 직관적으로 그 기능을 짐작할 수 있을 것이다.

표 7-3 패킷트레이서에 사용되는 센서

번호	센서	아이콘	기능
1	Flex Sensor		플렉스 센서
2	Generic Environment Sensor		환경 센서
3	Generic Sensor		센서
4	Humidity Sensor		습도 센서
5	Humiture Sensor		온습도 센서
6	Membrane Potentiometer		멤브레인 가변 저항(포텐쇼미터)
7	Metal Sensor		금속 센서
8	Motion Sensor		동작 센서
9	Photo Sensor		광 센서
10	Potentiometer		가변 저항(포텐쇼미터)
11	Push Button Toggle Switch		푸시 버튼 토글 스위치
12	Push Button		푸시 버튼
13	Rocker Switch		로커 스위치
14	Smoke Sensor		연기 센서
15	Sound Sensor		소리 센서
16	Temperature Sensor		온도 센서
17	Toggle Push Button		토글 푸시 버튼
18	Trip Wire		인계 철선
19	Water Detector		수분 탐지기
20	Water Sensor		수위 센서
21	Wind Sensor		바람 센서

LED 제어 IoT 구성

그러면 패킷트레이서를 이용해서 아두이노/오렌지보드에서 경험했던 것처럼 LED를 제어하는 IoT를 구성해보자. IoT 장치를 사용하려면 해당 장치의 기능과 사용법을 알아야 한다고 했으니, 우선 LED를 작업공간에 가져다 놓고 클릭하여 [Specifications] 탭에서 그림 7-11의 사용법을 확인해보자. 표 7-4에 사용법을 설명하였는데 커피메이커와는 달리 전원 스위치가 없기 때문에 직접 제어가 불가능하다.

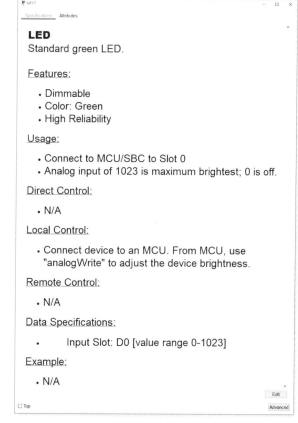

그림 7-11 LED 사용법

표 7-4 LED 사용법 설명

특징	밝기 조절 가능. 녹색. 높은 신뢰도
사용법	MCU/SBC의 슬롯 0에 연결. 아날로그 최대 입력 값은 1023. 0은 off
직접 제어	불가능
로컬 제어	MCU에 연결. 장치의 밝기를 조절하기 위해서는 "analogWrite()"를 사용
원격 제어	불가능
데이터 규격	입력 슬롯은 D0. 값의 범위는 0~1023
예제	없음

LED를 MCU와 연결하자. 표 7-4를 참조하여 IoT0(LED)의 D0(데이터 규격)에 MCU0의 D0에 연결한다. 그림 7-12와 같이 연결 케이블은 어두운 녹색으로 표시된 IoT 전용 케이블(IoT Custom Cable)을 이용하면 된다. 실제 보드를 이용할 경우에는 LED를 D0 슬롯에 직접 꽂아야 하지만 패킷트레이서에는 불가능하므로 케이블로 표시하고 있다.

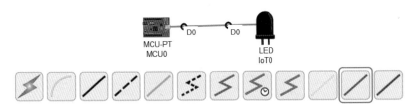

그림 7-12   MPU0에 IoT-0(LED) 연결

다음으로, MCU0에서 IoT0을 동작(로컬 제어)시키기 위한 프로그램을 작성해야 한다. MCU0을 클릭하여 그림 7-13과 같은 화면이 출력되면 ❶ [Programming] 탭을 누른 후 ❷ 프로젝트 생성을 위해 [New]를 누른다. ❸ 팝업되는 "Create Project" 창에서 생성하고자 하는 프로젝트의 이름을 입력한다. 예에서는 "LED"라고 하였다. ❺ [Create] 버튼을 눌러서 새 프로젝트 생성을 완료한다.

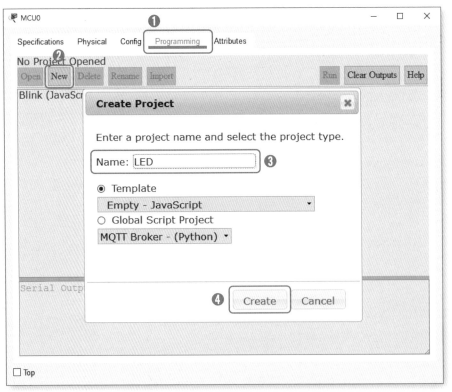

그림 7-13   LED 제어를 위한 프로젝트 생성

그러면 그림 7-14와 같이 좌측 상단에 ❶ 프로젝트명인 "LED"가 표시되고 ❷ 그 아래 "main.
js"라는 이름이 보인다. 하나의 프로젝트는 여러 개의 자바스크립트 프로그램으로 구성할 수
있는데 기본적으로 생성되는 프로그램 이름이 main.js이다. ❸ 우리는 테스트를 위하여 여러
개의 프로그램을 작성할 것이므로 다시 한 번 [New]를 눌러서 새로운 프로젝트를 만들자. ❹
팝업되는 "Create File" 창에서 "Blinking"이라고 입력하고 ❺ [Create]를 누른다.

그림 7-14 Blinking.js 프로그램 생성

그림 7-15와 같이 ❶ "Blinking.js"가 생성되면서 오른쪽 프로그래밍 영역이 활성화된다. ❷ 여
러 개의 프로그램 중 Blinking.js가 선택되었다는 의미로 프로젝트명 옆에 프로그램명이 출력
된다. ❸ 활성화된 프로그래밍 영역에 프로그램을 입력한 후 ❹ [Run]을 클릭하면 프로그램이
수행된다. 시리얼 출력문이나 수행 결과는 ❺번 창에 나타난다. 프로그램의 각 라인별 기능은
표 7-5와 같다.

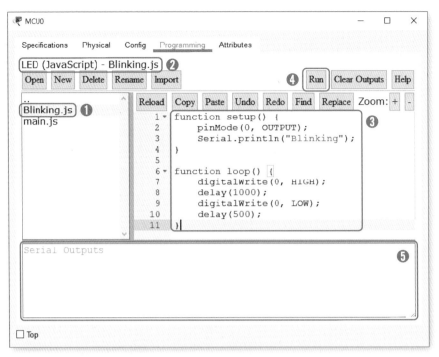

그림 7-15 Blinking.js 프로그램 작성

표 7-5 Blinking.js 프로그램 설명

줄 번호	코드	의미
1	function setup() {	초기화 함수 setup() 시작
2	pinMode(0, OUTPUT);	0번 슬롯을 출력용으로 설정
3	Serial.Println("Blinking");	출력화면에 "Blinking"이라고 출력
4	}	초기화 함수 setup() 종료
5		(빈 줄)
6	function loop() {	반복 함수 loop() 시작
7	digitalWrite(0, HIGH);	0번 슬롯으로 HIGH 값 출력 (LED 켜기)
8	delay(1000);	1초 지연
9	digitalWrite(0, LOW);	0번 슬롯으로 LOW 값 출력 (LED 끄기)
10	delay(500);	0.5초 지연
11	}	반복 함수 loop() 종료

제대로 입력했다면 그림 7-16과 같이 프로그래밍 창의 [Run] 버튼은 [Stop]으로 바뀌고 출력 창에 "Blinking" 문자열이 출력되며 LED가 녹색으로 점멸하는 것을 확인할 수 있을 것이다. 자바스크립트 프로그램은 기본적으로 setup()과 loop()이라는 2개의 함수로 구성된다. setup()

함수는 프로그램이 실행될 때 먼저 실행되는 함수로서 1번만 실행된다. loop() 함수는 setup()
이 실행되고 나서 무한 반복하는 함수이다. 함수 내에 반복문이 없지만 시스템에서 반복하여
호출하는 방식이다. 필요하다면 이 외의 함수를 정의하여 사용할 수 있다.

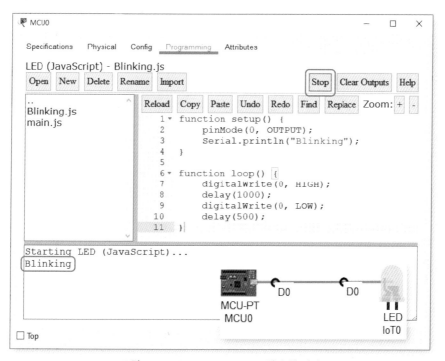

그림 7-16 Blinking.js 프로그램 수행 결과

예에서 사용한 LED가 밝기 조절이 가능한 장치라고 했으니 그림 7-17처럼 밝기를 조절해보
자. 표 7-4에서 밝기 조절을 위해서는 analogWrite()를 사용하여야 하고 입력값은 0~1023이
라고 하였으니, 입력 값을 10단위로 증가시키면서 밝기를 조절하는 프로그램 "Dimmable.js"를
작성하여 실행해보자. 꺼져있던 LED가 점차 밝아지다가 다시 꺼지고 밝아지는 과정을 반복할
것이다.

그림 7-17 Dimmable.js 프로그램

IoT 구성방법과 프로그램의 관계를 이해하기 위해 한 가지 예를 더 들어보자. 그림 7-18처럼 IoT0을 MCU0의 D1에 연결한 후, Blinking.js나 Dimmable.js를 수행해보자. 잘 수행되는가? 아마 그렇지 않을 것이다. 그렇다면 어디를 수정하면 될까?

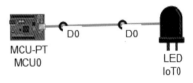

그림 7-18 MCU0의 D1에 IoT0 연결

동작하지 않는 이유를 독자들도 어렵지 않게 알아챘을 것이다. IoT0가 MCU0의 1번 슬롯에 연결되었으니 MCU0에서 IoT0로 보내는 제어 신호도 1번 슬롯으로 내보내야 할 것이다. 그러므로 그림 7-19와 같이 출력 슬롯 번호를 1로 수정하면 된다. 수정 후 제대로 작동되는지 확인해 보기를 바란다.

그림 7-19 MCU의 출력 슬롯을 D1으로 변경

이제 SBC 보드에 센서와 액추에이터를 연결한 커피포트 예를 들어보자. 그림 7-20처럼 로커 스위치 IoT0을 SBC 보드 SBC0의 D0 슬롯에 연결하고 커피메이커 IoT1을 SBC의 D1에 연결하자. 스위치와 커피메이커를 직접 제어해서 on/off 동작을 테스트 해본 후, 모두 off 상태로 만들어 놓는다.

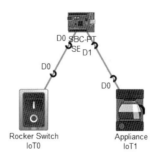

그림 7-20 SBC 보드에 연결된 센서와 액추에이터

SBC0를 클릭해서 [Programming] 탭을 누른 후, "Blink (Python)"을 선택해서 "main.py"를 클릭해 보면, 그림 7-21처럼 이미 파이썬 프로그램이 작성되어 있는 것을 볼 수 있다. 코드가 그림 7-15의 자바스크립트와 유사하다는 것을 알 수 있다. 짐작한 대로 LED를 SBC0의 D1 슬롯에 연결한 후 실행시키면 반복적으로 LED를 점멸시키는 프로그램이다.

그림 7-21 SBC 보드에 저장되어 있는 디폴트 파이썬 프로그램

작성되어 있는 코드 대신 그림 7-22의 코드를 입력해서 실행해보자. 프로그램에 대한 설명은 표 7-6과 같다. 그런 다음 로커 스위치 IoT0을 직접 제어로 on/off 시키면 그에 따라 커피메이커 IoT1의 전원이 on/off 되는 것을 볼 수 있을 것이다. 이제 다양한 센서와 액추에이터를 여러 개 연결하여 응용을 시도해보기 바란다.

그림 7-22 로커 스위치 IoT0으로 커피메이커 IoT1을 작동시키는 파이썬 프로그램

표 7-6 SBC 보드의 main.py 프로그램 설명

줄 번호	코드	의미
1	from gpio import *	입출력 함수 불러오기
2	from time import *	시간 함수 불러오기
3		(빈 줄)
4	def main():	메인 함수 시작
5	while True:	무한 반복 시작
6	customWrite(1,digitalRead(0));	0번 슬롯 입력값(로커 스위치 IoT0의 상태)을 읽어서 1번 슬롯(커피메이커 IoT1)으로 출력하기
7	delay(500)	0.5초 지연
8		(빈 줄)
9	if __name__ == "__main__":	메인 함수 실행
10	main()	

홈게이트웨이를 이용한 IoT 구성

세 번째 IoT망 구성방법으로서 홈게이트웨이를 이용하여 재미있는 실습을 해보자. 그림 7-23은 일산화탄소(CO) 감지 센서를 통해서 CO 농도가 일정 수준 이상이 되면 창문을 닫도록 구성한 것이다. 우선 필요한 장치들을 가져다 놓자. 각 장치들이 속한 타입은 표 7-7과 같다. 다이렉트 케이블(실선)을 이용해서 각 장치들을 홈게이트웨이 HomeGateway0의 "Ethernet" 포트에 연결한다(자동 연결을 사용할 경우 "Internet"에 연결되므로 주의해야 한다). 또한 향후 인터넷 연결을 원활하게 할 수 있도록 PC의 이름을 "PC1"로 설정한다. 창문과 자동차를 ALT+클릭해서 창문이 잘 여닫히는지, 자동차 매연이 분출되는지 봄으로써 직접 제어가 가능한지 확인해보자.

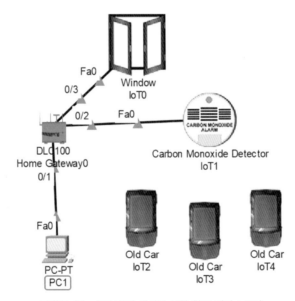

그림 7-23   CO 감지 센서를 통한 창문 제어 IoT망

표 7-7 IoT 노드별 기능과 위치

노드	기능	장치 타입		아이콘
홈게이트웨이	IoT 장치 제어	Network Devices	Wireless Devices	Home Gateway
PC	홈게이트웨이 접속	End Devices	End Devices	PC
창문	환기	End Devices	Home	Window
CO 감지 센서	매연 감지	End Devices	Smart City	Carbon Monoxide Detector
자동차	매연 분출	End Devices	Smart City	Old Car

이제 각 장치들을 설정할 차례이다. PC에서 HomeGateway0으로 접속하여 IoT 장치들을 제어하려면 각 장치들의 IP 주소를 설정하고, HomeGateway0을 게이트웨이로 설정해야 한다. 먼저 HomeGateway0을 클릭해서 [Config] 탭을 선택하여 [LAN]을 보면 그림 7-24와 같이 IP 주소가 사설 IP 주소로 이미 설정되어 있다.

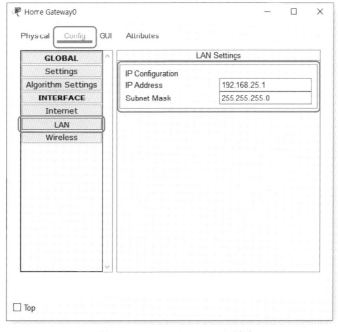

그림 7-24 HomeGateway0 설정

다음은 창문인 IoT0의 [Config] 탭에서 [GLOBAL]을 선택하자. 그림 7-25와 같이 [Gateway/DNS IPv4]를 [DHCP]로 선택하면 [Gateway]가 HomeGateway0의 IP 주소인 "192.168.25.1"로 자동 설정될 것이다(시간이 좀 걸릴 수도 있으니 기다려 보기 바란다). 그 다음 [IoT Server]에서 [Home Gateway]를 선택한다. CO 감지 센서인 IoT1도 창문과 동일하게 설정하면 된다. PC1도 그림 7-26과 같이 [IP Configuration]을 [DHCP]로 설정하면 자동적으로 PC1의 IP 주소도 할당받고 [Default Gateway]가 "192.168.25.1"로 설정될 것이다.

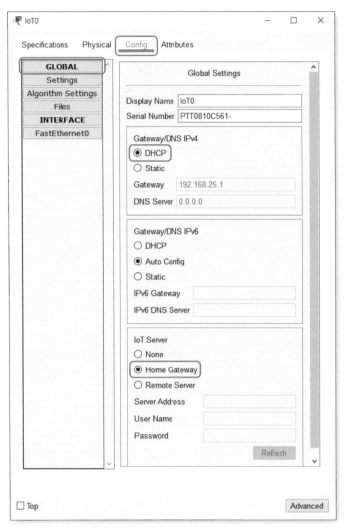

그림 7-25 IoT0와 IoT1 설정

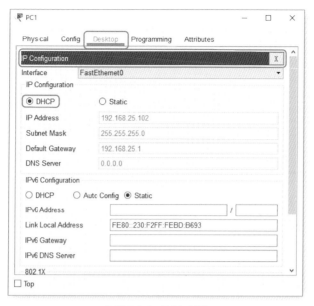

그림 7-26 PC1 설정

이제 HomeGateway0에 IoT 장치들을 제어하도록 설정할 차례이다. PC1에서 [Desktop] →
[IoT Monitor]를 선택하면 그림 7-27처럼 홈게이트웨이의 로그인 화면이 나온다. 아이디와 패
스워드는 디폴트로 admin/admin이다.

그림 7-27 PC1을 통한 홈게이트웨이 접속

HomeGateway0에 로그인 하면 그림 7-28처럼 연결되어 있는 IoT 장치들을 보여준다. [Home]에서 2개의 IoT 장치가 연결되어 있는 것을 볼 수 있다. 각 장치의 왼쪽에 있는 화살표를 눌러보면 아래에 상태가 출력되는데 그림 7-28에서와 같이 창문 IoT0의 "On" 상태가 녹색(true)으로 표시된다면 열려있다는 것을 나타낸다. 닫혀있다면 빨간색(false)으로 표시된다. IoT0의 녹색 사각형을 클릭하면 빨간색으로 변하면서 창문이 닫힌다. 즉, 여기서 IoT 장치들을 직접 제어할 수 있다는 뜻이다. 사각형으로 표시되는 것은 클릭해서 원격으로 상태를 변경할 수 있는 값이고, 원으로 표시되면 변경은 불가능한 읽기 전용 값이라는 것을 의미한다. CO 감지 센서 IoT1의 경우 현재의 CO 레벨도 출력된다(예에서는 0.0359999).

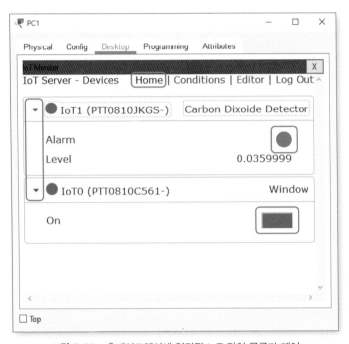

그림 7-28 홈게이트웨이에 연결된 IoT 장치 목록과 제어

이제 CO 감지 센서 IoT1을 통해 CO 농도가 0.05 이상일 때 자동으로 창문 IoT0이 닫히도록 설정해보자. 우선 직접 제어해서 창문을 열어 놓고, 자동차도 CO 배출을 중지시켜서 농도를 0.05 미만으로 만들어 놓자. 만약 오랫동안 CO 배출을 시켜 놓았다면 농도가 0.05 미만이 되려면 시간이 걸리니 기다리면서 PC1에서 현재 농도를 확인해보자. HomeGateway0의 경우에는 자바스크립트나 파이썬 프로그래밍을 하지 않고 HomeGateway0이 동작할 규칙(조건)을 설정한다. 그림 7-29에서와 같이 [Conditions] 탭을 눌러서 규칙 설정 화면이 나타나면 [Add]를 눌러서 규칙을 추가한다.

그림 7-29 홈게이트웨이의 IoT 제어 규칙 추가

그림 7-30은 규칙을 설정하는 화면이다. [Name]에서 규칙을 이름을 정한다. 예에서는 "Close_Window"라고 하였다. "If:" 아래 있는 박스에서 동작이 일어날 조건을 설정한다. 왼쪽부터 IoT 장치를 선택하면 오른쪽 선택 메뉴들이 하나씩 추가된다.

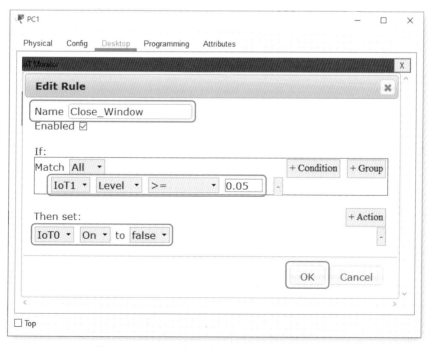

그림 7-30 CO 농도(IoT1)에 따른 창문(IoT0) 제어 규칙

예에서는 "CO 감지 센서인 IoT1의 레벨이 0.05 이상이면"이라고 설정하였다. 만약 조건을 더 추가하고 싶으면 [+Condition]을 선택하면 된다. 이러한 조건이 만족되면 실행할 동작을 "Then Set:" 아래에서 설정한다. 예에서는 "창문인 IoT0의 On 상태를 false"로 만들도록 했다. 즉, 창문을 닫으라는 규칙이다. 여기에서도 동작을 더 추가하고 싶으면 [+Action]을 눌러서 추가하면 된다. 설정이 끝났으면 [OK] 버튼을 눌러서 규칙을 저장하자. 그러면 설정된 규칙이 그림 7-31처럼 나열된다.

그림 7-31 설정된 "Close_Window" 규칙

설정이 끝났으니 잘 작동되는지 실험해볼 차례이다. 그림 7-32 왼쪽처럼 창문 IoT0을 열어 놓은 상태에서 자동차를 직접 제어하여 CO를 배출하게 하면, 잠시 후 오른쪽 그림처럼 창문이 자동으로 닫히는 것을 볼 수 있다. 직접 제어로 창문을 수동으로 열어도 곧 창문이 닫힐 것이다. 만약 작동이 잘 되지 않는다면 자동차 수를 늘리거나, 창문을 닫는 CO의 기준치를 낮추어가면서 조절해보길 바란다. 이 때 자동차의 CO 배출을 중지시킨다면 어떻게 될까? 창문이 자동으로 열리지는 않는다. 그런 규칙은 없기 때문이다. CO 농도가 0.05 미만이면 자동적으로 창문을 열게 하려면 어떻게 하면 될까? 규칙을 추가하면 된다. 이것은 연습문제를 통해 스스로 답을 찾아보기 바란다.

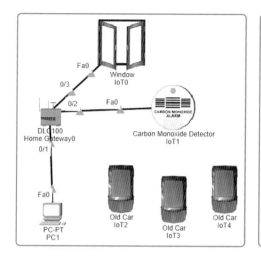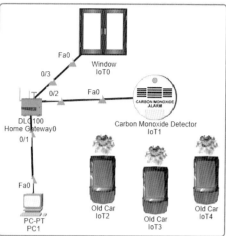

그림 7-32 CO 증가에 따른 창문 자동 닫힘

서버를 이용한 IoT 구성

홈게이트웨이는 가정의 IoT를 제어하기 위한 전용 장치이다. 그러나 일반적인 용도를 가진 서버를 이용할 수도 있다. 표 7-8을 참조하여 그림 7-33과 같이 서버, PC, IoT 장치들을 스위치에 연결하고 IP 주소를 설정하자. 단, 향후 기존에 작성한 망과의 연결을 위해 PC와 서버의 이름을 각각 PC1과 Server1으로 설정하자. 그림 7-33과 그림 7-34는 Server1과 PC1의 IP 주소 설정 화면이다.

표 7-8 IoT 장치의 IP 주소 및 스위치 연결 포트

장치	장치 이름	IP 주소	스위치의 연결 포트
PC	PC1	203.237.20.1	FastEthernet0/1
창문	IoT0	203.237.20.2	FastEthernet0/2
CO 감지 센서	IoT1	203.237.20.3	FastEthernet0/3
서버	Server1	203.237.20.253	FastEthernet0/4

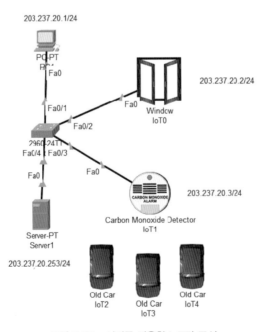

그림 7-33 서버를 이용한 IoT망 구성

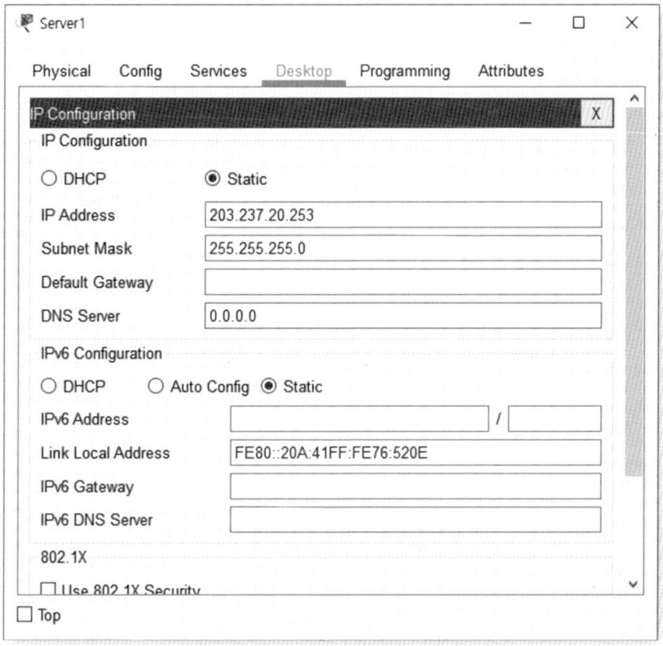

그림 7-34 서버의 IP 주소 할당

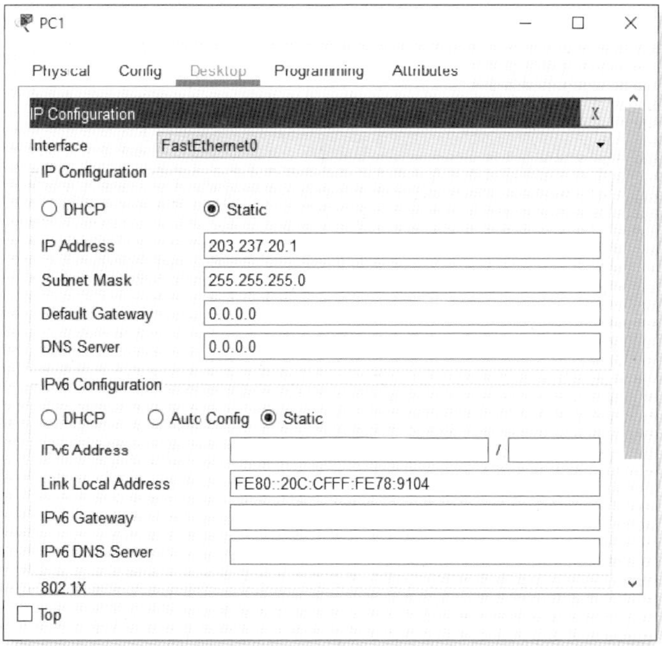

그림 7-35 PC의 IP 주소 할당

IP 주소 설정이 끝났다면 IoT 장치 관리를 위한 설정을 하자. 먼저 그림 7-36처럼 Server1의 [Services]에서 [IoT]를 선택하여 [Registration Server] 기능을 활성화하자.

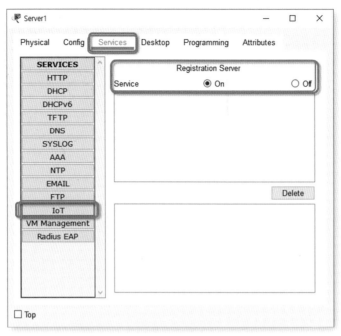

그림 7-36 서버의 IoT 등록 서비스 활성화

PC1이나 Server1에서 Server1으로의 IoTMonitor 접속을 하면 그림 7-37과 같이 로그인 화면
이 출력되는데, 우선 계정 생성을 위하여 [Sign up now]을 선택하여 그림 7-38과 같은 창이 출
력되면 계정을 하나 생성하자. 예에서는 아이디와 패스워드를 admin/admin으로 생성하였다.

그림 7-37 서버 로그인 화면

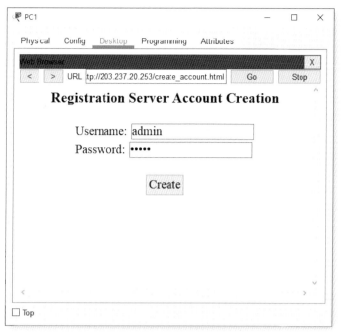

그림 7-38 서버 계정 생성

그림 7-39와 같이 창문 IoT0을 클릭하여 [Config] → [FastEthernet0]에서 IP 주소를 "203.237.20.2"로 설정한다.

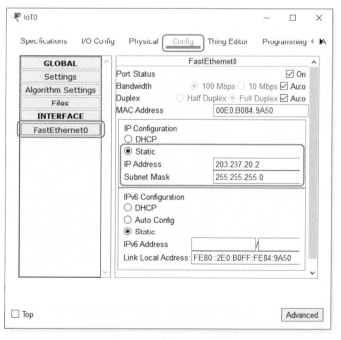

그림 7-39 창문의 IoT 설정

그림 7-40과 같이 창문 IoT0의 설정 화면에서 [Config] → [Settings] → IoT Server를 "Remote Server"로 설정하고 설정한다. "Server Address"에 Server1의 주소인 "203.237.20.253"을 입력하고, "User Name"과 "Password"를 각각 admin, admin으로 설정한 후 [Connect]를 누른다. CO 감지 센서인 IoT1도 동일한 방법으로 설정한다.

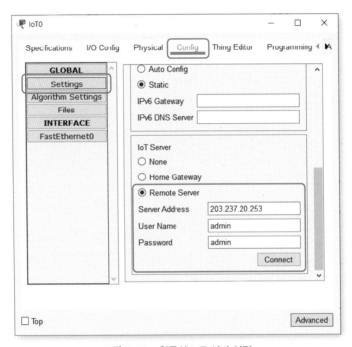

그림 7-40 창문의 IoT 서버 설정

IoT0과 IoT1의 설정을 마쳤으면, 그림 7-41처럼 다시 PC1에서 서버로 접속해보자. 여기서 주의할 점은 "IoT Server Address"가 디폴트로 "192.168.25.1"로 출력되므로 우리 서버의 주소인 "203.237.20.253"으로 바꾸어 접속해야 한다는 것이다. 그림 7-42와 같이 홈게이트웨이에서와 마찬가지로 IoT0과 IoT1이 목록에 나타나는 것을 볼 수 있다.

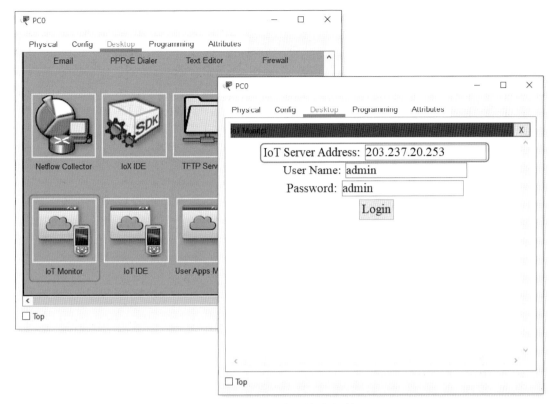

그림 7-41 PC1을 통한 서버 접속

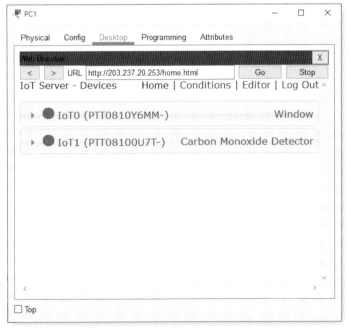

그림 7-42 Server1에 등록된 IoT 장치들

홈게이트웨이 설정과 동일한 방법으로 그림 7-43과 같이 CO 농도가 0.05 이상이 될 때 창문을 닫도록 규칙을 설정해보자. 설정이 완료 되었으면, 홈게이트웨이에서 했던 것처럼 자동차가 배기가스를 배출하도록 제어하고 창문이 닫히는지 확인해보자.

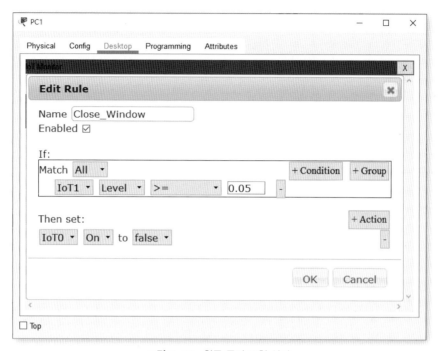

그림 7-43 창문 동작 규칙 설정

07

인터넷을 통한 원격 제어용 IoT망 구성

Computer Network with Packet Tracer

스마트홈의 핵심은 외부에서의 원격 제어가 아니겠는가? 앞에서 홈게이트웨이와 서버를 이용해서 구성했던 IoT망을 인터넷에 연결해서 원격으로 제어할 수 있도록 설정해보자.

서버를 이용한 원격 제어 IoT망

이번에는 홈게이트웨이보다 설정이 조금 간단한 서버를 이용한 망을 먼저 구성해보자. 이전에 3장에서 구축해 놓은 그림 3-25(그림 3-30까지 설정한 후)의 망을 원격 제어용 인터넷으로 이용하자. 그림 7-44처럼 기존 망의 PC1 대신에 그림 7-33의 Server1을 Router1에 연결해서 그림 7-45처럼 구성하자. PC와 서버의 이름을 바꾸고 IP 주소 대역대를 203.237.20.x 대로 설정한 이유가 바로 기존망과 연결하기 위한 것이었다.

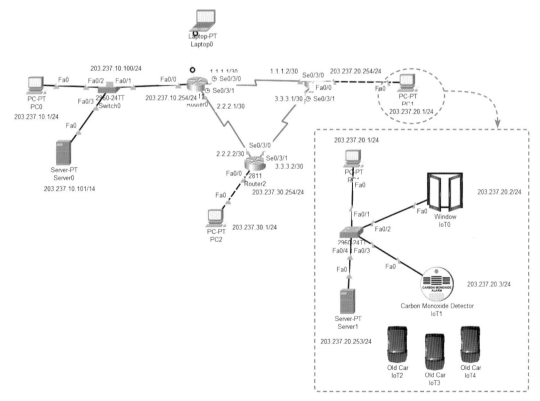

그림 7-44 인터넷망과 서버 기반의 IoT망 연결

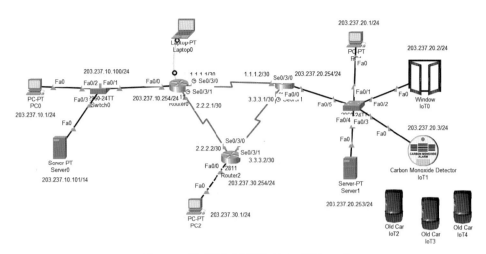

그림 7-45 인터넷망과 연결된 서버 기반의 IoT망

연결했다면 우선 ping을 보내서 PC0 ↔ Server1 사이의 통신을 확인해보자. 아마도 실패할 것이다. 왜일까? 우선 독자들이 이유를 생각해보기 바란다. 30초 이내에 이유를 알아냈다면 매우 훌륭한 독자이다. Server1의 게이트웨이를 설정해 주지 않았기 때문에 인터넷 접속이 불가능한 상태이다. 그렇다면 무엇을 게이트웨이로 설정해야 하는가? 당연히 IoT망의 스위치가 연결된 Router1의 IP 주소인 203.237.20.254로 설정해야 한다. IoT 접속만을 위한 것이라면 Server1만 설정해도 되지만, PC1도 인터넷망에 연결하고자 한다면 그림 7-46과 같이 PC1도 설정해주면 된다.

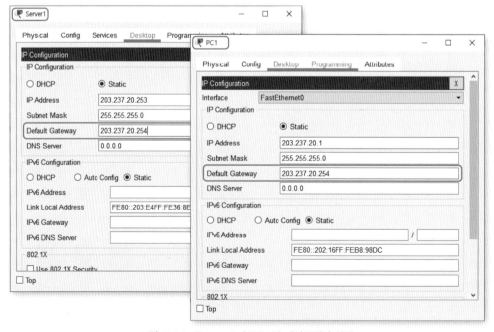

그림 7-46 Server1과 PC1의 게이트웨이 설정

다시 한 번 ping을 해보면 잘 연결될 것이다. 그림 7-47처럼 PC0에서 "IoT Monitor" 기능을 이용하여 IoT 서버인 Server1로 접속해보자. 로그인이 성공하면 그림 7-47과 같이 IoT 장치들의 상태를 볼 수 있고 원격 제어할 수 있다.

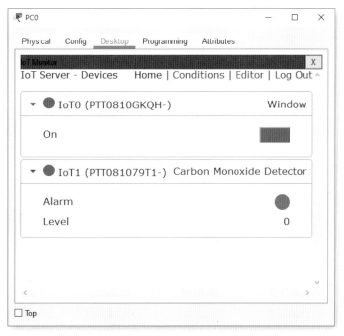

그림 7-47 PC0에서 Server1의 IoT 장치 모니터링

홈게이트웨이를 이용한 원격 제어 IoT망

이번에도 역시 그림 7-48처럼 앞에서 홈게이트웨이를 이용한 IoT망(그림 7-23)의 홈게이트웨이를 인터넷망(그림 3-25)의 PC1 대신 Router1에 연결해서 그림 7-49와 같이 구성하자.

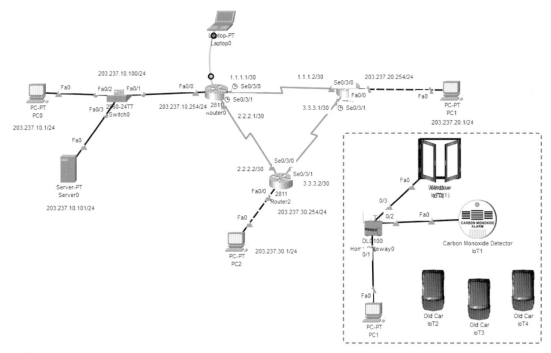

그림 7-48 인터넷망과 홈게이트웨이 기반의 IoT망 연결

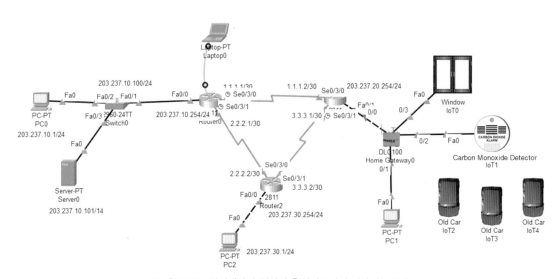

그림 7-49 인터넷망과 연결된 홈게이트웨이 기반의 IoT망

Router1에 연결할 때 HomeGateway0의 "Internet" 포트를 사용해야 한다. 그림 7-50에서와 같이 HomeGateway0의 물리적 구성을 보면 1개의 인터넷 포트와 4개의 이더넷 포트가 있다. 4개의 이더넷 포트는 IoT 장치와 PC를 연결할 때 사용했다(이 때 Internet망에 연결하지 않도록 주의해야 한다고 했던 것을 기억할 것이다). 인터넷을 연결할 때는 파선으로 표시되는 크로스 케이블(Copper Cross Over Cable)을 이용하여 Internet 포트를 사용한다.

외부 인터넷망 연결용 　　　　 가정 내 IoT망 연결용

그림 7-50　HomeGateway0의 연결 포트

HomeGateway0의 IP 주소가 사설 IP 주소인 "192.168.25.1"이었기 때문에 인터넷에 연결하려면 공인 IP 주소와 게이트웨이의 설정이 필요하다. 그림 7-51에서 보는 바와 같이 내부망에 IoT 장치 연결을 위해서는 [Config] → [LAN]에서 사설 IP 주소를 설정한다. 인터넷 연결을 위해서는 [Config] → [Internet]에서 공인 IP 주소인 "203.237.20.253"를 설정하면 된다. 또한 게이트웨이도 Router1의 주소인 "203.237.20.254"를 설정하면 된다.

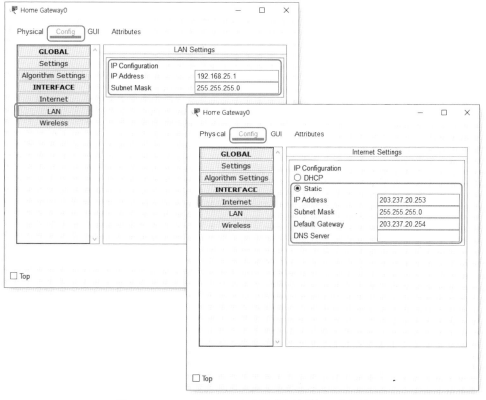

그림 7-51　HomeGateway0의 인터넷 연결용 IP 주소 설정

설정을 마쳤으니 PC0에서 [IoT Monitor]를 열어서 그림 7-52처럼 Server1에 원격으로 접속해 보자. 아마도 "Request Timeout" 오류가 발생할 것이다. 홈게이트웨이의 경우에는 이 방법으로 접속이 불가능하다. 서버는 범용으로 설계된 장치이나 홈게이트웨이는 가정용으로 설계된 장치이기 때문에 보안을 위해 원격 접속을 제한하고 있는 것으로 보인다. 이 접속 방법은 웹 접속 프로토콜인 HTTP를 사용하고 있는데, 홈게이트웨이는 보안 웹접속 프로토콜인 HTTPS 만 지원하고 있다. 그림 7-53처럼 [Web Browser]를 통해 "https" 프로토콜을 명시하여 접속하 면 HomeGateway0에 연결된 IoT 장치들을 원격으로 제어할 수 있다.

이 장에서 기본적인 IoT망에 대해서 배웠다. 패킷트레이서가 제공하는 센서, 액추에이터, 가전 제품, 스마트시티 사물 등 많은 장치를 이용해서 다양하고 재미있는 실습을 해보기 바란다.

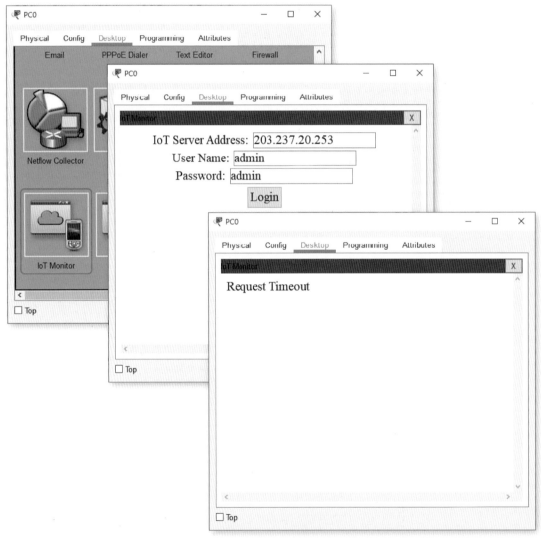

그림 7-52 IoT Monitor를 통한 홈게이트웨이 원격 접속 실패

그림 7-53　HTTPS 프로토콜을 이용한 홈게이트웨이 원격 접속

연/습/문/제

선택형 문제

01 다음 중 IoT 장치를 제어하는 방법이 아닌 것은?

❶ 직접 제어　　　　　❷ IoT보드 제어　　　　❸ 방화벽 제어　　　　❹ 홈게이트웨이 제어

02 다음 중 IoT의 원격 제어 방법은 무엇인가?

❶ SBC 보드 연결　　　❷ 아두이노 보드 연결　❸ 단독 사용　　　　　❹ 서버 연결

03 다음 중 액추에이터에 해당하는 것은?

❶ 온습도 센서　　　　❷ 서보 모터　　　　　❸ 로커 스위치　　　　❹ 연기 센서

04 IoT 보드에 IoT 장치들을 연결하기 위한 인터페이스는 무엇인가?

❶ 디지털 슬롯　　　　❷ 포트　　　　　　　❸ 인터페이스　　　　❹ 스위치

05 다음 중 잘못된 설명은?

❶ 모든 IoT 장치는 IoT 보드의 아날로그 슬롯에 연결해야 한다.

❷ IoT 장치를 IoT 보드에서 제어하려면 IoT 보드에 프로그래밍 해야 한다.

❸ 홈게이트웨이에 연결된 IoT 장치는 인터넷망을 통해 원격으로 제어할 수 있다.

❹ 홈게이트웨이는 외부용 IP 주소와 내부용 IP 주소를 각각 설정할 수 있다.

06 다음 중 올바른 설명은?

❶ 서버에 연결된 IoT 장치를 외부에서 제어하려면 연결된 IoT 장치에 공인 IP 주소를 할당해야 한다.

❷ 웹프로토콜인 HTTP 프로토콜을 이용하여 홈게이트웨이에 접속할 수 있다.

❸ 홈게이트웨이에 연결된 IoT 장치들은 홈게이트웨이를 게이트웨이로 설정해야 한다.

❹ 원격으로 서버에 접속할 경우 장치의 제어뿐만 아니라 규칙도 추가/삭제할 수 있다.

단답형 문제

01 실제로 많이 사용되는 IoT 보드를 2개만 쓰시오. (　　　　　　), (　　　　　　　) [난이도 ★]

02 그림 7-44의 인터넷망에 연결된 IoT망에서, PC1과 Server1 외에 IoT 장치들의 게이트웨이를 설정하지 않아도 되는 이유는 무엇인가? [난이도 ★★]

03 홈게이트웨이에는 망 연결을 위한 (　　　　　　　) 포트와 (　　　　　　　) 포트가 있다. [난이도 ★]

실습 문제

01 그림 7-29의 IoT망에서 CO 농도가 0.05 미만이 되면 자동으로 창문을 열도록 규칙을 추가하시오. [난이도 ★]

02 실습문제 (1)에서, 차량과 반대편 벽에 있는 창문(IoT5)을 하나 더 추가하여 아래 그림처럼 구성하고, IoT5는 기본의 창문 IoT0과 반대로 CO 농도가 0.05 이상이 되면 창문을 열고 0.05 미만이 되면 모두 닫히도록 규칙을 만드시오. [난이도 ★★]

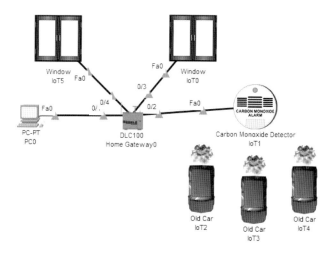

03 창문이 열리면 경보가 울리도록 MCU 보드나 SBC 보드를 이용하여 IoT망을 구성하고 프로그래밍 하시오. [난이도 ★★]

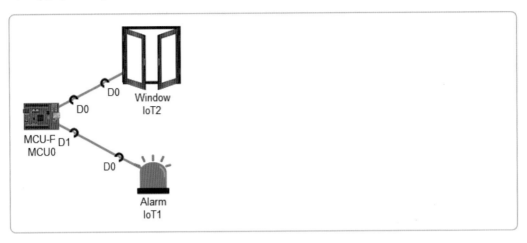

찾아보기

저자소개

조태남
- 이화여자대학교 전자계산학과(이학사)
- 이화여자대학교 대학원 전자계산학과(이학석사)
- 이화여자대학교 과학기술대학원 컴퓨터학과(공학박사)
- 한국전자통신연구원 선임연구원, 초빙연구원
- 이화여자대학교 컴퓨터학과 전임강사
- 우석대학교 정보보안학과, IT전자융합공학과 교수

이성원
- 군산대학교 정보통신전파공학(공학사)
- 군산대학교 대학원 법학과(석사수료)
- 아이제론 대표(디지털포렌식연구소)
- 목포대학교 정보보호영재교육원 강사(디지털포렌식)
- 우석대학교 정보보안학과 겸임교수

패킷트레이서를 이용한 네트워크 입문

인 쇄	2024년 08월 27일
발 행	2024년 09월 10일
저 자	조태남, 이성원
발 행 인	채희만
출판기획	안성일
영 업	한석범, 임민정
관 리	이승희
편 집	한혜인, 최은지
발 행 처	INFINITYBOOKS
주 소	경기도 고양시 일산동구 하늘마을로 158 대방트리플라온 C동 209호

대표전화 02)302-8441
팩 스 02)6085-0777

도서 문의 및 A/S 지원
홈페이지 www.infinitybooks.co.kr
이 메 일 helloworld@infinitybooks.co.kr

I S B N 979-11-85578-63-7
등록번호 제 25100-2013-152호
판매정가 **25,000원**